공식으로 쉽게 끝내는

정재현 지텔프 문법

정재현 지텔프 문법
실전 모의고사

지은이 정재현어학연구소
펴낸이 임상진
펴낸곳 (주)넥서스

초판 1쇄 발행 2021년 10월 15일
초판 17쇄 발행 2024년 8월 20일

출판신고 1992년 4월 3일 제311-2002-2호
10880 경기도 파주시 지목로 5
Tel (02)330-5500 Fax (02)330-5555

ISBN 979-11-6683-150-8 13740

가격은 뒤표지에 있습니다.
잘못 만들어진 책은 구입처에서 바꾸어 드립니다.

www.nexusbook.com

공식으로 쉽게 끝내는

정재현 지텔프 문법

LEVEL 2

실전 모의고사

넥서스

머리말

전국에 계신 수험생 여러분, 안녕하세요. 여러분의 지텔프 선생님 정재현입니다. 지텔프의 중요성이 점차 커지고 있는 현 시점에 여러분의 빠른 목표 달성에 꼭 필요한 가이드라인이 될 <정재현 지텔프 문법 실전 모의고사>를 출간하게 되어 정말 기쁩니다.

지텔프 시험에서 문법은 매우 중요한 비중을 차지하고 있기에 문제를 많이 풀어 보는 것이 중요합니다. 하지만 단순히 많은 문제를 푼다고 도움이 되는 것은 아닙니다. 수험자에게 중요한 것은 실제 문제와 동일한 난이도와 유형의 문제를 푸는 것입니다. 그리하여 실제로 출제 가능한 모든 유형의 문제를 고르게 학습하여 빠른 기간 내에 어떤 문제든 맞힐 수 있는 능력을 기르는 것입니다.

이 교재를 집필하기 위해 정재현어학연구소는 지난 수년간 지텔프 시험을 직접 치르고 분석하였습니다. 그래서 출제 유형을 체계적으로 분류하고 각 정답 단서의 출제 비중뿐만 아니라, 오답의 패턴까지도 파악할 수 있었습니다. 저희는 이러한 분석 결과를 교재의 15회에 걸친 실전 문제에 그대로 적용하여 학습자가 빠른 시간 내에 지텔프의 모든 출제 유형을 익힐 수 있도록 구성하였습니다. 이 책에 수록된 문제의 포인트를 모두 익힌다면 틀림없이 지텔프 문법에서 좋은 결과를 얻을 수 있을 것입니다.

또한, 정재현어학연구소가 국내 최초로 교재에 도입한 '고득점 내비게이터'를 활용한다면 여러분의 지텔프 점수는 놀라울 만큼 빠른 속도로 오를 것이라 확신합니다. 아무쪼록 이 책이 여러분 모두의 꿈을 이루는 데 커다란 보탬이 될 수 있기를 바랍니다.

정재현 드림

목차

구성과 특징

지텔프 기초 문법을 정리한 **기본기 & 유형별 연습문제 5회**

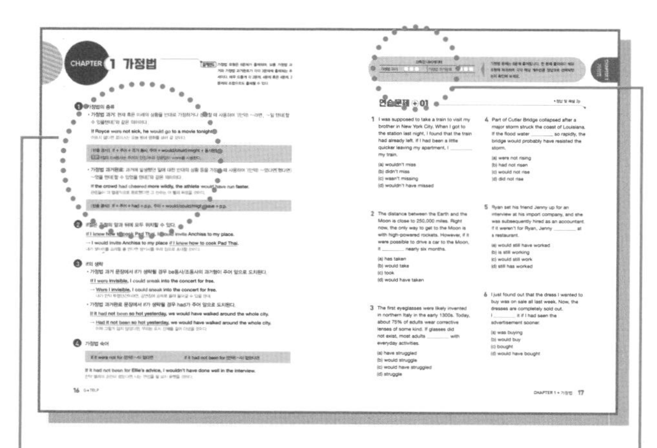
CHAPTER 1 가정법

연습문제 01

초급자도 쉽게 문법의 핵심 포인트를 파악하여 실전에 적용할 수 있는 문법의 기본기를 수록하였습니다. 이어서 바로 실전에 적용할 수 있는 연습문제를 수록하여 바로 실전으로 이어질 수 있도록 하였습니다.

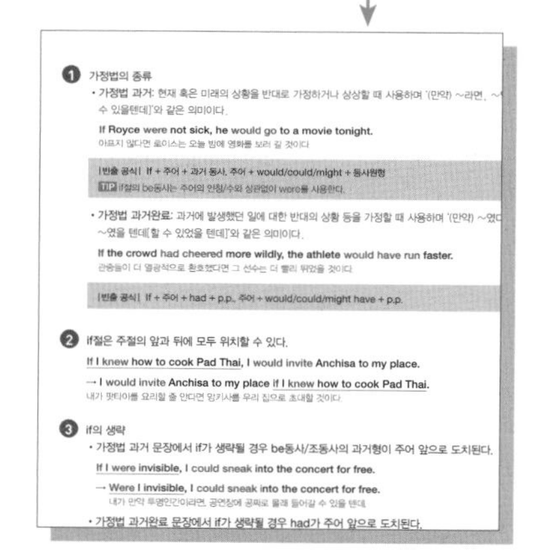
① 가정법의 종류

• 가정법 과거: 현재 혹은 미래의 상황을 반대로 가정하거나 상상할 때 사용하여 '(만약) ~라면, ~ 수 있을텐데]'와 같은 의미이다.

If Royce were not sick, he would go to a movie tonight.
아프지 않다면 로이스는 오늘 밤에 영화를 보러 갈 것이다.

[빈출 공식] If + 주어 + 과거 동사, 주어 + would/could/might + 동사원형
TIP if절의 be동사는 주어의 인칭/수와 상관없이 were를 사용한다.

• 가정법 과거완료: 과거에 발생했던 일에 대한 반대의 상황 등을 가정할 때 사용하여 '(만약) ~였다 ~였을 텐데[할 수 있었을 텐데]'와 같은 의미이다.

If the crowd had cheered more wildly, the athlete would have run faster.
관중들이 더 열광적으로 환호했다면 그 선수는 더 빨리 뛰었을 것이다.

[빈출 공식] If + 주어 + had + p.p., 주어 + would/could/might have + p.p.

② if절은 주절의 앞과 뒤에 모두 위치할 수 있다.

If I knew how to cook Pad Thai, I would invite Anchisa to my place.
→ I would invite Anchisa to my place if I knew how to cook Pad Thai.
내가 팟타이를 요리할 줄 안다면 앙키사를 우리 집으로 초대할 것이다.

③ if의 생략

• 가정법 과거 문장에서 if가 생략될 경우 be동사/조동사의 과거형이 주어 앞으로 도치된다.

If I were invisible, I could sneak into the concert for free.
→ Were I invisible, I could sneak into the concert for free.
내가 만약 투명인간이라면, 공연장에 공짜로 몰래 들어갈 수 있을 텐데.

• 가정법 과거완료 문장에서 if가 생략될 경우 had가 주어 앞으로 도치된다.

문법 핵심 포인트

문법의 핵심 포인트가 되는 부분을 정리했습니다. 문제 유형을 바로 파악할 수 있는 데 큰 도움이 됩니다.

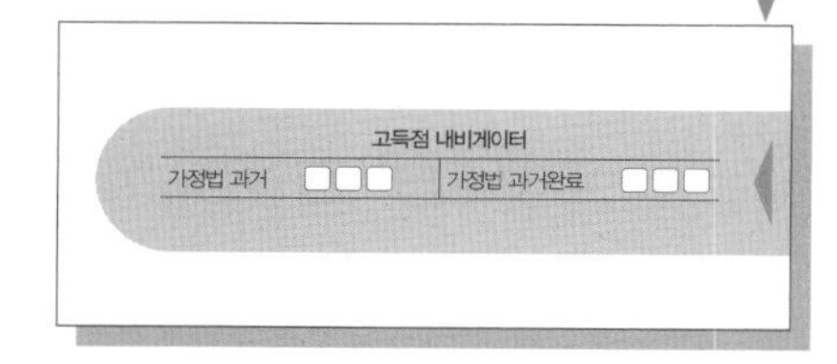

고득점 내비게이터
가정법 과거
가정법 과거완료

고득점 내비게이터

정답의 포인트가 되는 부분을 바로 찾을 수 있는 가이드가 될 수 있습니다. 실제 시험에서는 표기되지 않으니 이 표를 기억하고 시험에서 체크해 보세요.

지텔프
최신 경향을 반영한
실전 모의고사 10회

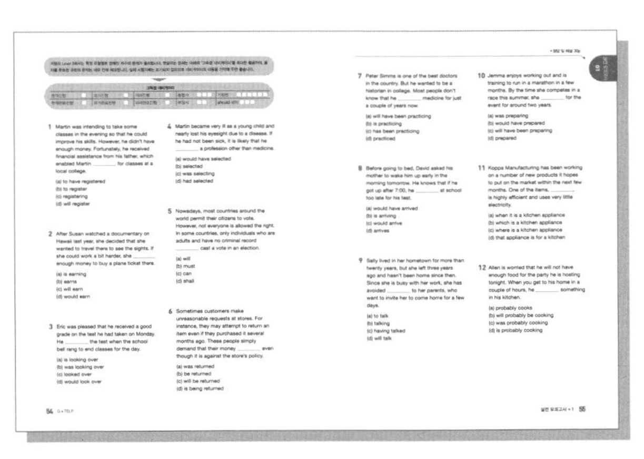

최신 시험 유형을 반영한 실전 모의고사 10회로 실전 연습을 할 수 있습니다. 당장 이번 달 시험에 나올 만한 문제를 예측하여 실전 연습을 하는 데 최고의 환경이 될 수 있습니다.

저자의 노하우가 담긴
쉽고 자세한
정답 및 해설

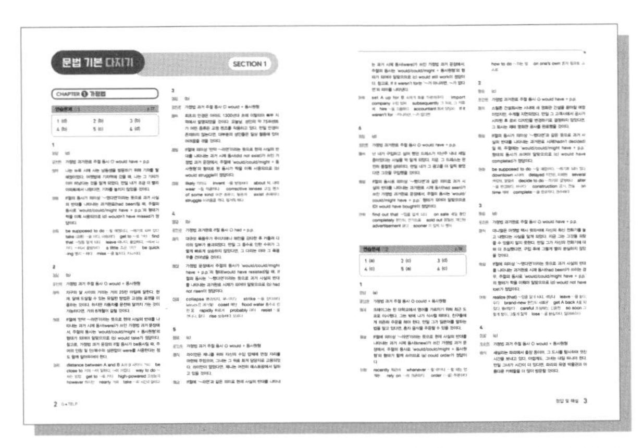

해설집을 따로 구매할 필요 없이 한 권에 담아 정답 및 해설을 확인하며 바로 복습할 수 있습니다. 정답의 포인트가 되는 부분을 제시하여 쉽게 정답을 찾고 이해할 수 있도록 구성하였습니다.

지텔프란?

G-TELP (General tests of English Language Proficiency)는 국제테스트 연구원(ITSC, International Testing Services Center)에서 주관하는 글로벌 영어 능력 평가인증시험입니다. 우리나라에는 1986년에 G-TELP KOREA가 설립되었으며, 듣기(Listening), 말하기(Speaking), 쓰기(Writing), 읽기(Reading) 등 언어의 4대 영역을 종합 평가하는 영어 평가 교육 시스템으로 자리 잡았습니다. 현재는 공무원, 군무원, 소방, 경찰 등 국가고시 영어대체시험, 기업체의 신입사원 채용 및 인사, 승진 평가시험, 대학교, 대학원 졸업자격 영어대체시험 등으로 활용되고 있습니다.

○ 지텔프의 종류

지텔프는 문법, 독해, 청취를 평가하는 G-TELP Level Test(GLT), 말하기 시험인 G-TELP Speaking Test(GST), 작문 시험인 G-TELP Writing Test(GWT)로 구성되어 있습니다. G-TELP Level Test(GLT)는 Level 1부터 5까지 다섯 가지 등급으로 나뉘며, 우리나라에서는 Level 2가 활용되고 있습니다.

구분	출제 방식 및 시간	평가 기준	합격자의 영어 구사 능력	응시 자격
Level 1	청취: 30문항/약 30분 독해 및 어휘: 60문항/70분 합계: 90문항/약 100분	Native Speaker에 준하는 영어 능력 : 상담, 토론 가능	· 모국어로 하는 외국인과 거의 대등한 의사소통이 가능 · 국제회의 통역도 가능한 수준	Level 2 Mastery 취득자에 한하여 응시 가능
Level 2	문법: 26문항/20분 청취: 26문항/약 30분 독해 및 어휘: 28문항/40분 합계: 80문항/약 90분	다양한 상황에서 대화 가능: 업무상담 및 해외연수 등이 가능한 수준	· 일상 생활 및 업무 상담 등에서 어려움 없이 의사소통할 수 있는 수준 · 외국인과의 회의 및 세미나 참석, 해외 연수 등이 가능한 수준	제한 없음
Level 3	문법: 22문항/20분 청취: 24문항/약 20분 독해 및 어휘: 24문항/40분 합계: 70문항/약80분	간단한 의사소통과 친숙한 상태에서의 단순 대화 가능	· 간단한 의사소통과 친숙한 상태에서의 단순한 대화가 가능한 수준 · 해외 여행과 단순한 업무 출장을 할 수 있는 수준	제한 없음
Level 4	문법: 20문항/20분 청취: 20문항/약 15분 독해 및 어휘: 20문항/25분 합계: 60문항/약 60분	기본적인 문장을 통해 최소한의 의사소통이 가능한 수준	· 기본적인 어휘의 짧은 문장을 통해 최소한의 의사소통이 가능한 수준 · 외국인이 자주 반복하거나 부연설명을 해 주어야 이해할 수 있는 수준	제한 없음
Level 5	문법: 16문항/15분 청취: 16문항/약 15분 독해 및 어휘: 18문항/25분 합계: 50문항/약 55분	극히 초보적인 수준의 의사소통 가능	· 영어 초보자 · 일상의 인사, 소개 등을 듣고, 이해할 수 있는 수준 · 말 또는 글을 통한 자기 표현은 거의 불가능한 수준	제한 없음

지텔프 Level 2 구성

영역	내용	문항 수	배점	시간
문법	가정법, 조동사, 시제, 부정사와 동명사, 관계사, 연결어	26개	100점	영역별 시간 제한 규정 폐지
청취	PART 1 개인적인 이야기 PART 2 특정한 상품을 추천하는 공식적인 담화 PART 3 어떤 결정에 이르고자 하는 비공식적인 협상 등의 대화 PART 4 일반적인 어떤 일의 진행이나 과정에 대한 설명	7개 6개 6 또는 7개 7 또는 6개	100점	
독해와 어휘	PART 1 과거 역사 속의 사건이나 현시대의 이야기 PART 2 최근의 사회적이고 기술적인 묘사에 초점을 맞춘 기사 PART 3 전문적인 것이 아닌 일반적인 내용의 백과사전 PART 4 어떤 것을 설명하거나 설득하는 상업서신	7개 7개 7개 7개	100점	
		80문항	300점	약 90분

성적 계산법

점수는 다음과 같은 방식으로 산출할 수 있습니다.

각 영역별 점수: 맞힌 개수 ÷ 문제 개수 × 100(소수점 이하는 반올림)

활용 점수: 전체 맞힌 개수 ÷ 전체 문제 개수 × 100(소수점 이하는 올림)

예 문법 15개, 청취 7개, 독해 8개 맞혔을 경우,

문법 15 ÷ 26 × 100 = 58점 / 청취 7 ÷ 26 × 100 = 27점 / 독해 8 ÷ 28 × 100 = 29점

→ 총점: 30(전체 맞힌 개수) ÷ 80(전체 문항 수) × 100 = 38점

지텔프 시험 접수 & 성적 확인

원서 접수

· 인터넷 접수: www.g-telp.co.kr에서 회원 가입을 하고 접수할 수 있습니다.

· 방문 접수: 지텔프 코리아 본사로 방문하여 접수할 수 있습니다. 토, 일, 공휴일에는 접수가 불가능하니 미리 전화를 하고 방문해야 합니다.

응시

· 응시일: 매월 2~3회 실시되며, 일요일 오후 3시에 응시할 수 있습니다. 정확한 일정은 지텔프 홈페이지에서 확인할 수 있습니다.

· 준비물: 신분증, 컴퓨터용 사인펜, 수정테이프, 시계

· 입실 시간: 시험 당일 오후 1시 20분에서 2시 50분까지 입실 가능하며 이후에는 절대 입실이 불가합니다.

· 수험표는 준비하지 않아도 됩니다.

· 신분증은 주민등록증, 운전면허증, 여권(기간 만료 전), 공무원증, 군인신분증, 학생증, 청소년증, 외국인등록증(외국인)이 인정됩니다. 신분증은 반드시 지참하여야 하며 미지참시 시험을 응시할 수 없습니다.

· 마킹은 컴퓨터용 사인펜만 가능합니다.

· 수정 시, 본인의 수정테이프를 사용해야 하며(수정액 사용 불가), 시험 도중에 타인에게 빌리는 행위는 부정행위로 처리됩니다.

시험 당일 주의 사항

1. 고사장 가기 전

· 신분증을 포함한 준비물을 다시 한번 확인합니다.

· 늦지 않게 시험 장소에 도착할 수 있도록 여유 있게 출발하는 것이 좋습니다.

2. 고사장 도착 후

· 1층에서 고사실 배치표를 확인하여 자신에게 배정된 고사실을 확인합니다.

· 고사실에는 각 응시자의 이름이 적힌 좌석표가 놓여 있으므로, 이름을 확인하고 배정된 자리에 앉으면 됩니다.

· 시험 도중에는 화장실에 다녀올 수 없고, 만약 화장실에 가면 다시 입실할 수 없으므로 미리 다녀와야 합니다.

3. 시험 시

· 답안을 따로 마킹할 시간이 없으므로 풀면서 바로 마킹해야 합니다.

· 시험 중 문제지에 낙서하는 행위를 금지되어 있으므로 낙서를 해서는 안 됩니다.

성적 확인

· 성적 발표일: 시험 후 1주 이내에 지텔프 홈페이지에서 확인할 수 있습니다.

· 성적표 수령 방법: 성적 확인 후 1회에 한하여 온라인으로 출력하거나 우편으로 수령할 수 있으며, 수령 방법은 접수 시 선택할 수 있습니다. 성적은 시험일로부터 2년까지 유효하며, 유효 기간이 지난 성적은 조회 및 재발급 신청이 불가능합니다.

정부 및 국가 자격증	기준 점수
국가공무원 5급	65점
외교관 후보자	88점
국가공무원 7급	65점
국가공무원 7급(외무영사직렬)	77점
국가공무원 7급(지역인재)	65점
입법고시	65점
법원 행정고시	65점
소방간부 후보생	50점
경찰공무원(순경)	48점: 가산점 2점
	75점: 가산점 4점
	89점: 가산점 5점
경찰간부 후보생	50점
군무원 5급	65점
군무원 7급	47점
군무원 9급	32점
카투사	73점
기상직	65점
국가정보원	지텔프 성적 제출 가능
변리사	77점
세무사	65점
공인노무사	65점
관광통역안내사	74점
경영지도사	65점
기술지도사	65점
호텔경영사	79점
공인회계사	65점

학습 점검표

테스트가 끝난 후 각 테스트별로 점검해 보세요.
테스트별로 맞힌 개수를 확인하며 실력이 향상됨을 체크해 보세요.

실전 모의고사 10회

	맞힌 개수		점수
실전 모의고사 1		÷ 26 × 100	
실전 모의고사 2		÷ 26 × 100	
실전 모의고사 3		÷ 26 × 100	
실전 모의고사 4		÷ 26 × 100	
실전 모의고사 5		÷ 26 × 100	
실전 모의고사 6		÷ 26 × 100	
실전 모의고사 7		÷ 26 × 100	
실전 모의고사 8		÷ 26 × 100	
실전 모의고사 9		÷ 26 × 100	
실전 모의고사 10		÷ 26 × 100	

문법 기본 다지기

CHAPTER ❶ 가정법

CHAPTER ❷ 조동사

CHAPTER ❸ 시제

CHAPTER ❹ 부정사 / 동명사

CHAPTER ❺ 관계사

CHAPTER ❻ 연결어

CHAPTER 1 가정법

출제빈도 가정법 유형은 6문제가 출제되며, 보통 가정법 과거와 가정법 과거완료가 각각 3문제씩 출제되는 추세이다. 매우 드물게 각 2문제, 4문제 혹은 4문제, 2문제의 조합으로도 출제될 수 있으며 최근에는 혼합 가정법 문제가 출제되는 경우도 있다.

1 가정법의 종류

- 가정법 과거: 현재 혹은 미래의 상황을 반대로 가정하거나 상상할 때 사용하며 '(만약) ~라면, ~일 텐데[할 수 있을텐데]'와 같은 의미이다.

If Royce were not sick, he would go to a movie tonight.
아프지 않다면 로이스는 오늘 밤에 영화를 보러 갈 것이다.

> **| 빈출 공식 |** If + 주어 + 과거 동사, 주어 + would/could/might + 동사원형
> **TIP** if절의 be동사는 주어의 인칭/수와 상관없이 were를 사용한다.

- 가정법 과거완료: 과거에 발생했던 일에 대한 반대의 상황 등을 가정할 때 사용하며 '(만약) ~였다면[했다면] ~였을 텐데[할 수 있었을 텐데]'와 같은 의미이다.

If the crowd had cheered more wildly, the athlete would have run faster.
관중들이 더 열광적으로 환호했다면 그 선수는 더 빨리 뛰었을 것이다.

> **| 빈출 공식 |** If + 주어 + had + p.p., 주어 + would/could/might have + p.p.

2 if절은 주절의 앞과 뒤에 모두 위치할 수 있다.

If I knew how to cook Pad Thai, I would invite Anchisa to my place.

→ I would invite Anchisa to my place if I knew how to cook Pad Thai.
내가 팟타이를 요리할 줄 안다면 앙키사를 우리 집으로 초대할 것이다.

3 if의 생략

- 가정법 과거 문장에서 if가 생략될 경우 be동사/조동사의 과거형이 주어 앞으로 도치된다.

If I were invisible, I could sneak into the concert for free.

→ Were I invisible, I could sneak into the concert for free.
내가 만약 투명인간이라면, 공연장에 공짜로 몰래 들어갈 수 있을 텐데.

- 가정법 과거완료 문장에서 if가 생략될 경우 had가 주어 앞으로 도치된다.

If it had not been so hot yesterday, we would have walked around the whole city.

→ Had it not been so hot yesterday, we would have walked around the whole city.
어제 그렇게 덥지 않았다면, 우리는 도시 전체를 걸어 다녔을 것이다.

4 가정법 숙어

if it were not for (만약) ~이 없다면	if it had not been for (만약) ~이 없었다면

If it had not been for Ellie's advice, I wouldn't have done well in the interview.
만약 엘리의 조언이 없었다면, 나는 면접을 잘 보지 못했을 것이다.

고득점 내비게이터			
가정법 과거	☐☐☐	가정법 과거완료	☐☐☐

가정법 문제는 6문제 출제됩니다. 한 문제 풀이마다 해당 유형에 체크하여 각각 해당 개수만큼 정답으로 선택되었는지 확인해 보세요.

연습문제 ⊕ 01

• 정답 및 해설 2p

1 I was supposed to take a train to visit my brother in New York City. When I got to the station last night, I found that the train had already left. If I had been a little quicker leaving my apartment, I ________ my train.

(a) wouldn't miss
(b) didn't miss
(c) wasn't missing
(d) wouldn't have missed

2 The distance between the Earth and the Moon is close to 250,000 miles. Right now, the only way to get to the Moon is with high-powered rockets. However, if it were possible to drive a car to the Moon, it ________ nearly six months.

(a) has taken
(b) would take
(c) took
(d) would have taken

3 The first eyeglasses were likely invented in northern Italy in the early 1300s. Today, about 75% of adults wear corrective lenses of some kind. If glasses did not exist, most adults ________ with everyday activities.

(a) have struggled
(b) would struggle
(c) would have struggled
(d) struggle

4 Part of Cutler Bridge collapsed after a major storm struck the coast of Louisiana. If the flood water ________ so rapidly, the bridge would probably have resisted the storm.

(a) were not rising
(b) had not risen
(c) would not rise
(d) did not rise

5 Ryan set his friend Jenny up for an interview at his import company, and she was subsequently hired as an accountant. If it weren't for Ryan, Jenny ________ at a restaurant.

(a) would still have worked
(b) is still working
(c) would still work
(d) still has worked

6 I just found out that the dress I wanted to buy was on sale all last week. Now, the dresses are completely sold out. I ________ it if I had seen the advertisement sooner.

(a) was buying
(b) would buy
(c) bought
(d) would have bought

고득점 내비게이터			
가정법 과거	☐☐☐	가정법 과거완료	☐☐☐

가정법 문제는 6문제 출제됩니다. 한 문제 풀이마다 해당 유형에 체크하여 각각 해당 개수만큼 정답으로 선택되었는지 확인해 보세요.

연습문제 ⊕02

• 정답 및 해설 3p

1 Craig recently moved to Tokyo to teach English at a university. Whenever he goes out to eat, he has to rely on his friends to order for him. If he knew how to speak Japanese, he ________ food on his own.

(a) could order
(b) orders
(c) had ordered
(d) is ordering

2 Stilton Construction Co. was supposed to finish building a new theater downtown, but they were delayed for several months. If the client hadn't decided to alter the design of the lobby after construction began, the company ________ the theater on time.

(a) would complete
(b) will be completing
(c) would have completed
(d) had completed

3 Daniel realized he left his brand-new phone in the back seat of a taxi last night. Now he doesn't know if he can get it back. If he had been more careful with his phone, he ________ it so soon after buying it.

(a) did not lose
(b) will not be losing
(c) would not lose
(d) would not have lost

4 Cecily is on a business trip to Paris, and she is having a lovely time exploring the city. Unfortunately, she has to leave tomorrow. If she had more time, she ________ more of Paris's famous museums and beautiful cafés.

(a) is visiting
(b) visited
(c) would visit
(d) will visit

5 Finland's national football team has tried to qualify for the FIFA World Cup 19 times but has not succeeded. If it were a bigger country, Finland ________ a better chance to compete internationally.

(a) would have
(b) has
(c) will have
(d) was having

6 In 2006, a man visiting the Fitzwilliam Museum in Cambridge tripped on his loose shoelaces and crashed into several Chinese vases from the Qing Dynasty. If he had tied his shoes, the vases ________.

(a) were not being broken
(b) were not broken
(c) would not have been broken
(d) had not been broken

고득점 내비게이터			
가정법 과거	☐☐☐	가정법 과거완료	☐☐☐

가정법 문제는 6문제 출제됩니다. 한 문제 풀이마다 해당 유형에 체크하여 각각 해당 개수만큼 정답으로 선택되었는지 확인해 보세요.

연습문제 ⊕ 03

• 정답 및 해설 4p

1 Farmers in Brazil planted a lot of coffee crops this year but have recently experienced a significant drought. Had they predicted the dry conditions, they ________ crops that require so much water.

(a) did not plant
(b) were not planting
(c) have not planted
(d) would not have planted

2 There are many ideas and plans for connecting San Francisco and Los Angles via high-speed train. If one of the plans ________ approved, people would be able to travel much faster between the two cities.

(a) is to get
(b) will get
(c) will be getting
(d) could get

3 Finn has been saving up to buy a car so that he can get around town easier and save a lot of time commuting. If he had a car, he ________ to work rather than take a bus.

(a) will drive
(b) would drive
(c) would have driven
(d) had driven

4 Sienna and Nikko planned an outdoor wedding in a beautiful park. However, it started raining and they had to scramble to find an indoor location to move their guests. If the wedding had been indoors from the start, it ________ a lot less hectic.

(a) will be
(b) would be
(c) has been
(d) would have been

5 Extremely long fiber optic cables provide Internet connection under the oceans between continents. If these cables were to be cut or damaged, people ________ massive delays in communication.

(a) will experience
(b) had experienced
(c) would experience
(d) would have experienced

6 The weather wasn't very good, but Parker decided to go for a walk anyway. Along the way, he ran into an old friend, and they ended up getting coffee together. If Parker ________ at home, he would have missed meeting his friend.

(a) stayed
(b) had stayed
(c) was staying
(d) would stay

고득점 내비게이터			
가정법 과거	☐☐☐	가정법 과거완료	☐☐☐

가정법 문제는 6문제 출제됩니다. 한 문제 풀이마다 해당 유형에 체크하여 각각 해당 개수만큼 정답으로 선택되었는지 확인해 보세요.

연습문제 + 04

• 정답 및 해설 5p

1 The Arctic is often referred to as "The Land of the Midnight Sun." If you were to live near the North Pole, you ________ 24 hours of sunlight per day during the summer months.

(a) are experiencing
(b) experience
(c) would experience
(d) will experience

2 Henry decided that he needed to spend more time reading and studying, so he got rid of his TV. If he had not taken such a drastic step, he ________ a lot of time watching shallow television shows.

(a) would have wasted
(b) wasted
(c) was wasting
(d) had wasted

3 When she was younger, Dana used to run long distances and compete in local running races. If she ________ without knee pain, she would sign up for the Canyonlands Marathon next month.

(a) could still run
(b) can still run
(c) had still run
(d) still runs

4 A skyscraper in Shenzhen, China, had to be evacuated after it began to wobble back and forth. If construction officials ________ the building properly, they would have discovered a weakness in its foundation.

(a) inspected
(b) were inspecting
(c) had inspected
(d) would inspect

5 Researchers interviewed men and women in their 90s to ask them about their biggest regrets. Over 80% of the interviewees said that if they had recognized what was most important in life, they ________ more time with family.

(a) would spend
(b) were spending
(c) would have spent
(d) have spent

6 Neil's job in the hospital requires him to be on call in case of an emergency, even on his days off. If only he had a less demanding job, he ________ to all the places he has dreamed of visiting.

(a) will travel
(b) is traveling
(c) would travel
(d) travels

고득점 내비게이터			
가정법 과거	☐☐☐	가정법 과거완료	☐☐☐

가정법 문제는 6문제 출제됩니다. 한 문제 풀이마다 해당 유형에 체크하여 각각 해당 개수만큼 정답으로 선택되었는지 확인해 보세요.

연습문제 ⊕ 05

• 정답 및 해설 6p

1 Victoria and her family went to Five Flags Amusement Park last weekend. However, the park was celebrating its 50-year anniversary, so it was extremely crowded. Victoria's family ________ on a different day if they had known about the celebration.

(a) went
(b) are going
(c) would have gone
(d) had gone

2 Classified government documents were revealed to the public when an anonymous source sent them to the Washington Post. If the documents hadn't been leaked, people ________ about the government surveillance program.

(a) would not have learned
(b) would not learn
(c) had not learned
(d) are not learning

3 While we were eating lunch yesterday, I asked my friend what he would do if he had a billion dollars. He said that money isn't important and that if he were rich, he ________ all his money to charity.

(a) had donated
(b) donated
(c) would donate
(d) will be donating

4 While working to repair Highway 101, road crews can only close one lane at a time. If they closed both lanes, traffic ________ instantly congested for miles.

(a) would have become
(b) is becoming
(c) would become
(d) becomes

5 Paulo came into the kitchen and asked his mom if he could have some of the cake she was making. She said that the cake wasn't finished yet, but even if it were ready, she ________ him any because the cake was for a party.

(a) won't give
(b) wouldn't give
(c) isn't giving
(d) didn't give

6 A recent study suggests that forests equivalent to the size of France have been planted around the world since 2000. Had the trees not been planted, they ________ nearly six gigatons of CO_2.

(a) would not have absorbed
(b) didn't absorb
(c) were not absorbing
(d) don't absorb

출제빈도 조동사 유형은 여러 조동사의 의미를 구별하는 유형 2문제와 should 생략 유형이 2~3문제 출제되는데, 최근에는 should 생략 유형이 2문제가 출제되는 경우가 많다.

1 should의 생략

• 주장/명령/요구/제안 동사의 목적어로 오는 that절의 동사는 '(should) + 동사원형'의 형태로 쓰인다.

The doctor suggests that Meg (should) develop good eating habits.
의사는 멕에게 좋은 식습관을 길러야 한다고 조언한다.

| 빈출 어휘 | 주장/명령/요구/제안 동사

suggest 제안하다 recommend 권장하다 propose 제의하다 advise 조언하다 ask 요청하다 require/request 요구하다 insist/demand 주장하다 urge 촉구하다 stipulate/prescribe 규정하다 order/command 명령하다

• 의무/필수 형용사 뒤의 that절의 동사는 '(should) + 동사원형'의 형태로 쓰인다.

It is important that this yogurt (should) be consumed within one week.
이 요구르트는 일주일 이내에 섭취하는 것이 중요하다.

| 빈출 어휘 | 의무/필수 형용사

important 중요한 vital 필수적인 best 최선의 crucial 중요한 necessary 필요한 essential 필수적인 imperative 꼭 필요한 critical 필수적인 mandatory 의무적인 customary 관례적인

2 조동사의 의미와 용법

• can: 객관적 가능성, 주어의 능력 혹은 허락/허가의 의미를 갖는다.

Dogs can smell human emotions. [능력] 개는 사람 감정의 냄새를 맡을 수 있다.

You can smoke only in the designated area. [허가] 흡연은 지정된 구역에서만 가능합니다.

• will: 미래의 예정/예상 혹은 주어의 의지를 나타낸다.

Ms. Tall's new book will be released soon. [미래의 예정] 톨 씨의 새로운 책이 곧 출간될 것이다.

Lincoln decided that he would free the slaves of the enemy.
[과거에서 본 미래] 링컨은 적군의 노예를 해방시키기로 결정했다.

• may: 불확실한 상황에 대한 추측/가능성 혹은 허락/허가의 의미를 갖는다.

Too much caffeine may cause insomnia. [추측/가능성] 과도한 카페인은 불면증을 유발할 수 있다.

Guests may use the spa facilities for free. [허가] 투숙객은 스파 시설을 무료로 이용할 수 있습니다.

• must: 의무/강요의 의미를 나타내며 'must have + p.p.'는 과거에 대한 추측의 의미를 갖는다.

To be eligible to vote, you must be 18 years or older. [의무] 투표 자격이 되려면 18세 이상이어야 한다.

Tim must have been angry. [과거에 대한 추측] 팀은 화가 났었음에 틀림없어.

• should: 제안/권고 혹은 책임/당위의 의미를 나타내며 'should have + p.p.'는 과거에 대한 후회를 뜻한다.

You should sleep at least 7 hours a day. [제안/권고] 하루 7시간 이상 자야 한다.

Dan should have listened to my advice. [과거에 대한 후회] 댄은 내 충고를 들었어야 했다.

고득점 내비게이터	
should 생략 ☐☐	

조동사의 의미 구별 유형은 2문제 출제되며, should 생략 유형은 준동사(to/ing)가 6문제 출제될 경우 2문제 출제됩니다. should 생략 유형은 풀이마다 해당 유형에 체크해 보세요.

연습문제 ⊕01

• 정답 및 해설 8p

1 Antibiotics are often prescribed to help fight or prevent infections. Although the drugs are considered very safe, doctors suggest that the pills ________ only when necessary to avoid developing resistance to their effectiveness.

(a) be taken
(b) have been taken
(c) are being taken
(d) will be taken

2 Fishing is popular in many of the lakes and streams in Montana. However, in order to legally catch fish in the state, you ________ apply for a permit in one of the local fishing shops or park offices.

(a) must
(b) can
(c) would
(d) might

3 California has strict laws to test the emissions of cars and trucks in order to help prevent pollution. The laws currently require that every vehicle ________ an emission test every two years.

(a) will pass
(b) is passing
(c) pass
(d) passes

4 Southern Fruit Juice Company just launched a new line of all-natural juices that contain no additives. The popular new juice ________ be purchased at most local supermarkets and grocery stores.

(a) should
(b) can
(c) must
(d) would

고득점 내비게이터	
should 생략 ☐☐☐	

조동사의 의미 구별 유형은 2문제 출제되며, should 생략 유형은 준동사(to/ing)가 5문제 출제될 경우 3문제 출제됩니다. should 생략 유형은 풀이마다 해당 유형에 체크해 보세요.

연습문제 ⊕ 02

• 정답 및 해설 9p

1 Most running shoes can last between 300 and 400 miles, depending on the weight and running style of the runner. After 350 miles, most runners ________ consider buying a new pair of shoes to avoid injuries.

(a) will
(b) shall
(c) should
(d) could

2 After a robbery at a local clothing store, a police officer questioned the store manager about the incident. The manager insisted that the officer ________ the CCTV camera across the street.

(a) will check
(b) is checking
(c) checks
(d) check

3 At a town hall meeting, residents were discussing how to use this year's parks and recreation budget. One resident proposed that the town ________ the money on a dog park.

(a) is spending
(b) has spent
(c) spend
(d) will spend

4 On their family vacation, the Richardson's are going to visit both of the major cities in Spain. After spending a few days on the beach in Barcelona, they ________ head to Madrid for the second half of their trip.

(a) might
(b) shall
(c) can
(d) will

5 The U.S. and Mexico have a water-sharing agreement that requires Mexico to share water near the border. However, after recent droughts in Northern Mexico, local people are requesting that Mexico ________ the agreement.

(a) ends
(b) end
(c) is ending
(d) will end

고득점 내비게이터	
should 생략 ☐☐	

조동사의 의미 구별 유형은 2문제 출제되며, should 생략 유형은 준동사(to/ing)가 6문제 출제될 경우 2문제 출제됩니다. should 생략 유형은 풀이마다 해당 유형에 체크해 보세요.

연습문제 ⊕ 03

• 정답 및 해설 10p

1 Lauren will graduate from high school this year and has started applying for universities. Her mother recommended that she ________ for as many schools as possible in order to increase her chances of getting accepted.

(a) applies
(b) apply
(c) will apply
(d) is applying

2 Bats are very unusual and amazing animals. Unlike most animals, they don't rely on sight to move around. With echolocation, they ________ use sound to navigate the world around them.

(a) should
(b) would
(c) can
(d) must

3 Harry has been feeling pain in his lower back lately, so he went to see a doctor. After taking an X-ray, the doctor told him it is vital that he ________ a specialist to check for any serious spinal issues.

(a) see
(b) will see
(c) is seeing
(d) sees

4 The time in London is five hours ahead of the time in New York. When people in London visit New York, they ________ suffer from jetlag and tiredness after the flight due to the time difference.

(a) may
(b) must
(c) shall
(d) would

고득점 내비게이터	
should 생략 ☐☐☐	

조동사의 의미 구별 유형은 2문제 출제되며, should 생략 유형은 준동사(to/ing)가 5문제 출제될 경우 3문제 출제됩니다. should 생략 유형은 풀이마다 해당 유형에 체크해 보세요.

연습문제 ⊕ 04

• 정답 및 해설 11p

1 While taking a walk last night, Delaney and Aidan noticed that a new pizza restaurant was being built near their apartment. There isn't a decent pizza place in their neighborhood, so they ________ definitely check out the new place when it opens.

(a) can
(b) will
(c) may
(d) would

2 Franco was recently hired as an accountant for a major shipping company. The department manager advised that Franco ________ the previous reports in order to become familiar with the reporting format.

(a) reviews
(b) will review
(c) is reviewing
(d) review

3 When I walked out to my car after work today, I noticed that one of the front tires was flat. I guess I ________ have run over a nail or a piece of glass during my morning commute.

(a) can
(b) could
(c) might
(d) will

4 An announcement at the train station said that the six o'clock train to Santiago would be cancelled. Lucia went to the ticket window to complain, and the attendant asked that she ________ to the customer service desk to refund her ticket.

(a) went
(b) go
(c) would go
(d) was going

5 After updating the software on his phone to the latest version, Anthony couldn't open his music app. When he checked online for a solution, one user suggested that he ________ the app and re-download it.

(a) delete
(b) is deleting
(c) will delete
(d) deletes

고득점 내비게이터	
should 생략 ☐☐	

조동사의 의미 구별 유형은 2문제 출제되며, should 생략 유형은 준동사(to/ing)가 6문제 출제될 경우 2문제 출제됩니다. should 생략 유형은 풀이마다 해당 유형에 체크해 보세요.

연습문제 ⊕ 05

• 정답 및 해설 12p

1 Dubai International Airport is one of the busiest airports in the world. Any passengers who intend to fly to or from the airport ________ plan on arriving at least three hours early to get to their flight on time.

(a) can
(b) will
(c) should
(d) might

2 On the day of his final exam, Toby woke up with a high fever, so he contacted his professor to ask what to do. His professor instructed that Toby ________ the make-up exam, which would be held on Tuesday evening.

(a) take
(b) is taking
(c) takes
(d) will take

3 I really miss my old dog, Daisy. She loved me and my brother and was always so excited to see us. Whenever I came home from school, she ________ run out into the front yard and jump up to greet me.

(a) might
(b) should
(c) could
(d) would

4 Most modern electric cars can drive up to 250 miles before the battery runs out. For any trips over 200 miles, it is important that the battery ________ completely in order to safely arrive at the destination.

(a) will be charged
(b) be charged
(c) has been charged
(d) is charged

출제빈도 시제 유형은 6문제가 출제되며, 현재진행, 과거진행, 미래진행, 현재완료진행, 과거완료진행, 미래완료진행 시제가 각각 1문제씩 출제되는 것이 최근 경향이다.

1 현재진행 시제(am/is/are + -ing): 현재 시점에 일시적으로 진행 중인 동작/행위를 나타낸다.

Emily is walking her dog right now. 에밀리는 지금 개를 산책시키는 중이다.

| 빈출 단서 | currently / (right) now / at the[this] moment / as of this month

2 과거진행 시제(was/were + -ing): 과거 특정 시점에 일시적으로 진행 중이었던 동작/행위를 나타낸다.

My mother was cooking a meal when I called her. 내가 전화했을 때 엄마는 음식을 요리 중이셨다.

| 빈출 단서 | when + 과거 동사 / 주절 과거 동사 + while / yesterday / last + 시점 / ~ ago

3 미래진행 시제(will be + -ing): 미래 특정 시점에 일시적으로 진행 중일 동작/행위를 나타낸다.

When Justin arrives at the airport, a driver will be waiting at the terminal.
저스틴이 공항에 도착하면, 기사 한 명이 터미널에서 기다리고 있을 것이다.

| 빈출 단서 | when[if/until/as soon as/once/by the time] + 현재 동사 / next + 시점 / tomorrow

4 현재완료진행 시제(have/has been + -ing): 과거에 시작된 동작/행위가 특정 기간 동안 지속되어 현재까지도 진행 중인 상황을 나타낸다.

Sydney has been doing gymnastics since she was five. 시드니는 5살 이후로 체조를 해 왔다.

| 빈출 단서 | since + 과거 시점 / for + 기간 (now)

5 과거완료진행 시제(had been + -ing): 과거 시점 이전에 시작된 동작/행위가 특정 기간 동안 지속되어 과거 시점까지도 계속 진행 중이었던 상황을 나타낸다.

Sam had been driving for 5 hours before he got home. 샘은 집에 도착하기 전에 5시간 동안 운전했다.

| 빈출 단서 | before[until] + 과거 동사　　**TIP** 빈칸이 포함된 절에 'for + 기간'이 단서로 자주 등장

6 미래완료진행 시제(will have been + -ing): 미래 시점 이전에 시작된 동작/행위가 특정 기간 동안 지속되어 미래 시점까지도 계속 진행 중인 상황을 나타낸다.

By the time she finishes the report, Michelle will have been working for 8 hours straight.
보고서를 마칠 때쯤이면 미셸은 8시간 동안 계속해서 일하고 있을 것이다.

| 빈출 단서 | by the time + 현재 동사 / by + 미래 시점　　**TIP** 빈칸이 포함된 절에 'for + 기간'이 단서로 자주 등장

고득점 내비게이터		
현재진행 ☐	과거진행 ☐	미래진행 ☐
현재완료진행 ☐	과거완료진행 ☐	미래완료진행 ☐

시제 문제는 6개의 시제가 하나씩 골고루 출제됩니다. 한 문제 풀이마다 해당 유형에 체크하여 각 유형이 한 문제씩 정답으로 선택되었는지 확인해 보세요.

연습문제 ⊕ 01

• 정답 및 해설 13p

1 Marco didn't hear his wife come in through the front door. He ________ TV in the bedroom when his wife came in and turned on the living room light.

(a) is watching
(b) was watching
(c) watched
(d) would watch

2 Chloe Shin is one of the most renowned violin players in the world and recently joined the New York Philharmonic Orchestra. She ________ professionally in Asia for over 15 years before she moved to the United States.

(a) had been playing
(b) would play
(c) has played
(d) is playing

3 The Ohio Department of Education gave a Lifetime Achievement Award to Mr. Matheson, the principal of Sycamore High School. He ________ in education for more than 25 years now and has helped countless students achieve their goals.

(a) will work
(b) works
(c) is working
(d) has been working

4 Jason is busy editing slides of graphs and information related to the marketing project he is working on. He ________ a presentation to give to his managers during tomorrow's team meeting.

(a) will now make
(b) is now making
(c) has now made
(d) now makes

5 The Kentwood Juice Company has announced that a new bottling factory is being built in Bristol. By the year 2030, the company ________ juice in England for 50 years.

(a) will have been making
(b) will make
(c) is making
(d) would have made

6 An email was sent to all employees regarding upcoming construction in the parking lot. It said that when you arrive at the office tomorrow, construction workers ________ everyone to park either on the street or in the lot next door.

(a) direct
(b) will be directing
(c) was directing
(d) is directing

고득점 내비게이터					
현재진행	☐	과거진행	☐	미래진행	☐
현재완료진행	☐	과거완료진행	☐	미래완료진행	☐

시제 문제는 6개의 시제가 하나씩 골고루 출제됩니다. 한 문제 풀이마다 해당 유형에 체크하여 각 유형이 한 문제씩 정답으로 선택되었는지 확인해 보세요.

연습문제 + 02

• 정답 및 해설 14p

1 Carrie was overjoyed last week after getting promoted to Senior Project Manager. She ________ in the department for six years until a new position finally became available.

(a) would work
(b) was working
(c) worked
(d) had been working

2 When she came home, Sunny noticed a note taped to the door of her apartment. It said that the water will be shut off from 2 to 3 P.M. tomorrow. Workers ________ new pipes and upgrading the plumbing in the apartment.

(a) are installing
(b) installs
(c) will be installing
(d) will have installed

3 India's first high-speed rail is being built to connect Mumbai to other cities in the country. By the time the project is complete in 2028, workers ________ the rail line for over eight years.

(a) were building
(b) would have built
(c) will have been building
(d) built

4 Carla and Santos planned a vacation to Brazil in order to visit Carla's relatives. While they ________ to the airport, Santos realized he forgot his passport and they had to rush back home to get it.

(a) would drive
(b) were driving
(c) are driving
(d) drive

5 Bernard always orders the Classic American Breakfast at the small restaurant near his house. He loves the atmosphere of the restaurant and he ________ breakfast there regularly ever since he first discovered it.

(a) has been eating
(b) will have eaten
(c) is eating
(d) would eat

6 The Heart Source food delivery service is expanding into six new cities after a large increase in sales over the past two years. Currently, the company ________ qualified drivers to begin delivery services in the new locations.

(a) hires
(b) was hiring
(c) had hired
(d) is hiring

고득점 내비게이터					
현재진행	☐	과거진행	☐	미래진행	☐
현재완료진행	☐	과거완료진행	☐	미래완료진행	☐

시제 문제는 6개의 시제가 하나씩 골고루 출제됩니다. 한 문제 풀이마다 해당 유형에 체크하여 각 유형이 한 문제씩 정답으로 선택되었는지 확인해 보세요.

연습문제 ⊕ 03

• 정답 및 해설 15p

1 The Internet has suddenly stopped working at the café. At the moment, the manager _________ to reset the router so that the customers can continue using the free Wi-Fi.

(a) tries
(b) has been trying
(c) is trying
(d) would try

2 Nico is a long-distance truck driver and he _________ for 10 hours straight on his route from Texas to California. Thankfully, he has just found a convenient rest area right off the highway where he can sleep for a few hours.

(a) drives
(b) is driving
(c) has been driving
(d) will drive

3 The Panama Canal was constructed in 1914 to help ships pass through Central America. Before it was built, most ships _________ for nearly two months to get around the South American continent.

(a) will sail
(b) are sailing
(c) had been sailing
(d) have sailed

4 Feel free to go directly to Ms. Jackson's office to wait for your appointment next Monday. She _________ to another patient when you get there, but there are chairs outside of her office where you can wait.

(a) will probably talk
(b) will probably be talking
(c) probably talks
(d) was probably talking

5 Cassler Steel is one of the oldest manufacturing plants in the Boston area. Next year, the company will build an additional factory in Cambridge. By then, the company _________ for over 85 years.

(a) was operating
(b) is operating
(c) had been operating
(d) will have been operating

6 Remy really wanted the limited-edition sneakers that were going on sale on Saturday. Unfortunately, he _________ in line when the store manager announced that the shoes were completely sold out.

(a) stood
(b) has been standing
(c) was standing
(d) stands

고득점 내비게이터					
현재진행	☐	과거진행	☐	미래진행	☐
현재완료진행	☐	과거완료진행	☐	미래완료진행	☐

시제 문제는 6개의 시제가 하나씩 골고루 출제됩니다. 한 문제 풀이마다 해당 유형에 체크하여 각 유형이 한 문제씩 정답으로 선택되었는지 확인해 보세요.

연습문제 ⊕ 04

• 정답 및 해설 16p

1 The first module of the International Space Station was launched into space in 1998. Despite being over 20 years old, the station is still quite active. By 2028, it ________ the earth for 30 years.

(a) has been orbiting
(b) will have been orbiting
(c) will orbit
(d) was orbiting

2 A local news reporter will be in front of the arrivals gate when travelers come through this afternoon. She ________ people about their experiences using the newly renovated airport.

(a) would interview
(b) was interviewing
(c) interviews
(d) will be interviewing

3 The tryouts for the junior Olympic swimming team are taking place next month. Juan hopes that this year he will be able to join the team. He ________ at the pool almost every day since last March.

(a) trains
(b) has been training
(c) will train
(d) was training

4 Because it was Saturday afternoon, there was a long line at the store. To pass the time, I checked my email on my phone while I ________ to check out at the counter.

(a) was waiting
(b) wait
(c) am waiting
(d) have waited

5 Cindy Harper was recently elected to the city planning board. Before that, she ________ as a civil engineer in the city for 10 years. Her experience with big infrastructure projects helped convince the voters to elect her.

(a) had been working
(b) works
(c) has worked
(d) was working

6 Most of the kids went to the park after school. Right now, I think they ________ basketball on the courts near the pond. Basketball has been the most popular sport at the school recently.

(a) were playing
(b) play
(c) are playing
(d) have played

고득점 내비게이터					
현재진행	☐	과거진행	☐	미래진행	☐
현재완료진행	☐	과거완료진행	☐	미래완료진행	☐

시제 문제는 6개의 시제가 하나씩 골고루 출제됩니다. 한 문제 풀이마다 해당 유형에 체크하여 각 유형이 한 문제씩 정답으로 선택되었는지 확인해 보세요.

연습문제 ⊕ 05

• 정답 및 해설 18p

1 Rena has been transferred to the sales department. Interviews are taking place now to fill her previous position, but there have not been any good candidates. She ________ her new position by the end of the interview process.

(a) was likely starting
(b) will likely be starting
(c) has likely started
(d) likely starts

2 Maple Avenue will continue to be closed to traffic this week. Workers ________ the street since flooding destroyed much of the road on Saturday. Many homes nearby were also damaged in the storm.

(a) repair
(b) are repairing
(c) had repaired
(d) have been repairing

3 Riverside Condos expect to wait another six months to get the permits they need to build new units along the waterfront. By the time the permits are approved, they ________ construction of the condos for over two years.

(a) have been planning
(b) will have been planning
(c) are planning
(d) will plan

4 Please do not knock on the door when you arrive. We ________ an interview for a podcast right now, so we have to make sure the room stays as quiet as possible. Just send me a text message and I will let you in.

(a) record
(b) will record
(c) are recording
(d) were recording

5 Travelers at Heathrow Airport were notified that their flight was delayed due to freezing rain. Unfortunately, the rain continued for many hours. The travelers ________ for five straight hours by the time the airline finally cancelled the flight.

(a) had been waiting
(b) will have been waiting
(c) would have waited
(d) waited

6 Mira was in the kitchen preparing dinner after work. Unfortunately, she missed several important phone calls from her manager because she ________ to music.

(a) was listening
(b) listens
(c) is listening
(d) had listened

출제빈도 부정사/동명사 유형은 동명사 3문제, 부정사 2~3문제가 출제되는데, 최근에는 동명사와 부정사 각각 3문제씩 출제되는 경우가 많다.

1 동명사를 목적어로 취하는 동사

Scott enjoys drinking espresso every morning. 스캇은 매일 아침 에스프레소 마시는 것을 즐긴다.
(drinking: 목적어)

| 빈출 어휘 | 동명사를 목적어로 취하는 동사의 종류

recommend 추천하다 keep 계속 ~하다 consider 고려하다 enjoy 즐기다 practice 연습하다 involve 포함하다
prohibit 금지하다 prevent 막다 risk 위험을 무릅쓰다 delay/postpone 미루다 resist 저항하다 dislike 싫어하다
deny 부인하다 mind 꺼리다 dread 두려워하다 resent 분개하다 admit 인정하다 recall 기억해 내다 resume 재개하다
support 지원하다 avoid/evade/escape 피하다 stop 멈추다 finish 끝내다 quit 그만두다 suggest 제안하다
require 필요로 하다 appreciate 고맙게 여기다 discontinue 중단하다 welcome 환영하다 miss 그리워하다

2 부정사를 목적어로 취하는 동사

Steve Jobs decided to drop out of college after the first semester.
(to drop out: 목적어)
스티브 잡스는 1학기 후 대학을 중퇴하기로 결정했다.

| 빈출 어휘 | 부정사를 목적어로 취하는 동사의 종류

promise 약속하다 decide 결정하다 plan 계획하다 need 필요로 하다 mean 의도하다 refuse 거부하다
choose 선택하다 tend 경향이 있다 fail 실패하다 seem ~인 것 같다 agree 동의하다 hope/wish 희망하다
want 원하다 ask 부탁하다 manage 해내다 learn 배우다 hesitate 주저하다 prepare 준비하다 intend 계획하다
seek 노력하다 pretend ~인 척하다 offer 제의하다 wait 기다리다 attempt 시도하다

3 부정사를 목적격 보어로 취하는 동사

The job requires you to travel on a regular basis. 이 직업은 당신이 정기적으로 출장을 다닐 것을 요구한다.
(you: 목적어, to travel: 목적격 보어)

| 빈출 어휘 | 부정사를 목적격 보어로 취하는 동사의 종류

allow 허락하다 enable 가능케 하다 require 요구하다 encourage 격려하다 advise 조언하다 cause 야기하다
want 원하다 ask 요구하다 expect 기대하다 prompt 촉구하다 remind 상기시키다 order 명령하다

4 기타 부정사/동명사 자리

• 주어 자리에 동명사
Walking briskly will burn about half as many calories as running.
활기차게 걷는 것은 달리기보다 약 절반의 칼로리를 태울 것이다.

• 전치사 뒤 동명사
John Robbins chose to pursue his own dream instead of inheriting the family business.
존 로빈스는 가업을 물려받는 대신 자신의 꿈을 추구하기로 결정했다.

• 완전한 문장 뒤 부정사 (~하기 위해)
You should learn about the culture to master a foreign language.
외국어를 마스터하기 위해서는 문화에 대해 배워야 한다.

고득점 내비게이터			
동명사	☐☐☐	부정사	☐☐☐

준동사 유형이 6문제 출제되는 경우, 보통 동명사 3문제, 부정사 3문제로 출제됩니다. 해당 유형에 체크하여 각각 해당 개수만큼 정답으로 선택되었는지 확인해 보세요.

연습문제 ⊕01

• 정답 및 해설 19p

1 The ancient pyramids of Egypt were built around 2500 B.C. with only primitive tools. Although there is no record of exactly how the pyramids were built, it likely involved ________ levers, ramps and ropes to move massive stone blocks.

(a) to use
(b) having used
(c) using
(d) would use

2 During a trip to the zoo last weekend, Natalie's children were surprisingly well-behaved. As a reward, she decided ________ them play video games for an extra hour on Saturday night.

(a) letting
(b) to have let
(c) to let
(d) having let

3 Energy provided to US consumers was composed of about 20% renewable sources in 2020. By the year 2030, most analysts predict that renewable energy is likely ________ to about 30%.

(a) to grow
(b) growing
(c) having grown
(d) will grow

4 Even though she doesn't get paid, Maria loves volunteering at the tourist center in downtown Vancouver. She simply appreciates ________ new people from all around the world every day.

(a) to have met
(b) meeting
(c) to meet
(d) having met

5 Since face-to-face learning was difficult or impossible last year, many classes went online. In a survey published in Axios, around 59% of students said they dislike ________ online compared to in person.

(a) to have learned
(b) learning
(c) to learn
(d) having learned

6 While working in his backyard, Paul was bitten by a black spider with a red mark on its abdomen. He went to the emergency room immediately ________ a doctor, just in case the spider was a venomous black widow.

(a) seeing
(b) to see
(c) to have seen
(d) having seen

고득점 내비게이터	
동명사 ☐☐☐	부정사 ☐☐

준동사 유형이 5문제 출제되는 경우, 보통 동명사 3문제 부정사 2문제로 출제됩니다. 해당 유형에 체크하여 각각 해당 개수만큼 정답으로 선택되었는지 확인해 보세요.

연습문제 ⊕ 02

• 정답 및 해설 20p

1 Chess is a classic game of intelligence that has been played for at least 1,500 years and is still popular today. In the game, the first person ________ their opponent's king is the winner.

(a) will trap
(b) is trapping
(c) to trap
(d) trapping

2 An eccentric millionaire hid money, coins and valuable gems somewhere in the Rocky Mountains and left clues for would-be treasure hunters. The people searching for the treasure risk ________ time and energy, but it might be worth it.

(a) to have wasted
(b) to waste
(c) having wasted
(d) wasting

3 Devon got stuck at work on Thursday and called his sister to ask if she could pick up his son from school. His sister said she didn't mind ________ his son because she was already running some errands nearby.

(a) to have picked up
(b) picking up
(c) to picking up
(d) to pick up

4 The Sales Director, Ms. Park, called a meeting with her staff. She had some urgent information to share, so she wanted to have the meeting ASAP instead of ________ the meeting on Wednesday morning as usual.

(a) having
(b) having had
(c) to have had
(d) to have

5 There are usually two or three lunar eclipses each year, where Earth comes directly between the Sun and the Moon. Many people like to find dark places away from cities ________ the unique natural phenomenon.

(a) observing
(b) to have observed
(c) having observed
(d) to observe

고득점 내비게이터	
동명사 ☐☐☐	부정사 ☐☐☐

준동사 유형이 6문제 출제되는 경우, 보통 동명사 3문제, 부정사 3문제로 출제됩니다. 해당 유형에 체크하여 각각 해당 개수만큼 정답으로 선택되었는지 확인해 보세요.

연습문제 ⊕ 03

• 정답 및 해설 21p

1 When starting university, many students don't know what to major in. Therefore, most counselors advise ________ general education classes in language, math and science first.

(a) taking
(b) having taken
(c) to have taken
(d) to take

2 Last summer, Vivian took her first trip to Italy. When she first arrived in Rome, she had a whole list of places to check out, but she was most excited ________ the Colosseum.

(a) to have visited
(b) visiting
(c) having visited
(d) to visit

3 Parts of Oceanside Boardwalk were destroyed by a recent storm. Until the damage can be repaired, the city has closed that section of the beach and is prohibiting ________ on the boardwalk.

(a) having walked
(b) to walk
(c) to be walking
(d) walking

4 The first chapter of Brett Thompson's new novel is available online for free. If you wish ________ reading the novel, you can purchase the full electronic version and download it straight to your device.

(a) continuing
(b) to have continued
(c) to continue
(d) having continued

5 Companies who advertise to children are not allowed to collect personal data on children under 13 years old. The government regards ________ this data as an unfair invasion of privacy.

(a) to have collected
(b) collecting
(c) to collect
(d) having collected

6 Billionaire Tim Piper's nephew was born with a rare congenital blood disorder. Already familiar with philanthropy, Mr. Piper founded a new charity organization ________ awareness about the mostly unknown disease.

(a) to raise
(b) having raised
(c) to be raising
(d) raising

고득점 내비게이터

동명사	☐☐☐	부정사	☐☐

준동사 유형이 5문제 출제되는 경우, 보통 동명사 3문제 부정사 2문제로 출제됩니다. 해당 유형에 체크하여 각각 해당 개수만큼 정답으로 선택되었는지 확인해 보세요.

연습문제 ⊕ 04

• 정답 및 해설 22p

1 Martha has been so busy lately that she hasn't had any time to get a gift for her friend's birthday party. She's on her way to the party now, so she will just need ________ a card and flowers.

(a) to pick up
(b) having picked up
(c) picking up
(d) to have picked up

2 For older patients who struggle with memory loss, doctors now recommend ________ time with animals. Animal therapy has been proven to provide comfort and companionship, which leads to better memory recall.

(a) to spend
(b) to be spending
(c) having spent
(d) spending

3 Pizza has been Andrew's favorite food since he was a kid. Even though it makes his stomach feel upset the next day, Andrew can't resist ________ five or six pieces of pizza whenever he orders it.

(a) eating
(b) having eaten
(c) to eat
(d) to be eating

4 Bars often turn on bright lights inside just before they close for the night in order to get people to leave. A lot of people tend ________ the time, so the bright lights help them remember to pay and go home.

(a) to have forgotten
(b) to be forgetting
(c) forgetting
(d) to forget

5 Sales of the Single Pot Cooker were down for the second quarter in a row. The head of the cooking division at Rice 'n More told his team that they will have to stop ________ the product if sales continue to sink.

(a) to have sold
(b) selling
(c) having sold
(d) to sell

고득점 내비게이터	
동명사 ☐☐☐	부정사 ☐☐☐

준동사 유형이 6문제 출제되는 경우, 보통 동명사 3문제, 부정사 3문제로 출제됩니다. 해당 유형에 체크하여 각각 해당 개수만큼 정답으로 선택되었는지 확인해 보세요.

연습문제 ⊕05

• 정답 및 해설 23p

1 Matt was making his profile on a popular dating site. When it asked him to list his favorite activities, he said that he enjoys ________ because he thought it would seem like an attractive hobby.

(a) will cook
(b) to cook
(c) having cooked
(d) cooking

2 Over fifty candidates applied for a research assistant position at H&H Pharmaceuticals. Due to time constraints, Mr. Hodges chose ________ only the top ten applicants based on their résumé.

(a) interviewing
(b) to have interviewed
(c) to interview
(d) having interviewed

3 Although NBA players have a full schedule of games and traveling, the players still need to work on their basketball skills. Most professional players practice ________ about two hours per day.

(a) shooting
(b) to shoot
(c) having shot
(d) to have shot

4 Cecilia and Jon are celebrating their thirty-year wedding anniversary next weekend. Even though they have been together for so long, Jon can still remember ________ Cecilia in the school library.

(a) meeting
(b) to have met
(c) to meet
(d) having met

5 After a close election, Kathy Berger was elected sheriff of Kent County. Along with keeping citizens safe, she promised ________ community programs to help with crime prevention.

(a) supporting
(b) will support
(c) to have supported
(d) to support

6 Lisa has to leave university in her senior year to help her sick parents with farm work. She hopes ________ in the autumn to finish her degree.

(a) to have returned
(b) returning
(c) having returned
(d) to return

CHAPTER 5 관계사

출제빈도 관계사 유형은 2문제가 출제된다. 대부분 관계대명사를 활용한 문제로 출제되며, 관계부사의 출제 빈도는 낮은 편이다.

❶ 관계대명사 격 변화

격 \ 선행사	사람 선행사	사물/동물 선행사
주격	who/that	which/that
목적격	whom/that	which/that

TIP 콤마 뒤에 관계대명사 that은 사용하지 않는다.

❷ 주격 관계대명사

• 선행사가 사람인 경우

주격 관계대명사 + 주어 없는 불완전한 절

We are going to have an interview with Scarlett Johansson, who starred in a film *Black Widow*. 우리는 영화 〈블랙 위도우〉에 출연한 스칼렛 요한슨과 인터뷰를 할 것입니다.

• 선행사가 사물/동물인 경우

Cricket is a sport that[which] is widely played in England, India, and Australia.
크리켓은 영국, 인도와 호주에서 널리 행해지는 스포츠이다.

The documentary was about salmon, which travel over 6,000 miles to lay their eggs.
그 다큐멘터리는 알을 낳기 위해 6,000마일이 넘는 거리를 이동하는 연어에 관한 것이었다.

| 빈출 공식 | 주격 관계대명사 + 주어 없는 불완전한 절

❸ 목적격 관계대명사

• 선행사가 사람인 경우

목적격 관계대명사 + 목적어 없는 불완전한 절

On his 70th birthday, Mr. Watts invited only three friends, whom he really valued.
70번째 생일에 와츠 씨는 세 명의 친구만을 초대했는데, 그는 그들을 정말 소중하게 여겼습니다.

• 선행사가 사물인 경우

The café that[which] my father visited every morning still exists in the same location.
아버지가 매일 아침 방문하셨던 카페는 지금도 같은 위치에 있습니다.

| 빈출 공식 | 목적격 관계대명사 + 목적어 없는 불완전한 절

❹ 관계부사 where (장소) / when (시간)

관계부사 + 완전한 절

Jay moved to Germany, where he could study for free. 제이는 무료로 공부할 수 있는 독일로 이주했다.

Hemingway lived in Paris during 1920s, when the city was a mecca for artists.
헤밍웨이는 1920년대에 파리에서 살았는데 그때 그 도시는 예술가들의 메카였다.

| 빈출 공식 | 관계부사 + 완전한 절

고득점 내비게이터	
관계사 ☐☐	

관계사 문제는 2문제 출제됩니다. 보기를 통해 관계사 문제임을 판단한 후 선행사의 사람/사물[동물] 구별 및 관계사의 주격/목적격 구분을 통해 정답을 찾아보세요.

연습문제 ⊕ 01

• 정답 및 해설 24p

1 The SR-71 Blackbird, ________, is the fastest jet in the world. It can travel up to 2,100 miles per hour and is about four times faster than commercial airplanes. The planes are so expensive to build that they are not currently being produced.

(a) which costs $34 million to build
(b) that costs $34 million to build
(c) what costs $34 million to build
(d) how it costs $34 million to build

2 The desert is a very difficult place for plants and animals to survive. The animals ________ have adapted special behaviors to stay cool and store water. For example, the desert toad will bury itself in moist soil during the daylight hours.

(a) which they can live in the desert
(b) that can live in the desert
(c) what can live in the desert
(d) where can live in the desert

고득점 내비게이터	
관계사 ☐☐	

관계사 문제는 2문제 출제됩니다. 보기를 통해 관계사 문제임을 판단한 후 선행사의 사람/사물[동물] 구별 및 관계사의 주격/목적격 구분을 통해 정답을 찾아보세요.

연습문제 + 02

• 정답 및 해설 25p

1 Our company is opening up a new office in London and I plan on applying for a job there. The position ________ is the new sales director role. I'm a sales associate now, so this may be the perfect opportunity to move up.

(a) what I am really hoping to get
(b) where I am really hoping to get
(c) that I am really hoping to get
(d) when I am really hoping to get

2 Paulo and Lena just moved into a new house. Their neighbor Vincent, ________, came over to welcome them. He also told them when the trash and recycling are picked up every week and other useful information.

(a) when he had lived in the neighborhood for years
(b) who had lived in the neighborhood for years
(c) that had lived in the neighborhood for years
(d) which had lived in the neighborhood for years

고득점 내비게이터	
관계사 ☐☐	

관계사 문제는 2문제 출제됩니다. 보기를 통해 관계사 문제임을 판단한 후 선행사의 사람/사물[동물] 구별 및 관계사의 주격/목적격 구분을 통해 정답을 찾아보세요.

연습문제 + 03

• 정답 및 해설 25p

1 Every other Friday, Jack and Linda have a few friends over to their place for dinner and card games. The couple ________ is Jordan and Gloria. Gloria said that she's been punctual her whole life.

(a) which always arrives first
(b) who always arrives first
(c) when always arrives first
(d) whom always arrives first

2 Despite its freezing temperatures, the Arctic is home to a variety of animals. The Arctic fox, ________, can handle temperatures as low as -70 degrees Celsius. The white color of the fur also acts as camouflage against other predators.

(a) what has thick, white fur
(b) that has thick, white fur
(c) which has thick, white fur
(d) who has thick, white fur

고득점 내비게이터		
관계사	☐☐	

관계사 문제는 2문제 출제됩니다. 보기를 통해 관계사 문제임을 판단한 후 선행사의 사람/사물[동물] 구별 및 관계사의 주격/목적격 구분을 통해 정답을 찾아보세요.

연습문제 ⊕ 04

• 정답 및 해설 26p

1 There are many festivals around the world that have religious origins. Carnival, ________, is a celebration to enjoy food and drinks before a period of fasting called "Lent."

(a) that is a Roman Catholic festival
(b) what is a Roman Catholic festival
(c) which is a Roman Catholic festival
(d) how it is a Roman Catholic festival

2 In order to grow grapes for making wine, you need certain climate conditions. The French Bordeaux region, ________, is perfect for growing grapes. Its Mediterranean climate produces some of the best wine in the world.

(a) when the average temperature is 13 degrees Celsius
(b) where the average temperature is 13 degrees Celsius
(c) which the average temperature is 13 degrees Celsius
(d) that the average temperature is 13 degrees Celsius

고득점 내비게이터	
관계사 ☐☐	

관계사 문제는 2문제 출제됩니다. 보기를 통해 관계사 문제임을 판단한 후 선행사의 사람/사물[동물] 구별 및 관계사의 주격/목적격 구분을 통해 정답을 찾아보세요.

연습문제 ⊕ 05

• 정답 및 해설 26p

1 Police were investigating a robbery at a local convenience store. First, they interviewed Sean McGill, the manager ________. He said that everything happened so fast that he doesn't remember what the robber looked like.

(a) when they worked on the night of the crime
(b) who worked on the night of the crime
(c) whom worked on the night of the crime
(d) which worked on the night of the crime

2 Lucy was excited when she was assigned to work on the newest smartphone model at her company. This meant that she would be on the same team as Donna Everman, ________.

(a) which she has always wanted to work with
(b) whom she has always wanted to work with
(c) what she has always wanted to work with her
(d) that she has always wanted to work with

출제빈도 연결어 유형은 2문제가 출제된다. 대부분 부사절 접속사 혹은 접속부사의 형태로 출제되며 전치사의 출제 빈도는 낮은 편이다.

1 접속부사: 앞 문장과 뒤 문장을 의미상 연결하는 부사이며, 주로 뒤 문장의 주어 앞에 콤마와 함께 사용된다.

Netherlands appeared in the World Cup final three times. However, they have never won a World Cup. 네덜란드는 월드컵 결승에 3번 진출했다. 하지만 그들은 월드컵에서 우승한 적이 없다.

| 빈출 어휘 | 접속부사의 종류

however/but 하지만 in fact/indeed 실제로 furthermore/moreover 게다가 on the other hand 반면에 otherwise 그렇지 않으면 for example/for instance 예를 들면 overall 대체로 in addition(=additionally) 게다가 nevertheless/nonetheless 그럼에도 불구하고 then 그리고 나서 in other words 다시 말해서 therefore/thus 그러므로 as a matter of fact 사실은 meanwhile 한편, 그러는 동안 as a result 그 결과 finally 마지막으로 after all 결국

2 부사절 접속사: 하나의 절을 부사로 만들어 수식어 역할을 하도록 만드는 접속사로 이유, 양보, 시간, 조건 등의 다양한 의미를 갖는다. 부사절은 주절의 앞과 뒤에 모두 위치할 수 있다.

The construction work will resume when the rain eases off. (부사절: when the rain eases off) 비가 잦아들면 공사가 재개될 것이다.

Although mute swans look very gentle, they often attack humans. (부사절: Although mute swans look very gentle)
혹고니는 매우 온순해 보이지만, 종종 사람을 공격한다.

| 빈출 어휘 | 부사절 접속사의 종류

although/even though 비록 ~이지만 when ~할 때 whenever ~할 때마다 while ~하는 동안 after ~ 한 후에 before ~하기 전에 until ~할 때까지 as soon as/once ~하자마자 because ~이기 때문에 since ~이므로 as long as ~하는 한 so ~ that 너무 ~해서 ~하다 no matter Wh 아무리 ~라 할지라도, ~에 관계없이 if ~이라면 while/whereas ~인 반면에 unless ~가 아니라면 in case/in the event (that) ~이라면, ~할 경우에 대비하여 even if 비록 ~일지라도 so that ~할 수 있도록

3 대등 접속사: 절과 절의 사이에 위치하여 두 절을 대등하게 연결하는 접속사이다.

It was beautiful weather yesterday, so Sara decided to go hiking.
어제 날씨가 좋아서 사라는 하이킹을 가기로 결정했다.

| 빈출 어휘 | 대등 접속사의 종류

and 그리고 but 하지만 or 혹은 so 그래서

4 전치사: 명사 혹은 동명사를 연결하는 장치로서 이유, 양보, 시간 등의 다양한 의미를 갖는다.

Despite opposition from local residents, the historic building will be demolished.
지역 주민들의 반대에도 불구하고 그 역사적인 건물은 철거될 것이다.

| 빈출 어휘 | 전치사의 종류

despite/in spite of ~에도 불구하고 because of/due to ~ 때문에 instead of ~ 대신에 from ~로부터

고득점 내비게이터

연결어	☐☐	

연결어 문제는 2문제 출제됩니다. 보기를 통해 연결어 문제임을 판단한 후 문장의 정확한 해석을 통해 정답을 찾아보세요.

연습문제 ⊕01

• 정답 및 해설 27p

1 Herbert Nitsch holds the world record for free diving, diving to an astounding 214 meters under water. ________ the human body is not designed to handle the pressure at those depths, Nitsch was able to train himself to surpass normal limits.

(a) Now that
(b) Although
(c) In case
(d) When

2 A new company wellness policy was implemented, which allows employees to wear shorts and T-shirts during the summer. ________, employees can now choose to work from home two days every week.

(a) Instead
(b) Otherwise
(c) Moreover
(d) Regardless

고득점 내비게이터	
연결어 □□	

연결어 문제는 2문제 출제됩니다. 보기를 통해 연결어 문제임을 판단한 후 문장의 정확한 해석을 통해 정답을 찾아보세요.

연습문제 ⊕ 02

• 정답 및 해설 27p

1 Margo and Liam were arguing about where they should look for a new apartment to rent. ________ they both agreed to get one with two bedrooms, they couldn't decide whether to live in the city or farther out where rent is cheaper.

(a) Before
(b) Since
(c) While
(d) Unless

2 Using a bicycle to commute to work can be a healthy option for many people. ________, in cities without bicycle infrastructure, it can be dangerous to ride among busy traffic.

(a) Additionally
(b) However
(c) Similarly
(d) Moreover

고득점 내비게이터	
연결어	☐☐

연결어 문제는 2문제 출제됩니다. 보기를 통해 연결어 문제임을 판단한 후 문장의 정확한 해석을 통해 정답을 찾아보세요.

연습문제 ⊕ 03

• 정답 및 해설 28p

1 I thought that I had lost my phone while I was out running errands yesterday. So, I was extremely relieved ________ I saw my phone sitting on the table near the front door.

(a) when
(b) so that
(c) whenever
(d) while

2 Most banks in the city close around 5 o'clock. Thankfully, their ATMs are accessible 24 hours a day, ________ people can do basic banking transactions when the banks are closed.

(a) yet
(b) because
(c) so
(d) although

고득점 내비게이터	
연결어 □□	

연결어 문제는 2문제 출제됩니다. 보기를 통해 연결어 문제임을 판단한 후 문장의 정확한 해석을 통해 정답을 찾아보세요.

연습문제 ⊕ 04

• 정답 및 해설 28p

1 Before the Industrial Revolution, most work was slow and difficult. For example, farmers were using basic human or animal-powered tools ________ the gas-powered tractor was invented in 1892.

(a) since
(b) after
(c) while
(d) until

2 The beautiful architecture, food and artwork in Paris make it one of the best cities to visit in the world. ________, the popularity of the city has led to overcrowded streets, expensive hotels and long lines for restaurants and museums.

(a) For instance
(b) On the other hand
(c) Similarly
(d) In the first place

고득점 내비게이터	
연결어 □□	

연결어 문제는 2문제 출제됩니다. 보기를 통해 연결어 문제임을 판단한 후 문장의 정확한 해석을 통해 정답을 찾아보세요.

연습문제 ⊕ 05

• 정답 및 해설 29p

1 Tom has invited me to his apartment for a small holiday party. He says that I will have to park at a public parking lot about ten blocks away from his place _________ I am lucky enough to find a spot on the street.

(a) until
(b) after
(c) unless
(d) since

2 In India, there are many new initiatives that are helping to protect the environment. _________, the 'Trash 2 Cash' program pays people to collect, recycle and reuse trash in Kolkata.

(a) However
(b) For example
(c) Furthermore
(d) In conclusion

SECTION 2

실전 모의고사

GRAMMAR SECTION

DIRECTIONS:

The following items need a word or words to complete the sentence. From the four choices for each item, choose the best answer. Then blacken in the correct circle on your answer sheet.

Example:

The boys __________ in the car.

(a) be
(b) is
(c) am
(d) are

The correct answer is (d), so the circle with letter (d) has been blackened.

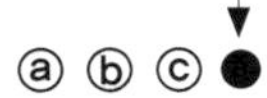

NOW TURN THE PAGE AND BEGIN

지텔프 Level 2에서는 특정 유형별로 정해진 문제의 개수가 출제되며 보기의 형태로 유형 파악이 가능합니다. 헷갈리는 문제는 '고득점 내비게이터'를 활용하여, 풀이를 완료한 유형의 문제는 네모 칸에 체크합니다. 실제 시험지에는 표기되지 않으므로 내비게이터의 내용을 기억해 두세요.

고득점 내비게이터

현재진행	☐	과거진행	☐	미래진행	☐	동명사	☐☐☐	가정법	☐☐☐☐☐☐
현재완료진행	☐	과거완료진행	☐	미래완료진행	☐	부정사	☐☐☐	should 생략	☐☐

1 Martin was intending to take some classes in the evening so that he could improve his skills. However, he didn't have enough money. Fortunately, he received financial assistance from his father, which enabled Martin _________ for classes at a local college.

(a) to have registered
(b) to register
(c) registering
(d) will register

2 After Susan watched a documentary on Hawaii last year, she decided that she wanted to travel there to see the sights. If she could work a bit harder, she _________ enough money to buy a plane ticket there.

(a) is earning
(b) earns
(c) will earn
(d) would earn

3 Eric was pleased that he received a good grade on the test he had taken on Monday. He _________ the test when the school bell rang to end classes for the day.

(a) is looking over
(b) was looking over
(c) looked over
(d) would look over

4 Martin became very ill as a young child and nearly lost his eyesight due to a disease. If he had not been sick, it is likely that he _________ a profession other than medicine.

(a) would have selected
(b) selected
(c) was selecting
(d) had selected

5 Nowadays, most countries around the world permit their citizens to vote. However, not everyone is allowed the right. In some countries, only individuals who are adults and have no criminal record _________ cast a vote in an election.

(a) will
(b) must
(c) can
(d) shall

6 Sometimes customers make unreasonable requests at stores. For instance, they may attempt to return an item even if they purchased it several months ago. These people simply demand that their money _________ even though it is against the store's policy.

(a) was returned
(b) be returned
(c) will be returned
(d) is being returned

7 Peter Simms is one of the best doctors in the country. But he wanted to be a historian in college. Most people don't know that he ________ medicine for just a couple of years now.

(a) will have been practicing
(b) is practicing
(c) has been practicing
(d) practiced

8 Before going to bed, David asked his mother to wake him up early in the morning tomorrow. He knows that if he got up after 7:00, he ________ at school too late for his test.

(a) would have arrived
(b) is arriving
(c) would arrive
(d) arrives

9 Sally lived in her hometown for more than twenty years, but she left three years ago and hasn't been home since then. Since she is busy with her work, she has avoided ________ to her parents, who want to invite her to come home for a few days.

(a) to talk
(b) talking
(c) having talked
(d) will talk

10 Jemma enjoys working out and is training to run in a marathon in a few months. By the time she competes in a race this summer, she ________ for the event for around two years.

(a) was preparing
(b) would have prepared
(c) will have been preparing
(d) prepared

11 Koppa Manufacturing has been working on a number of new products it hopes to put on the market within the next few months. One of the items, ________, is highly efficient and uses very little electricity.

(a) when it is a kitchen appliance
(b) which is a kitchen appliance
(c) where is a kitchen appliance
(d) that appliance is for a kitchen

12 Allen is worried that he will not have enough food for the party he is hosting tonight. When you get to his home in a couple of hours, he ________ something in his kitchen.

(a) probably cooks
(b) will probably be cooking
(c) was probably cooking
(d) is probably cooking

13 Pierre did not bother to bring a map with him when he went hiking the other day. If he ________ how confusing the trails in the park can be at times, he would not have forgotten such an important item.

(a) remembered
(b) was remembering
(c) had remembered
(d) would remember

14 The doctor gave Pam some medicine that should help her get rid of her headaches. He told her to take the medicine ________ she finished eating a meal because that would make the medicine more effective.

(a) until
(b) as soon as
(c) although
(d) unless

15 If anyone asks to talk to Ms. Jefferson, tell the person to come back later. Ms. Jefferson ________ a meeting with her boss right now. She doesn't have time to talk with anyone else.

(a) holds
(b) will hold
(c) is holding
(d) was holding

16 Angela is about to graduate from high school but is not sure whether she wants to get a job or enroll in college. Her parents recommend that she ________ her school's guidance counselor to get some advice.

(a) speak with
(b) speaks with
(c) is speaking with
(d) will speak with

17 Sharon really needed to study hard for her exam. If she had not been so sleepy last night, she definitely ________ late reviewing the class material.

(a) did stay up
(b) has stayed up
(c) would have stayed up
(d) was staying up

18 Alice Martin moved to Europe because she wanted to learn about the art and history of the Middle Ages firsthand. Before her move, she ________ both subjects for five years.

(a) has been studied
(b) is studying
(c) had been studying
(d) was studied

19 A rare heart-shaped pink diamond will be auctioned at Sotheby's in New York City next week. The diamond is the rarest ever discovered and is predicted ________ a price between 2 and 3 million dollars.

(a) to fetch
(b) fetching
(c) to be fetching
(d) having fetched

20 Peter is disappointed to find out that he will not be able to cook a gourmet dinner for his family since his oven has suddenly stopped working. He could prepare a fine meal if only the oven ________ properly.

(a) is working
(b) were working
(c) does work
(d) will work

21 Mr. Whitfield interviewed several candidates for a position and chose to hire Ms. O'Connell due to her extensive experience. Another reason ________ is Ms. O'Connell's eagerness to start working at the company immediately.

(a) that prompted him to make the decision
(b) who prompted him to make the decision
(c) which it prompted him to make the decision
(d) what prompted him to make the decision

22 Mindy really regretted how she acted in a meeting with some of her coworkers yesterday. She keeps ________ the events in her head and thinks about what she could have done differently.

(a) to go over
(b) to have gone over
(c) going over
(d) will go over

23 Magnets are objects that attract items which are made of iron, nickel, or other metallic elements. As a result, if you put a coin near a magnet, the magnet ________ exert a force and cause the coin to be attracted to it.

(a) could
(b) must
(c) will
(d) might

24 George gave a speech about his research to a group of scientists. However, one of them asked questions that George didn't want to answer. George made sure to evade ________ to the questions so that he would not give away any important information.

(a) will respond
(b) responding
(c) to respond
(d) having responded

25 Craig asked his teacher if he could submit an assignment two days late because he had a lot of other projects to do. The teacher agreed to give Craig an extension. ________ , she informed Craig that he would lose points for being late.

(a) Therefore
(b) Instead
(c) Nonetheless
(d) For example

26 Christopher Columbus wanted to sail from Europe to Asia to get involved in the spice trade. The trip around Africa took a very long time. Columbus therefore decided to sail west across the Atlantic Ocean ________ the trip to Asia more quickly.

(a) completing
(b) to have completed
(c) having completed
(d) to complete

실전 모의고사

GRAMMAR SECTION

DIRECTIONS:

The following items need a word or words to complete the sentence. From the four choices for each item, choose the best answer. Then blacken in the correct circle on your answer sheet.

Example:

The boys __________ in the car.

(a) be
(b) is
(c) am
(d) are

The correct answer is (d), so the circle with letter (d) has been blackened.

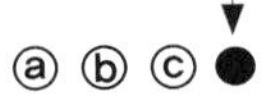

NOW TURN THE PAGE AND BEGIN

지텔프 Level 2에서는 특정 유형별로 정해진 문제의 개수가 출제되며 보기의 형태로 유형 파악이 가능합니다. 헷갈리는 문제는 '고득점 내비게이터'를 활용하여, 풀이를 완료한 유형의 문제는 네모 칸에 체크합니다. 실제 시험지에는 표기되지 않으므로 내비게이터의 내용을 기억해 두세요.

고득점 내비게이터

현재진행 ☐	과거진행 ☐	미래진행 ☐	동명사 ☐☐☐	가정법 ☐☐☐☐☐☐
현재완료진행 ☐	과거완료진행 ☐	미래완료진행 ☐	부정사 ☐☐☐	should 생략 ☐☐

1 Todd is not the most athletic person on the team, and many players have better skills than him. ________ these disadvantages, Todd is the team's most valuable player because he always plays hard and never gives up.

(a) As a result of
(b) Rather than
(c) Instead of
(d) In spite of

2 Steve promised his father that he would stop playing so many video games and would instead get into better shape. Ever since Steve and his father talked, Steve ________ at the park for an hour each day.

(a) has been jogging
(b) was jogging
(c) had been jogging
(d) will be jogging

3 Job candidates at Murphy Consulting must have a university degree and at least two years of prior work experience. In addition, applicants are required ________ three letters of reference and the contact information of their past supervisors.

(a) submitting
(b) to have submitted
(c) to submit
(d) having submitted

4 Eric was planning to stay home for the day, but he suddenly decided to go fishing with his friends. If he hadn't changed his mind, he ________ a fun day with his friends at the national park.

(a) wouldn't have enjoyed
(b) didn't enjoy
(c) was not enjoying
(d) has not enjoyed

5 Jessica often fails to do her homework on time, and this time she is more than one week late with a science assignment. Her teacher, Mr. Patterson, requested that she ________ her project by the end of the week.

(a) submits
(b) submit
(c) is submitting
(d) will submit

6 Scientists carefully monitor active volcanoes around the world to determine if they are about to erupt. If projects like this did not get sponsored, people living near volcanoes ________ in danger at times.

(a) would be
(b) are being
(c) have been
(d) are

7 After Melanie graduated from college, she received job offers from several different companies, including three located in cities in Asia. At the present time, she is considering ________ an offer from a company whose headquarters are in Mumbai.

(a) to accept
(b) will accept
(c) accepting
(d) having accepted

8 Ms. Mellon's boss told her that she needed to finish the report because he had to meet with the company's CEO the next day. She ________ at her desk for eight hours when she finally completed the assignment.

(a) sat
(b) was sitting
(c) would sit
(d) had been sitting

9 Ms. Sullivan's team worked hard all weekend and managed to complete their assignment by the deadline. Because everybody looked exhausted, Ms. Sullivan decided ________ her team members to stay home on Monday.

(a) permitting
(b) to have permitted
(c) to permit
(d) having permitted

10 All of the students rushed to the auditorium to hear the speech by Mr. Arnold. But they were surprised by what happened there. While Mr. Arnold ________ onto the stage, the lights in the room suddenly turned off.

(a) would walk
(b) was walking
(c) is walking
(d) walks

11 In Greek mythology, Medusa could turn a person into stone if the person looked at her, so the hero Perseus looked at her reflection in a shield. ________, Perseus was able to kill the monster by cutting off her head.

(a) Thus
(b) However
(c) In contrast
(d) Similarly

12 My husband is stubbornly independent, and it's starting to cause a lot of problems with his work. I hope that he can someday learn ________ others help him when he is in trouble.

(a) to let
(b) to be letting
(c) having let
(d) letting

13 Unfortunately, David failed to get hired because he made a very poor impression on the hiring manager. If he ________ well at his interview last week, he would have received a job offer on the spot.

(a) was performing
(b) performed
(c) would perform
(d) had performed

14 Lewis is working hard to finish his last semester at his university. He ________ applying for jobs at several companies in cities all around the country.

(a) will now consider
(b) is now considering
(c) has now considered
(d) now considers

15 My brother loves baseball and has bought two tickets for a game this weekend. He asked me if I wanted to see the game with him. I promised that I ________ attend the game because I know how much he will enjoy it.

(a) could
(b) may
(c) will
(d) must

16 Lucia has a collection of items from ancient times that she keeps in a special room in her house. The room, ________, is also highly secure, so no one else can gain access to it without her permission.

(a) that has a unique lighting system
(b) what has a unique lighting system
(c) which has a unique lighting system
(d) how it has a unique lighting system

17 These days, people like Elon Musk are making plans to send astronauts all the way to Mars to start up colonies there. By the year 2100, people ________ on Mars for several decades.

(a) will have been living
(b) will live
(c) are living
(d) would have lived

18 Mr. Reynolds visited the post office to send a package to his daughter, who lives in another country. The clerk at the post office said that it is imperative that he ________ a customs form before the package can be sent abroad.

(a) is completing
(b) will complete
(c) complete
(d) has completed

19 Many hospitals have elevators that are exclusively for patients to use. If a person is visiting the hospital, that individual ________ avoid using an elevator that is reserved only for patients.

(a) must
(b) could
(c) can
(d) may

20 The workers at Piedmont Consulting are going to have a staff meeting in a few minutes. The first item on the agenda ________ is the need to hire more workers because the company has recently signed several new contracts.

(a) what the participants will be discussing
(b) who the participants will be discussing
(c) when the participants will be discussing
(d) that the participants will be discussing

21 This year's fundraising event is supposed to be held on Saturday, but the weather forecast is calling for thunderstorms. The event organizers just announced they will postpone ________ the fundraiser until next week.

(a) holding
(b) to be holding
(c) to holding
(d) to have held

22 Jessica is particularly interested in traveling to South America to conduct some research in the Amazon Rainforest. If only she had the ability to take six months off from her job, she ________ for Brazil at once.

(a) will depart
(b) is departing
(c) would depart
(d) departs

23 The members of the book club get together at the end of the week to discuss different novels. However, Janet cannot attend the club's meeting next week because she ________ a swimming lesson at the gym.

(a) will be taking
(b) has taken
(c) takes
(d) is taking

24 According to news reports, the ship nearly sank at sea because the waves were so high during the storm. One reporter said that the problem ________ if the captain had been sailing the ship in shallow water.

(a) did not occur
(b) would not have occurred
(c) had not occurred
(d) would not occur

25 After a 15-year hiatus, rock band Deep Rose has announced a North American tour. Lead singer Chet Felder has said that he welcomes ________ with his bandmates to perform onstage again.

(a) to be reunited
(b) being reunited
(c) having been reunited
(d) to have been reunited

26 The sun is located approximately ninety-three million miles away from the Earth. If you were to drive a car sixty miles per hour, it ________ a trip of about 176 years to reach the sun.

(a) is requiring
(b) requires
(c) would require
(d) will require

실전 모의고사

GRAMMAR SECTION

DIRECTIONS:

The following items need a word or words to complete the sentence. From the four choices for each item, choose the best answer. Then blacken in the correct circle on your answer sheet.

Example:

The boys __________ in the car.

(a) be
(b) is
(c) am
(d) are

The correct answer is (d), so the circle with letter (d) has been blackened.

NOW TURN THE PAGE AND BEGIN

지텔프 Level 2에서는 특정 유형별로 정해진 문제의 개수가 출제되며 보기의 형태로 유형 파악이 가능합니다. 헷갈리는 문제는 '고득점 내비게이터'를 활용하여, 풀이를 완료한 유형의 문제는 네모 칸에 체크합니다. 실제 시험지에는 표기되지 않으므로 내비게이터의 내용을 기억해 두세요.

고득점 내비게이터

현재진행 ☐	과거진행 ☐	미래진행 ☐	동명사 ☐☐☐	가정법 ☐☐☐☐☐☐
현재완료진행 ☐	과거완료진행 ☐	미래완료진행 ☐	부정사 ☐☐	should 생략 ☐☐☐

1 Ellen is working on a project for her history class. She is supposed to turn it in tomorrow, but it seems impossible to finish everything. She asks her instructor if she can delay ________ her project until three days from now.

(a) would submit
(b) to submit
(c) submitting
(d) having submitted

2 Tom Westfield lives in Canada in the city of Toronto. He would really like to see his brother John, but he knows that it is not easy. John Westfield ________ in Asia for the past 25 years.

(a) lived
(b) has been living
(c) is living
(d) will live

3 Bookstore owners have noticed that fewer people are purchasing physical books because they are reading inexpensive e-books instead. If e-books did not have such cheap prices, physical books ________ better.

(a) have sold
(b) would sell
(c) would have sold
(d) sell

4 The children who are at the city zoo on a school field trip are excited. Their teacher just told them the day's schedule. The zookeepers ________ the animals in the reptile house at the moment.

(a) are feeding
(b) feed
(c) will have fed
(d) have been feeding

5 Numerous studies show that consuming too much caffeine can be bad and cause numerous problems. ________ many people are well aware of this fact, they still drink large amounts of coffee or soda on a daily basis.

(a) Because
(b) Although
(c) Now that
(d) In case

6 Max is trying to study for an exam at school by reading a textbook. But he isn't very happy right now. He ________ hard on the book when someone yelled and made him look up.

(a) concentrated
(b) has been concentrating
(c) was concentrating
(d) concentrates

7 John made a joke about Mary, but she didn't appreciate it. He thought it was quite funny, but Mary didn't think the same way. John ________ to her if he had realized how annoyed she was with him.

(a) was apologizing
(b) has apologized
(c) apologized
(d) would have apologized

8 Eric has always been interested in learning how to play the piano but has not had a chance to do so yet. Yesterday, he asked his best friend ________ him to a teacher so that he could learn to play.

(a) to introduce
(b) to have introduced
(c) introducing
(d) having introduced

9 Mark and his brother bought a boat and plan to travel around the world on it. They will travel to Europe, Africa, and Asia before they finally arrive in Hawaii. By then, they ________ on the ocean for three years.

(a) sailed
(b) has been sailing
(c) would have sailed
(d) will have been sailing

10 Before going to the supermarket, Jeff told his friends he would be back in about half an hour. Unfortunately, Jeff didn't anticipate ________ in line for a long time, so he didn't come back until two hours later.

(a) to wait
(b) waiting
(c) having to waited
(d) to have waited

11 When some people begin to take vitamins, they often take too many. However, doctors advise that a person ________ the recommended daily requirement for each vitamin and only take that amount.

(a) checks
(b) is checking
(c) will check
(d) check

12 Lewis is now on a trip to Europe with his family and has been visiting many wonderful places. When he returns, he can't help ________ where he went and what he did while on the trip.

(a) having remembered
(b) remembering
(c) to remember
(d) to be remembering

13 It is important that parents make sure the areas where their children are playing are free of any sharp objects. Children ________ be hurt by these objects if they step on them.

(a) can
(b) should
(c) would
(d) must

14 Janet was often late for work due to her car suffering from a breakdown. Janet now owns a brand-new car made by Unica Motors. Until Janet purchased the new car in July, she ________ the same one for 12 years.

(a) drove
(b) is driving
(c) had been driving
(d) will drive

15 The security guard in the office building is very serious about his job. He always insists that employees ________ their ID card before they can enter the building even if he knows them personally.

(a) will show
(b) show
(c) have shown
(d) are showing

16 Mr. Carter called a repair service to have his air conditioner fixed. But even after the repairman completed the work, the air conditioner was not producing any cold air. If the problem were actually solved, the equipment ________ properly now.

(a) has worked
(b) would work
(c) worked
(d) would have worked

17 Many young children do not take good care of their teeth, so they tend to get cavities. They could stop getting cavities if they would change their behavior. It is important ________ children that they should brush their teeth after every meal.

(a) to instruct
(b) instructing
(c) will instruct
(d) to have instructed

18 Paul had to move to a new house by himself two days ago. His body still hurts from carrying heavy things. Had he received help from his friends, he ________ any problems lifting the boxes.

(a) wouldn't have
(b) didn't have
(c) wasn't having
(d) wouldn't have had

19 Mr. Conrad's boss expressed her satisfaction with how well he is performing at his job. ________, she was so pleased that she nominated him for the employee of the month award.

(a) In short
(b) Nonetheless
(c) In fact
(d) Still

20 Susan finally achieved her dream of becoming a restaurant owner when she opened a small establishment last year. The diner, ________, received a positive review in the local newspaper as well.

(a) who has already attracted many customers
(b) what has already attracted many customers
(c) which has already attracted many customers
(d) that has already attracted many customers

21 I received a call from the client that you are planning to visit in England tomorrow. Mr. Burns wants you to know that he ________ at the airport when your plane lands at 7:45.

(a) has been waiting
(b) will be waiting
(c) had waited
(d) was waiting

22 Lewis just called to tell me that he's not happy with Annie at all. If she ________ his time by asking him so many pointless questions, he would not have missed his flight at the airport.

(a) was not wasting
(b) had not wasted
(c) would not waste
(d) did not waste

23 Professors at colleges can decide how many tests to give their students. At Central University, the majority of professors require that every student ________ more than two tests per course.

(a) take
(b) takes
(c) is taking
(d) has taken

24 The Langford Museum of Art is planning to open two new exhibits next week. One of the exhibits ________ features art from several countries in the Middle East.

(a) that will be displayed for visitors
(b) which it will be displayed for visitors
(c) when it will be displayed for visitors
(d) who will be displayed for visitors

25 The night before an exam, some students stay up all night in the belief that it will help them perform well on the test. However, students ________ refrain from staying up late because it is more important to get a good night's sleep.

(a) will
(b) should
(c) can
(d) might

26 Madeline is so pleased that her classmates are throwing a surprise party for her on her birthday right now. If it weren't for the kindness of her friends, Madeline ________ upset about being forgotten.

(a) would have felt
(b) feels
(c) would feel
(d) has felt

실전 모의고사

GRAMMAR SECTION

DIRECTIONS:

The following items need a word or words to complete the sentence. From the four choices for each item, choose the best answer. Then blacken in the correct circle on your answer sheet.

Example:

The boys __________ in the car.

(a) be
(b) is
(c) am
(d) are

The correct answer is (d), so the circle with letter (d) has been blackened.

NOW TURN THE PAGE AND BEGIN

지텔프 Level 2에서는 특정 유형별로 정해진 문제의 개수가 출제되며 보기의 형태로 유형 파악이 가능합니다. 헷갈리는 문제는 '고득점 내비게이터'를 활용하여, 풀이를 완료한 유형의 문제는 네모 칸에 체크합니다. 실제 시험지에는 표기되지 않으므로 내비게이터의 내용을 기억해 두세요.

고득점 내비게이터

현재진행 ☐	과거진행 ☐	미래진행 ☐	동명사 ☐☐☐	가정법 ☐☐☐☐☐☐
현재완료진행 ☐	과거완료진행 ☐	미래완료진행 ☐	부정사 ☐☐☐	should 생략 ☐☐

1 Archaeologists must be extremely careful when they go to a dig site. If they are not cautious, they could damage valuable relics. Working at a site involves ________ slowly and carefully, so it may take months to make progress.

(a) to dig
(b) having dug
(c) digging
(d) would dig

2 Brenda arrived at the baseball stadium more than an hour after the game started. If she had remembered that the game was going to begin at 5:00, she ________ the bus instead of walking to the stadium.

(a) was taking
(b) took
(c) would take
(d) would have taken

3 All of the local residents enjoy hearing Dennis Martin speak about his travels to foreign countries when he was younger. He ________ exotic places for at least 30 years before he stopped traveling due to his health condition.

(a) had been visiting
(b) would visit
(c) has visited
(d) is visiting

4 Paris has some of the most beautiful sites in the world. For instance, Notre Dame Cathedral, ________, is a must-see for most visitors, and so are the Eiffel Tower and the Louvre Museum.

(a) that was built in medieval times
(b) what was built in medieval times
(c) who was built in medieval times
(d) which was built in medieval times

5 Jason expects to do very well on the French test he is taking this afternoon. He can speak French fluently. In fact, he ________ French at his home since he was three years old.

(a) speaks
(b) had spoken
(c) has been speaking
(d) is speaking

6 Two of Eric's friends are teaching him how to drive when they have time on the weekend. If he knew how to drive a car well, he ________ his friends to drive him around so much.

(a) is not asking
(b) will not ask
(c) does not ask
(d) would not ask

7 The teacher asked Richard a question during math class, but he failed to respond to him. He did not hear the question because he ________ out the window.

(a) has been staring
(b) was staring
(c) stared
(d) has stared

8 Last weekend, Patrick invited his friend Kevin to go to the beach, where they could stay at Patrick's beach house for a week. Kevin was interested, but he had to decline the offer. If Kevin hadn't agreed to take care of his friend's dog for a week, he ________ on the trip.

(a) would have gone
(b) would go
(c) had gone
(d) is going

9 Rolo does not need to prepare anything for the picnic that he is attending at the park tomorrow. His friends ________ plenty of sandwiches, drinks, and various types of snacks.

(a) were bringing
(b) bring
(c) will be bringing
(d) will have brought

10 In 1989, the Exxon Valdez, an oil tanker, had an accident while sailing and spilled millions of gallons of oil into the ocean. It caused the government ________ stricter rules regarding the transporting of oil and other potentially harmful substances.

(a) to have enacted
(b) to enact
(c) enacting
(d) having enacted

11 The office supervisor refuses to let employees eat meals at their desks. Instead, they ________ have lunch at the company cafeteria or go out to a restaurant to eat.

(a) must
(b) would
(c) shall
(d) will

12 Emily had to spend a lot of time away from her family because of her job. Finally able to return to the country after a long trip, she gave a big smile ________ she saw her husband and children waiting for her at the airport.

(a) though
(b) unless
(c) as long as
(d) when

13 Doug applied to work at several companies but was rejected because none of them was hiring. Currently, he ________ of changing his profession to something else.

(a) was thinking
(b) will think
(c) had thought
(d) is thinking

14 Ms. Keller is planning an advertisement campaign for a line of products that is coming out soon. She proposes that her employees ________ some different ways to promote the new items.

(a) are thinking about
(b) think about
(c) will think about
(d) have thought about

15 In the Middle Ages, cathedrals were some of the biggest buildings constructed. However, since they were made of stone, there were limits on their size. As a result, cathedral builders started looking for new methods ________ buildings that were taller than ever before.

(a) erecting
(b) having erected
(c) to have erected
(d) to erect

16 Rachel has been reading James Joyce's *Ulysses* for more than six months. The novel is notoriously difficult, but she has vowed ________ it this summer during her vacation, no matter what.

(a) to have finished
(b) finishing
(c) to finish
(d) having finished

17 Chandler was doing well on the math quiz but didn't read the last question properly since he was getting very tired. If he had been paying more attention, the test ________ perfectly.

(a) would be completed
(b) would have been completed
(c) be completed
(d) was being completed

18 Some of the greatest accomplishments in history have been made by accident. Alexander Fleming, ________, did not even realize the importance of what he had done for about a decade after he made his initial discovery.

(a) that discovered the drug penicillin
(b) who discovered the drug penicillin
(c) what he discovered the drug penicillin
(d) which discovered the drug penicillin

19 Regular exercise can improve a person's overall health, and activities such as running and biking can be beneficial to the cardiovascular system. ________, exercising too much can be harmful, and some may suffer injuries by doing so.

(a) Nevertheless
(b) Therefore
(c) Additionally
(d) Besides

20 Bill plans to take a trip to Egypt to see the Pyramids, but he does not have enough money. He decides to work overtime to make more money. His plan requires ________ up to 60 hours a week for the next three months.

(a) to have worked
(b) to work
(c) having worked
(d) working

21 Ryan broke his tibia after slipping on some ice and needs to have surgery. He will need to keep weight off of his leg for several months, but the surgeon says he ________ begin moving around with crutches two weeks after the operation.

(a) will
(b) may
(c) must
(d) would

22 Mr. Beagle is going on a business trip for almost one week. It is important that he ________ all of the receipts he receives in order to be reimbursed for the money he spends on his trip.

(a) saved
(b) will save
(c) has saved
(d) save

23 When purchasing a used vehicle, it's important not to be overcharged, especially if the car turns out to be a lemon. You should ask the right questions to prevent ________ ripped off.

(a) to have got
(b) getting
(c) having got
(d) to get

24 The work crew does not always maintain its machines well. So a group from headquarters has arrived in order to conduct an inspection. If the machines were in the proper condition, the workers ________ the inspection.

(a) would pass
(b) are passing
(c) had passed
(d) will pass

25 Deanna suddenly remembered that she had to draw a picture of herself for her art class no later than tomorrow morning. By the time Deanna completes the artwork, she ________ for 6 hours straight.

(a) has drawn
(b) will have been drawing
(c) has been drawing
(d) will draw

26 Carla would really love to have a bicycle so that she can ride around her neighborhood and the surrounding area. If she had one, she ________ her bike for at least an hour or two every single day.

(a) will ride
(b) would ride
(c) would have ridden
(d) had ridden

실전 모의고사

GRAMMAR SECTION

DIRECTIONS:

The following items need a word or words to complete the sentence. From the four choices for each item, choose the best answer. Then blacken in the correct circle on your answer sheet.

Example:

The boys __________ in the car.

(a) be
(b) is
(c) am
(d) are

The correct answer is (d), so the circle with letter (d) has been blackened.

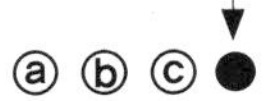

NOW TURN THE PAGE AND BEGIN

지텔프 Level 2에서는 특정 유형별로 정해진 문제의 개수가 출제되며 보기의 형태로 유형 파악이 가능합니다. 헷갈리는 문제는 '고득점 내비게이터'를 활용하여, 풀이를 완료한 유형의 문제는 네모 칸에 체크합니다. 실제 시험지에는 표기되지 않으므로 내비게이터의 내용을 기억해 두세요.

고득점 내비게이터

현재진행 ☐	과거진행 ☐	미래진행 ☐	동명사 ☐☐☐	가정법 ☐☐☐☐☐☐☐
현재완료진행 ☐	과거완료진행 ☐	미래완료진행 ☐	부정사 ☐☐	should 생략 ☐☐☐

1 The local community center runs sports leagues every summer, but this year, the center does not have as much money as it needs. The director of the center recommended ________ a fundraiser to encourage members of the community to help solve the problem.

(a) holding
(b) to be holding
(c) to hold
(d) having held

2 Amy was standing on the corner when she suddenly saw a car hit a cyclist and then drive away. She ran to the cyclist and helped him get to the hospital. If she had not been waiting for her friend at that moment, the cyclist ________ a lot of pain on the street alone.

(a) would have suffered
(b) would suffer
(c) suffered
(d) was suffering

3 Last week, Mitch Stallings was promoted to vice president of the company. He ________ as a department head for 5 years here in New York office before the promotion.

(a) served
(b) is serving
(c) had been serving
(d) will be serving

4 Ms. Lewis always emphasizes to her employees that they must treat their customers with respect. She says that being rude to a customer, ________, is one way that a successful business can suddenly become a failing one.

(a) which she does not permit
(b) what she does not permit
(c) how she does not permit it
(d) that she does not permit

5 The American bully is a relatively new breed of dog that is strong, intelligent, and also good with children. While American bullies have a good temperament and are pleasant to be around, some people are frightened of these dogs ________ they resemble pit bulls.

(a) after
(b) because
(c) until
(d) while

6 The kingsnake has a colorful pattern on its body that is very similar to that of the coral snake. The coral snake is a highly venomous snake that can kill a person, ________ the kingsnake is nonvenomous and relatively harmless to people.

(a) so
(b) or
(c) but
(d) then

7 Stuart is one of the most popular people in the city these days. While he ________ home from school the other day, he saw a man robbing an old lady, and he managed to catch the criminal.

(a) was cycling
(b) had cycled
(c) is cycling
(d) would cycle

8 Russell has several work assignments that he has to finish by the end of the day. He asks his boss to give him three days to complete everything. If he had that much time, he ________ his projects easily.

(a) would finish
(b) finishes
(c) would not have finished
(d) hasn't finished

9 Jennifer failed to submit an assignment since she had been sick for two weeks. Some of her friends went to the professor and urged that Jennifer ________ more time to complete the work.

(a) is given
(b) be given
(c) will be given
(d) is being given

10 A customer based in Tokyo wants to do business with Melissa's company. She asks her boss, Mr. Stallings, for permission to travel to Japan. If Mr. Stallings were to approve the request, Melissa ________ for Tokyo at once.

(a) left
(b) leaves
(c) will leave
(d) would leave

11 It would be smart to give Teddy a call right now. His plane for England is supposed to depart in about thirty minutes. He ________ if you wait until later to contact him.

(a) will already fly
(b) is already flying
(c) will already be flying
(d) already flew

12 Katherine has decided to move to a different apartment closer to her work. She ________ in the suburbs for ten years straight. But her job is far from her home, so she wants to change her living arrangements.

(a) lives
(b) is living
(c) has been living
(d) will live

13 Mr. Williamson was instructed that he needs to visit Boston next week to meet with one of his company's newest clients. He intends ________ there by plane and will stay for at least three days before returning to his home the following weekend.

(a) will travel
(b) traveling
(c) be traveling
(d) to travel

14 Camels are widely known for being able to survive in the desert for a long time thanks to their humps. Most camels around the world have a single hump. However, camels ________ also exist and can be found living in Mongolia.

(a) when they have two humps
(b) that have two humps
(c) which they have two humps
(d) who have two humps

15 One student in Ms. Harper's class received a perfect grade on a test even though he normally did very poorly in her class. Ms. Harper thought the student did something wrong, but the student denied ________ on the exam.

(a) cheating
(b) to cheat
(c) to have cheated
(d) to be cheating

16 Danny was playing soccer when he felt some sudden pain in his knee. He immediately asked the coach to take him out of the game. He later realized that if he had continued to run around on the field, he ________ himself even more.

(a) was injuring
(b) would injure
(c) would have injured
(d) injured

17 Nowadays, many doctors talk to their patients about their exercise routines to help them improve their overall health. Many of them prescribe that a patient ________ a certain level of exercise at least three times a week.

(a) engage in
(b) is engaging in
(c) engages in
(d) will engage in

18 Melissa enjoys a variety of sports and particularly likes participating in them on teams. She ________ play soccer, and she is, indeed, one of the best players on her school team.

(a) should
(b) can
(c) would
(d) may

19 Eric's boss decided to offer the open position at the branch in England to his coworker Sarah. Had Eric been given the chance to transfer to England, he _________ the new position from another company.

(a) did not accept
(b) was not accepting
(c) has not accepted
(d) would not have accepted

20 Mr. Montrose spoke with his boss this morning and told her that he would no longer be working at the company. He handed in his resignation _________ a job at a company that would pay him a bigger salary.

(a) to accept
(b) to be accepting
(c) having accepted
(d) accepting

21 In high school, Cindy started reading science-fiction novels, and fell in love with them. By the end of this year, Cindy _________ science-fiction novels for 10 years.

(a) has read
(b) will have been reading
(c) will read
(d) had been reading

22 Rose usually works the afternoon shift at her job, but last month, her supervisor decided to have her start work at 7:00 in the morning. Rose resents _________ to work so early every day because she usually goes to bed late at night.

(a) come
(b) coming
(c) to come
(d) having come

23 Snack foods such as chips, chocolate, and candy bars taste delicious but are full of calories and contain plenty of sugar. It is best that people _________ them in large amounts as they are fattening.

(a) not consume
(b) are not consuming
(c) will not consume
(d) have not consumed

24 Most commuters believe that driving is the fastest way to get to their workplaces. However, research shows that they _________ take public transportation instead as they are much more likely to arrive on time by taking the bus or the subway.

(a) can
(b) must
(c) should
(d) will

25 Christine has just found a book at a garage sale that looks very interesting. It is about the history of architecture and contains a lot of photos, but the entire book is written in French. If she could read French, she ________ that book.

(a) had bought
(b) would buy
(c) would have bought
(d) am buying

26 Jodie just called Mary and invited her to go out with a couple of her friends to see a movie later in the day. As a result, Mary ________ now to go out for a night on the town.

(a) got ready
(b) will get ready
(c) was getting ready
(d) is getting ready

실전 모의고사

GRAMMAR SECTION

DIRECTIONS:

The following items need a word or words to complete the sentence. From the four choices for each item, choose the best answer. Then blacken in the correct circle on your answer sheet.

Example:

The boys __________ in the car.

(a) be
(b) is
(c) am
(d) are

The correct answer is (d), so the circle with letter (d) has been blackened.

NOW TURN THE PAGE AND BEGIN

지텔프 Level 2에서는 특정 유형별로 정해진 문제의 개수가 출제되며 보기의 형태로 유형 파악이 가능합니다. 헷갈리는 문제는 '고득점 내비게이터'를 활용하여, 풀이를 완료한 유형의 문제는 네모 칸에 체크합니다. 실제 시험지에는 표기되지 않으므로 내비게이터의 내용을 기억해 두세요.

고득점 내비게이터

현재진행 ☐	과거진행 ☐	미래진행 ☐	동명사 ☐☐☐	가정법 ☐☐☐☐☐☐
현재완료진행 ☐	과거완료진행 ☐	미래완료진행 ☐	부정사 ☐☐☐	should 생략 ☐☐

1 The Golden Gate Bridge is an icon of San Francisco, used by over 100,000 people every day. The only option to cross the bay was by ferry boat ________ the bridge was completed in 1937.

(a) although
(b) until
(c) since
(d) because

2 Kima's friends asked her to join them for a movie on Saturday afternoon, but she has to work until 3 pm. She could go with them if only the movie ________ at 4 pm instead of 2:30 pm.

(a) is starting
(b) were starting
(c) does start
(d) will start

3 The summer holiday season is fast approaching, so many people are trying to decide where they should go. Stephen is planning ________ his parents in their hometown, and then he will take his family to the beach.

(a) to visit
(b) visiting
(c) will visit
(d) having visited

4 I thought I left early enough to get to my friend's wedding on time, but traffic was backed up on the highway. If construction work had not been planned for this part of the road, I probably ________ on time.

(a) did arrive
(b) have arrived
(c) would have arrived
(d) was arriving

5 My little brother was struggling with his algebra class, and my parents were worried about his grades. Since I will major in mathematics in university next year, I offered ________ him over the winter break.

(a) having tutored
(b) to tutor
(c) tutoring
(d) to have tutored

6 Shandra recently bought a fuel-efficient used car for her family. However, she always dreamed of having a sports car. If she could afford to buy one, she ________ a brand-new Porsche 911 Turbo.

(a) is getting
(b) gets
(c) will get
(d) would get

7 Doug is now looking forward to his next astronomy class. Previously, the professor was talking about the possibility of traveling to other planets, but he didn't finish ________ the issue because he ran out of time.

(a) discussing
(b) having discussed
(c) to discuss
(d) to be discussing

8 Totally broke, Andreas had no choice but to move back in with his parents in rural Iowa last month. He ________ with the cost of living in Chicago ever since he first left home for the big city.

(a) had been struggling
(b) will struggle
(c) has been struggling
(d) will have been struggling

9 My brother just finished reading a novel that was more than 1200 pages long. It took him almost an entire year, cover to cover. I can't imagine ________ a book that long!

(a) to have read
(b) to be read
(c) reading
(d) having read

10 Neuralink is a company that is attempting to connect the human brain to computers. As of this moment, they ________ with different ways to help people with physical disabilities operate computers.

(a) will experiment
(b) experimented
(c) are experimenting
(d) have been experimenting

11 Most people living in Japan get their daily carbohydrates from eating rice, which is widely grown in the country. ________, most Italians consume carbohydrates from bread and pasta.

(a) Therefore
(b) Also
(c) For example
(d) In contrast

12 Fin and Emir were watching a cooking show on TV. The chef was explaining how to make baked salmon and said that it was essential that everyone ________ lemon and butter before putting the fish in the oven.

(a) adds
(b) will add
(c) add
(d) added

13 The historic Mapleton Library had to be demolished because it was too close to a natural wetland and the building could have collapsed. If the city ________ it in a different location, the building would have been able to be saved.

(a) would build
(b) were building
(c) built
(d) had built

14 Kayla and Braedon often argue with each other, like brothers and sisters usually do. Braedon was upset recently because he ________ video games when Kayla walked in front of the screen.

(a) played
(b) will be playing
(c) was playing
(d) is playing

15 Manny is sad that his favorite pizza restaurant has closed down. Vivaldi's Pizza, ________, was one of the oldest restaurants in the area. The building is now being renovated and will be turned into a café.

(a) which specialized in thin crust pizzas
(b) when it specialized in thin crust pizzas
(c) where specialized in thin crust pizzas
(d) that specialized in thin crust pizzas

16 Gina will visit the doctor tomorrow to get her wrist examined. She ________ pain in her right wrist ever since she fell while playing a soccer game with some of her colleagues.

(a) was feeling
(b) is feeling
(c) had felt
(d) has been feeling

17 Sandra recently signed up with a physical trainer at her local gym. Before lifting weights, her trainer suggested that she ________ with some basic stretching and core-strengthening activities.

(a) warm up
(b) will warm up
(c) warms up
(d) is warming up

18 My son, Eric, just got his driver's license, and he is planning to drive to a friend's house by himself on Saturday. I thought he ________ get lost, so I showed him how to use the map app on his phone.

(a) shall
(b) will
(c) might
(d) must

19 After working for many different companies, Lizzy finally found a job she likes. She has learned that managers ________ fit well with her working style. Her current manager lets her make decisions without too much oversight.

(a) which are more hands-off
(b) who are more hands-off
(c) when are more hands-off
(d) whom are more hands-off

20 Recently, there was an article in a newspaper about a restaurant where several customers had eaten and then gotten sick. As a result, many people decided to stay away from ________ at that place.

(a) to dine
(b) having dined
(c) dining
(d) will dine

21 The Continental Ball Room can hold 350 people at maximum capacity. However, the upcoming Technology for Progress Conference expects about 500 people. If it had fewer people, the planners ________ the room for the opening speeches.

(a) will use
(b) used
(c) would use
(d) are using

22 Parker's advisor told him that he must wait until next winter semester to take the final class he needs to complete his degree. By that time, Parker ________ for his degree for over six years!

(a) has been studying
(b) would study
(c) is studying
(d) will have been studying

23 When astronauts landed on the moon in 1969, it was the first time for any humans to walk on its surface. If the astronauts ________ their difficult landing, they might never have taken those historic steps.

(a) are missing
(b) would miss
(c) missed
(d) had missed

24 Jam Fest is always a popular summer music festival and tickets sell out quickly. Fortunately, the organizers ________ a 10% discount when tickets go on sale on the festival website next week.

(a) have offered
(b) will be offering
(c) had offered
(d) were offering

25 A new show opened at the art gallery downtown to showcase a popular young artist. In her paintings of cities, the artist made even the tiniest details look real. She ________ have spent hours and hours on each piece.

(a) would
(b) must
(c) should
(d) will

26 Mark took his car to the garage to get it repaired. He asked the mechanic how long it would take for the work to be finished. The mechanic said the car would be ready for Mark ________ any time after five in the evening.

(a) to have picked up
(b) picking up
(c) having picked up
(d) to pick up

실전 모의고사

GRAMMAR SECTION

DIRECTIONS:

The following items need a word or words to complete the sentence. From the four choices for each item, choose the best answer. Then blacken in the correct circle on your answer sheet.

Example:

The boys __________ in the car.

(a) be
(b) is
(c) am
(d) are

The correct answer is (d), so the circle with letter (d) has been blackened.

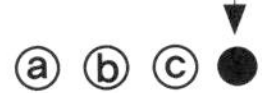

NOW TURN THE PAGE AND BEGIN

지텔프 Level 2에서는 특정 유형별로 정해진 문제의 개수가 출제되며 보기의 형태로 유형 파악이 가능합니다. 헷갈리는 문제는 '고득점 내비게이터'를 활용하여, 풀이를 완료한 유형의 문제는 네모 칸에 체크합니다. 실제 시험지에는 표기되지 않으므로 내비게이터의 내용을 기억해 두세요.

고득점 내비게이터

현재진행 ☐	과거진행 ☐	미래진행 ☐	동명사 ☐☐☐	가정법 ☐☐☐☐☐☐☐
현재완료진행 ☐	과거완료진행 ☐	미래완료진행 ☐	부정사 ☐☐	should 생략 ☐☐☐

1 Brian has to stand a lot for his job and his feet have been in severe pain lately. Luckily, a doctor was able to give him some custom insoles to put inside of his shoes, which should make _________ for long hours more comfortable.

(a) to stand
(b) to have stood
(c) having stood
(d) standing

2 San Francisco has been dealing with extremely expensive real estate and a lack of affordable housing. If the city planners had known about the boom in population, they _________ more efficient and affordable housing.

(a) were building
(b) would build
(c) built
(d) would have built

3 Local residents were forced to move after the Indonesian volcano Mt. Sinabung erupted in August 2020. Thousands of people _________ close to the volcano prior to the eruption, which covered three districts with ash and debris.

(a) had been living
(b) lived
(c) would live
(d) have been living

4 Lucy spent over an hour waiting with her father for his doctor's appointment. When she noticed that other people were getting in before her father, she demanded that her father _________ the doctor right away.

(a) is seeing
(b) will see
(c) see
(d) saw

5 Our marketing team only had three days left to finish a commercial. I spent almost the whole first day getting the studio set ready. _________, the other team members worked on getting the actors ready to perform.

(a) Otherwise
(b) Meanwhile
(c) For instance
(d) Therefore

6 The new Chinese space station, Tiangong, has officially been launched into orbit. Each section of the station has a separate solar power source so that every section _________ operate independently from the other sections.

(a) must
(b) would
(c) can
(d) should

7 Leo has been trying to stay on a diet for the past few months, but it has been hard because he often needs to go out for business lunches and dinners. He should order smaller portions ________ he goes to restaurants with his clients.

(a) but
(b) whenever
(c) until
(d) because

8 Workers at a construction site in Sicily recently found part of an ancient city buried deep underground. While they ________ a hole for the foundation, they discovered large bricks that were over 1,000 years old.

(a) were digging
(b) had dug
(c) had been digging
(d) would dig

9 Helen enjoys gardening, but she currently lives in an apartment and doesn't have any outdoor space. If she had her own yard, she ________ vegetables and flowers.

(a) grows
(b) is growing
(c) would grow
(d) has grown

10 Living in places that don't get much sunlight can cause psychological and behavioral issues. Scientists say that not getting enough natural sunlight, ________, can cause depression, difficulty concentrating, and problems with sleep.

(a) what people frequently experience during long winters
(b) which people frequently experience during long winters
(c) that people frequently experience during long winters
(d) whom people frequently experience during long winters

11 These days, Karl isn't finding much work as a freelance writer. He thought about changing his career to computer programming to earn more money. If programming were not so hard to learn, he ________ to switch careers.

(a) would try
(b) was trying
(c) has tried
(d) will have tried

12 Laura and Hugh want to make a reservation at an upscale sushi restaurant for their second date. Unfortunately, Laura can't go next Saturday because she ________ her thesis paper all weekend.

(a) was writing
(b) writes
(c) has written
(d) will be writing

13 Stinson Furniture Store put up a sign advertising a going-out-of-business sale. They ________ furniture in New York for 50 years now but have to close soon due to a decline in sales.

(a) are selling
(b) sell
(c) have been selling
(d) will sell

14 Christopher had to borrow from his retirement account to pay off some of his credit card debt. Since these early withdrawals come with steep penalties, he is dreading ________ his taxes for this year.

(a) filing
(b) to file
(c) having filed
(d) to have filed

15 Tim and Kora were trying to decide where to go on their honeymoon. First, each of them made a list of places they liked. Tim said that any vacation spot ________ was fine with him.

(a) where they could enjoy beautiful scenery
(b) whom they could enjoy beautiful scenery
(c) what they could enjoy beautiful scenery
(d) which they could enjoy beautiful scenery

16 Justin noticed there were a couple of items missing from his room. His brother later admitted ________ them and then he said he was really sorry about what he had done.

(a) to take
(b) would take
(c) taking
(d) to have taken

17 Doug and Marcy drove to the mall to see a movie on Sunday afternoon, but found that the mall was closed when they arrived. Had they checked the website first, they ________ that the mall was closed due to remodeling.

(a) had seen
(b) will have been seeing
(c) were seeing
(d) would have seen

18 After being hired at a new software company, Marco was reviewing his contract. He noticed the contract stipulated that each employee ________ an HR training workshop every six months.

(a) is attending
(b) will attend
(c) attended
(d) attend

19 Famous stock market investor Raul Pal talked about the good opportunities he missed as an investor. He said that he ________ have invested in Apple back in 2007 when he was considering buying the company's stock.

(a) will
(b) would
(c) should
(d) can

20 On the popular TV show *Alone*, 10 contestants compete to survive in the wilderness. The final survivor receives half a million dollars. One contestant said that she ________ a house for her family if she were to win the prize money.

(a) will buy
(b) is buying
(c) would buy
(d) had bought

21 Jerry does not always have the best memory. Last month, he forgot ________ his electricity bill, and as a result, the power company had to threaten to turn his electricity off if he didn't make the payment.

(a) paying
(b) to pay
(c) having paid
(d) to have paid

22 This year, Oxfam will host a 100-kilometer trail walk to raise money for charity. By the time the participants finish the event, they ________ for more than 30 hours straight.

(a) will have been walking
(b) will walk
(c) have been walking
(d) have walked

23 Carmen has been nervous for the past couple of hours. She is preparing ________ her newest invention, but she is concerned that it might not work as well as she hopes it will.

(a) to demonstrate
(b) having demonstrated
(c) to have demonstrated
(d) demonstrating

24 Janet's neighbor is going to move out of his apartment early in the morning tomorrow. Since he needs to use a large moving truck, the neighbor politely requested that Janet ________ her car to another parking spot.

(a) moves
(b) move
(c) is moving
(d) will move

25 During his interview with one of the top advertising firms in London, Pierce faced a lot of difficult questions that he wasn't prepared for. If he had been more prepared, he probably ________ for the job.

(a) would be hired
(b) would have been hired
(c) be hired
(d) was being hired

26 Marco and his friends always drive to Huntington Beach to go surfing on Saturday mornings. This morning the conditions are a little rough. Right now, Marco ________ on the beach to see if the wind will calm down.

(a) is waiting
(b) was waiting
(c) waited
(d) waits

실전 모의고사

GRAMMAR SECTION

DIRECTIONS:

The following items need a word or words to complete the sentence. From the four choices for each item, choose the best answer. Then blacken in the correct circle on your answer sheet.

Example:

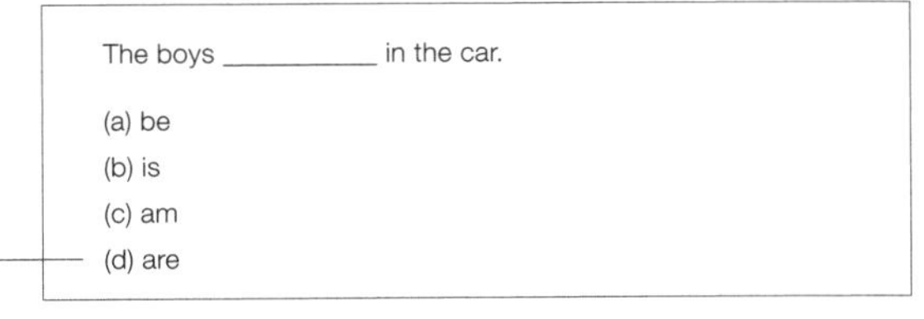

The boys __________ in the car.

(a) be
(b) is
(c) am
(d) are

The correct answer is (d), so the circle with letter (d) has been blackened.

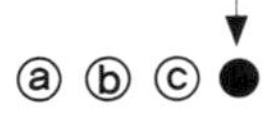

NOW TURN THE PAGE AND BEGIN

지텔프 Level 2에서는 특정 유형별로 정해진 문제의 개수가 출제되며 보기의 형태로 유형 파악이 가능합니다. 헷갈리는 문제는 '고득점 내비게이터'를 활용하여, 풀이를 완료한 유형의 문제는 네모 칸에 체크합니다. 실제 시험지에는 표기되지 않으므로 내비게이터의 내용을 기억해 두세요.

고득점 내비게이터

현재진행 ☐	과거진행 ☐	미래진행 ☐	동명사 ☐☐☐	가정법 ☐☐☐☐☐☐☐
현재완료진행 ☐	과거완료진행 ☐	미래완료진행 ☐	부정사 ☐☐☐	should 생략 ☐☐

1 After years of pursuing an acting career, Harold has accepted a full-time job as a data analyst. He had to give up ________ for roles, but financial stability is more important to him now.

(a) to audition
(b) having auditioned
(c) auditioning
(d) to be auditioning

2 Richard's parents were concerned because his grades at school were steadily declining. Apparently, he had been working too hard at his part-time job, so he couldn't seem ________ the energy to study in the evenings.

(a) finding
(b) to have found
(c) having found
(d) to find

3 Much of the riverfront area has flooded after a recent storm. The new candidate for mayor is saying that if the city ________ their infrastructure spending last year, the floods would have avoided.

(a) had increased
(b) increased
(c) was increasing
(d) would increase

4 Ryan Weathers was one of the top rookie baseball players in 2020. Since starting to pitch for the Padres in San Diego, Ryan ________ extremely well and has had over 50 strikeouts.

(a) has been playing
(b) will play
(c) plays
(d) is playing

5 My doctor said that I need to eat more fruit, so I try to make smoothies every morning. Right now, though, I only have a few blueberries. If I had some bananas, I ________ a smoothie before I go to work.

(a) have made
(b) will make
(c) could make
(d) made

6 Kelly is planning a business trip to China, but she needs to get a travel visa before she leaves. She ________ submit her visa documents by tomorrow, or else she will have to reschedule her flight to a later date.

(a) can
(b) might
(c) will
(d) must

7 The Altoona Animal Shelter is operating at full capacity and cannot take in any more stray dogs or cats. It is seeking reliable people ________ some of the animals until they can be adopted by a loving family.

(a) having fostered
(b) to foster
(c) fostering
(d) to have fostered

8 British solo skipper Pip Hare is sailing around the world as part of the Vendee Globe race. She ________ for over 90 days by the time she crosses the finish line in late February.

(a) will have been sailing
(b) is sailing
(c) has sailed
(d) will be sailing

9 Gene and Louise manage a small burger restaurant near the beach. Their website has been having problems, but they haven't had time to get it fixed. If they weren't so busy, they ________ their website and get a new sign for their restaurant, too.

(a) are updating
(b) would update
(c) had updated
(d) will update

10 Nolan is very anxious to talk to Ms. Polk about possibly getting a job at her marketing firm. Currently, she ________ with a group of people at the party, but when she's finished, Nolan is going to try to approach her.

(a) will talk
(b) has talked
(c) is talking
(d) was talking

11 Ambulances are essential in getting patients from their homes to hospitals in emergency situations. In the UK, the government announced that it is necessary that an ambulance ________ to Category 1 calls within seven minutes.

(a) responds
(b) to respond
(c) respond
(d) will respond

12 Aisha has three young children and she's always busy taking care of them. Before having kids, she used to spend a lot of time reading. If she could get some time alone, she ________ some of the books on her shelf.

(a) had read
(b) would read
(c) would have read
(d) is reading

13 Because of heavy traffic around the major cities, the fastest way to get from New York City to Washington DC is to go directly by express train. ________, driving a car allows for stops to visit other cities like Baltimore or Philadelphia.

(a) Similarly
(b) Instead
(c) However
(d) Likewise

14 One of the most helpful charities in the city is called Hope for All. The members of this group encourage others ________ money to help their cause, which is to provide job training to those who have lost their jobs.

(a) donating
(b) to be donating
(c) to donate
(d) will donate

15 An announcement about some upcoming maintenance work was put up in the elevators at Sunset Apartments. The apartments ________ are the older ones in buildings 106 and 107.

(a) what the management will be repairing first
(b) that the management will be repairing first
(c) when the management will be repairing first
(d) who the management will be repairing first

16 In 1968, the Canadian government began providing free healthcare to its citizens as an essential service. If not for free access to healthcare, many people ________ physical and financial difficulties.

(a) were experiencing
(b) would have experienced
(c) are experiencing
(d) will be experiencing

17 One of Heather's favorite activities is playing with her stuffed animals. She adores ________ they are living creatures, so she imagines that she can have conversations with them.

(a) having pretended
(b) pretending
(c) to have pretended
(d) to pretend

18 Quinn felt really embarrassed yesterday when he ran into a pole on the sidewalk. He ________ down at his phone when he walked straight into the pole in front of him.

(a) would look
(b) is looking
(c) was looking
(d) had looked

19 In the early 1900s, traveling far distances in airplanes was relatively dangerous. It was a major achievement when Charles Lindbergh, _________, flew safely from New York City to Paris.

(a) which was just 25 years old
(b) what was just 25 years old
(c) who was just 25 years old
(d) that was just 25 years old

20 My husband cooked an amazing dinner for my birthday yesterday, but I got stuck at the office longer than I expected. Dinner _________ on the table for an hour by the time I finally got home.

(a) had been sitting
(b) sat
(c) was sitting
(d) would have sat

21 Wildfires in Northern California are affecting the power lines that supply electricity to residents there. In order to support electricity needs, the governor ordered that ship engines _________ to supply backup power to the area.

(a) are being used
(b) will be used
(c) were used
(d) be used

22 Joon was trying to apply for a job at a university, but he couldn't find his required academic records in time. If he hadn't lost his academic transcript, he _________ before the deadline.

(a) would apply
(b) will be applying
(c) would have applied
(d) had applied

23 During the Age of Exploration several centuries ago, explorers from European countries set off in ships to sail to places far from home. On their voyages, they often risked _________ at sea by storms.

(a) being sunk
(b) to be sunk
(c) will be sunk
(d) having been sunk

24 Nina and her friends have booked a trekking trip to climb Mt. Fuji. They plan to see the sunrise from the top of the 12,000-foot mountain, so their guide says they _________ start their hike to the top at 3 a.m.

(a) will
(b) might
(c) can
(d) could

25 Blue whales are the largest animals on Earth, growing up to 26 meters in length. ________ their massive size, they eat plankton, which is one of the smallest creatures in the sea.

(a) Because of
(b) Despite
(c) Rather than
(d) As a result of

26 Ellie has never traveled abroad before, so she is excited to meet her friend in Thailand tomorrow. Her friend said he ________ outside of Exit 8A near the money exchange shop when she arrives.

(a) will be standing
(b) stands
(c) has been standing
(d) stood

실전 모의고사

GRAMMAR SECTION

DIRECTIONS:

The following items need a word or words to complete the sentence. From the four choices for each item, choose the best answer. Then blacken in the correct circle on your answer sheet.

Example:

The boys __________ in the car.

(a) be
(b) is
(c) am
(d) are

The correct answer is (d), so the circle with letter (d) has been blackened.

NOW TURN THE PAGE AND BEGIN

지텔프 Level 2에서는 특정 유형별로 정해진 문제의 개수가 출제되며 보기의 형태로 유형 파악이 가능합니다. 헷갈리는 문제는 '고득점 내비게이터'를 활용하여, 풀이를 완료한 유형의 문제는 네모 칸에 체크합니다. 실제 시험지에는 표기되지 않으므로 내비게이터의 내용을 기억해 두세요.

고득점 내비게이터

현재진행 ☐	과거진행 ☐	미래진행 ☐	동명사 ☐☐☐	가정법 ☐☐☐☐☐☐
현재완료진행 ☐	과거완료진행 ☐	미래완료진행 ☐	부정사 ☐☐	should 생략 ☐☐☐

1 Paula works as a nurse, and on Friday night she had to work all night long. On Saturday, she still decided to go to her friend's birthday party ________ she was exhausted from her long shift.

(a) because
(b) even though
(c) in case
(d) unless

2 Lisa needs to renew her driver's license, so she is in the local government office now. Because the office is only open for limited hours each day, it's always crowded. She ________ in line for the past hour and has hardly moved any closer.

(a) has been standing
(b) will have stood
(c) would have stood
(d) was standing

3 The archaeologists are planning to spend the entire summer at the dig site in the jungle. However, before they can start excavating the site, they need ________ a permit from the Ministry of Culture.

(a) being issued
(b) to be issued
(c) to have been issued
(d) having been issued

4 Sean has an extremely busy schedule at work and it's difficult to cook healthy meals after he gets home in the evenings. If not for the frozen meals that he can easily prepare, he ________ a lot more junk food.

(a) is probably eating
(b) would probably eat
(c) probably eats
(d) had probably eaten

5 My friend was having trouble trying to decide whether or not to take a new job that she was offered. Her husband urged that she ________ down the pros and cons of the job before making the decision.

(a) writes
(b) write
(c) is writing
(d) will write

6 Penny stopped by her grandmother's house for a quick visit on her way to meet some friends in the city. If she had called to let her grandmother know she was coming, her grandmother ________ lunch for her.

(a) would cook
(b) cooked
(c) would have cooked
(d) had cooked

7 The taxi driver took the passenger on an alternate route to the city center. There was a lot of road construction taking place on the normal route, and he wanted to avoid ________ any traffic jams.

(a) having encountered
(b) encountering
(c) to encounter
(d) to be encountering

8 The Klondike Public Library is a popular place for students and families living in Klondike Valley. However, it is currently closed for renovations. A sign on the front door says that it ________ by the end of August.

(a) is reopening
(b) will be reopening
(c) has reopened
(d) reopens

9 I went to take my driver's license exam two months ago, but I failed it because I had not studied properly. I determined ________ myself the next time, so I studied as hard as I could and passed the test two days ago.

(a) to prepare
(b) to have prepared
(c) having prepared
(d) preparing

10 The gymnastics championship is taking place today at Dickies Arena in Fort Worth, Texas. Right now, the gymnasts ________ for their events. The first event of the day is the uneven bars.

(a) still warm up
(b) still warmed up
(c) are still warming up
(d) will be still warming up

11 Stephen King is one of the most prolific modern writers and many of his books have been turned into popular movies. ________, both The *Shawshank Redemption* and *Carrie* are now considered to be iconic films.

(a) Although
(b) However
(c) For instance
(d) Similarly

12 Many tourists who visit Croatia choose to rent a car in order to drive up and down the beautiful Mediterranean coastline. It's easy to rent a car, but it is mandatory that all drivers ________ an international driver's license.

(a) carry
(b) will carry
(c) have carried
(d) are carrying

13 Electric car technology has existed since the 1870s. Unfortunately, the technology was rarely used in order to produce gasoline vehicles. If electric cars had been widely adopted, problems with air pollution ________ such a global crisis.

(a) did not become
(b) will not be becoming
(c) might not become
(d) might not have become

14 A strong storm swept through the city yesterday evening, causing power outages in several areas. Many people ________ when the lights went out in the restaurants of the popular Galleria Food Court.

(a) were eating
(b) ate
(c) would eat
(d) are eating

15 When buying a bicycle, one thing to consider is the type of tires. If you plan on riding on dirt and trails, the tires ________ are wider and have more tread. For road riding, thin, smooth tires are a better choice.

(a) what are recommended the most by cyclists
(b) which cyclists recommend them the most
(c) that are recommended the most by cyclists
(d) who are recommended the most by cyclists

16 Kara and her family returned home late from their trip to the coast. Her two kids were both completely exhausted and went straight to bed. They ________ in the car for over six hours.

(a) will be sitting
(b) had been sitting
(c) would have sat
(d) have sat

17 Jenny was in the library looking for some books to read over the summer. The librarian recommended that she ________ the new sci-fi series by Kim Stanley Robinson.

(a) will read
(b) read
(c) reads
(d) is reading

18 Dogs have many amazing capabilities that enable them to survive in the wild. Dogs ________ smell 40 times better than humans, which helps them find food and detect predators.

(a) shall
(b) must
(c) can
(d) would

19 Hugh was ecstatic that the Bucks won the basketball tournament. Plus, he was able to get $20 from Mark, ________. They often bet a little money on sports games.

(a) which he had a bet with
(b) whom he had a bet with
(c) what he had a bet with him
(d) that he had a bet with

20 Netflix, which already charges a monthly subscription fee, has announced that it will start running advertisements on its platform. In light of this news, many users will likely discontinue ________ for the media streaming service.

(a) paying
(b) have paid
(c) to pay
(d) to be paying

21 I have been really busy at work lately and have not been able to spend much time with my daughter. However, it is her birthday on Wednesday, and I promised that I ________ be home early to take her out for dinner.

(a) could
(b) should
(c) would
(d) might

22 Even though Andrew has been living in Spain for over five years, he still can't speak the language well. If he knew how to speak Spanish, he ________ a lot of the problems he has due to the language barrier.

(a) could solve
(b) solves
(c) had solved
(d) is solving

23 A new software update is causing the popular app Zing to repeatedly crash. The development team is working non-stop to fix the issue so that the app can resume working. By tomorrow morning, they ________ to fix the app for nearly 24 hours!

(a) will have been trying
(b) would have tried
(c) will be trying
(d) had been trying

24 There are many astronomers who study the closest star to Earth, Proxima Centauri. However, the star is still extremely far away. Even if explorers were able to travel at the speed of light, it ________ over four years to get to the star.

(a) will still have taken
(b) is still taking
(c) still takes
(d) would still take

25 Jason became one of the company's top employees. ________ for an important project gave him a lot of confidence. Afterward, he excelled at his job and was promoted several times.

(a) Being selected
(b) To have been selected
(c) To be selected
(d) Was selected

26 During the weekend before their final exams, Yori asked Kiko to study together since Kiko was doing much better in the class. If Yori ________ alone, she would have done much worse on the exam.

(a) is studying
(b) would study
(c) studied
(d) had studied

실전 모의고사

GRAMMAR SECTION

DIRECTIONS:

The following items need a word or words to complete the sentence. From the four choices for each item, choose the best answer. Then blacken in the correct circle on your answer sheet.

Example:

The boys __________ in the car.

(a) be
(b) is
(c) am
(d) are

The correct answer is (d), so the circle with letter (d) has been blackened.

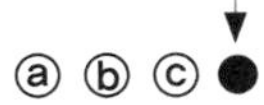

NOW TURN THE PAGE AND BEGIN

지텔프 Level 2에서는 대부분 특정 유형별로 정해진 개수의 문제가 출제되지만, 최근 드물게 아래 내비게이터처럼 부분적으로 유형별 출제 개수가 달라지는 경우가 있으므로 보기를 보고 문제 유형을 파악하는 연습이 필요합니다.

고득점 내비게이터

현재진행	☐	과거진행	☐	미래진행	☐	동명사	☐☐☐	가정법	☐☐☐☐☐☐☐
현재완료진행	☐	과거완료진행	☐	미래완료진행	☐	*부정사	☐☐☐	*should 생략	☐☐

*** 실전 모의고사 10회는 최근 예외 경향을 반영한 것으로 부정사/should 생략 문항 수가 다름

1 Everyone at the office was surprised when Larry mentioned he was planning to resign so that he could move to another city. Louise suggested ________ a going-away party for Larry to give everyone a chance to say goodbye to him.

(a) having held
(b) to hold
(c) holding
(d) to be holding

2 When Travis checked into his flight at the airport, there weren't many open seats remaining. Unfortunately, he got a seat next to the bathroom. If he had checked in online instead, he ________ a better seat.

(a) was reserving
(b) would reserve
(c) reserved
(d) would have reserved

3 An Australian mathematician recently discovered applied geometry engraved on a 3,700-year-old tablet. The discovery shows us that civilizations ________ mathematics since they developed the ability to write.

(a) record
(b) are recording
(c) had recorded
(d) have been recording

4 Many cities around the world have competed to have the world's tallest building. The Petronas Twin Towers in Kuala Lumpur, ________, were the tallest buildings in the world from 1998 to 2004. Now, the title belongs to the Burj Khalifa in Dubai.

(a) that rise to a height of 452 meters
(b) who rise to a height of 452 meters
(c) what rise to a height of 452 meters
(d) which rise to a height of 452 meters

5 A man in New Hampshire was arrested recently for living illegally in a secluded cabin in the woods. The 81-year-old man ________ alone in the woods for quite some time before the landowner discovered him.

(a) lived
(b) had lived
(c) had been living
(d) was living

6 Paul is considering buying a new house that he really likes, but it's a little out of his price range. If he had more money for a down payment, he ________ an offer on the house today.

(a) has put
(b) will put
(c) would put
(d) put

7 Kevin has some work to finish up at home today. However, he can only do it while his young daughter takes a nap. He is working as fast as he can, but he knows that he ________ when his daughter wakes up.

(a) will still work
(b) has still worked
(c) will still be working
(d) was still working

8 The freezing rain that we got last night made my driveway really icy, and I fell down while walking to my car this morning. If I had put some salt on the driveway, I ________.

(a) was not slipping
(b) didn't slip
(c) would not have slipped
(d) would not slip

9 A customer in the appliance section of Hank's Department Store is complaining about a problem with his recently purchased refrigerator. The store clerk doesn't know how to solve the problem, so she ________ her manager to come and speak with the customer.

(a) has now called
(b) now calls
(c) would now call
(d) is now calling

10 The Merton family is planning a vacation to Africa sometime next year. They are not sure which countries they should visit though. Mr. Merton would like to go to Egypt while Mrs. Merton is considering ________ Kenya to go on a safari.

(a) to visit
(b) having visited
(c) to be visiting
(d) visiting

11 While on a trip to Rome, Vincent took some time to learn about the ancient architecture of the old buildings in the city. He was really impressed that the Romans ________ build such sophisticated structures nearly 2,000 years ago.

(a) will
(b) may
(c) could
(d) should

12 The word 'flora' refers to all of the plants in a particular place or period of time. ________, the word 'fauna' is used to collectively describe all of the animals in a place or period of time.

(a) Afterwards
(b) In the first place
(c) Similarly
(d) For example

13 Global Parcel Delivery tried to deliver Johnny's package yesterday, but no one answered the door. Johnny had worked late the night before, so he ________ at the time.

(a) has slept
(b) was sleeping
(c) would sleep
(d) will be sleeping

14 Charles thought his wife would be excited to find a brand-new car in their driveway on Christmas morning. Instead, she was furious. "Didn't we agree ________ major financial decisions together?" she yelled at him.

(a) to discuss
(b) having discussed
(c) discussing
(d) to be discussing

15 I was amazed by the sound quality of my new headphones. I had never experienced ________ to my favorite albums with top-of-the-line audio equipment. Now it's like hearing them for the first time.

(a) having listened
(b) to be listening
(c) listening
(d) to listen

16 I've been trying to train my dog to sit when I tell him to. Yesterday, I commanded that he ________ on the sidewalk, but he was too distracted by other people to listen to me.

(a) will sit
(b) sits
(c) sit
(d) is sitting

17 The demand for food delivery has rapidly increased over the past year. If Rancheros Tacos had anticipated the upcoming surge in delivery orders, they ________ more delivery motorcycles.

(a) would purchase
(b) was purchasing
(c) would have purchased
(d) purchased

18 Wanda was in charge of setting up an art exhibit in the gallery where she worked. She chose artwork ________ in the viewer. Most of it was quite abstract, but the exhibit got many positive reviews online.

(a) that would provoke a lot of emotion
(b) which it would provoke a lot of emotion
(c) who would provoke a lot of emotion
(d) what would provoke a lot of emotion

19 Kayla went out early in the morning to go for a run. When she got to the riverside path, she was surprised to see a lot of people already there. She figured everyone was trying to exercise in the morning ________ it would be so hot later in the day.

(a) but
(b) therefore
(c) although
(d) since

20 Many space agencies are focusing on unmanned missions rather than ones with astronauts in them. They have therefore developed technology that can be operated from Earth ________ the need to have astronauts go along.

(a) will avoid
(b) having avoided
(c) avoiding
(d) to avoid

21 I've never changed a car tire before, so I searched on YouTube to look for a helpful video. In one video, the guy said that I ________ loosen and tighten the bolts on the wheel in a star pattern in order to keep the pressure even.

(a) will
(b) should
(c) may
(d) could

22 Luther needed to get surgery on his foot, and he had to miss his classes for a full week. While his professors understood the situation, they asked that he ________ the necessary assignments at home if possible.

(a) will complete
(b) completes
(c) is completing
(d) complete

23 Weaver ants have an unusual method of building nests. Weaver ant larvae are able to produce a sticky silk from their bodies. This allows adult weaver ants ________ the silk to combine leaves to one another in order to make a nest in a tree.

(a) will use
(b) using
(c) to use
(d) having used

24 In 1928, Alexander Fleming discovered penicillin, which is now widely used to treat many medical conditions. Were it not for his accidental discovery, the antibiotics ________ to people worldwide.

(a) were not available
(b) would not be available
(c) are not available
(d) will not be available

25 Francis is almost halfway through her trip around the world. Over the past six months she has traveled through Europe and Asia, visiting most of the major cities. If she completes her trip, she ________ for over a year.

(a) travels
(b) has been traveling
(c) will have been traveling
(d) has traveled

26 Mark got a random phone call from a wrong number at 6:30 in the morning, which ruined his opportunity to sleep in on his day off. Had it not been for the call, he ________ now.

(a) will still be asleep
(b) would have still been asleep
(c) had still been asleep
(d) would still be asleep

공식으로 쉽게 끝내는

정재현 지텔프 문법

LEVEL 2

실전 모의고사

G-TELP
최신 유형
100% 반영

공무원 | 경찰 | 군무원
대비 필수 영어 시험

정재현어학연구소 지음

정답 및 해설

넥서스

공식으로 쉽게 끝내는

정재현 지텔프 문법

LEVEL 2

실전 모의고사

정재현어학연구소 지음

정답 및 해설

넥서스

문법 기본 다지기

SECTION 1

CHAPTER ❶ 가정법

연습문제 01

p.17

1 (d)	2 (b)	3 (b)
4 (b)	5 (c)	6 (d)

1

정답 (d)

포인트 가정법 과거완료 주절 동사 ◎ would have + p.p.

해석 나는 뉴욕 시에 사는 남동생을 방문하기 위해 기차를 탈 예정이었다. 어젯밤에 기차역에 갔을 때, 나는 그 기차가 이미 떠났다는 것을 알게 되었다. 만일 내가 조금 더 빨리 아파트에서 나왔다면, 기차를 놓치지 않았을 것이다.

해설 If절의 동사가 의미상 '~였다면'이라는 뜻으로 과거 사실의 반대를 나타내는 과거완료(had been)일 때, 주절의 동사로 'would/could/might have + p.p.'의 형태가 짝을 이뤄 사용되므로 (d) wouldn't have missed가 정답이다.

어휘 be supposed to do ~할 예정이다, ~하기로 되어 있다 take (교통) ~을 타다, 이용하다 get to ~로 가다 find that ~임을 알게 되다 leave 떠나다, 출발하다, ~에서 나가다, ~에서 출발하다 a little 조금, 약간 be quick -ing 빨리 ~하다 miss ~을 놓치다, 지나치다

2

정답 (b)

포인트 가정법 과거 주절 동사 ◎ would + 동사원형

해석 지구와 달 사이의 거리는 거의 25만 마일에 달한다. 현재, 달에 도달할 수 있는 유일한 방법은 고성능 로켓을 이용하는 것이다. 하지만 자동차를 운전해 달까지 가는 것이 가능하다면, 거의 6개월이 걸릴 것이다.

해설 If절에 '만약 ~라면'이라는 뜻으로 현재 사실의 반대를 나타내는 과거 시제 동사(were)가 쓰인 가정법 과거 문장에서, 주절의 동사는 'would/could/might + 동사원형'의 형태가 되어야 알맞으므로 (b) would take가 정답이다. 참고로, 가정법 과거 문장의 if절 동사가 be동사일 때, 주어의 인칭 및 단/복수와 상관없이 were를 사용한다는 점도 함께 알아두어야 한다.

어휘 distance between A and B A와 B 사이의 거리 be close to 거의 ~에 달하다, ~에 가깝다 way to do ~하는 방법 get to ~로 가다 high-powered 고성능의 however 하지만 nearly 거의 take ~의 시간이 걸리다

3

정답 (b)

포인트 가정법 과거 주절 동사 ◎ would + 동사원형

해석 최초의 안경은 아마도 1300년대 초에 이탈리아 북부 지역에서 발명되었을 것이다. 오늘날, 성인의 약 75퍼센트가 어떤 종류든 교정 렌즈를 착용하고 있다. 만일 안경이 존재하지 않는다면, 대부분의 성인들은 일상 활동에 있어 어려움을 겪을 것이다.

해설 If절에 의미상 '만약 ~라면'이라는 뜻으로 현재 사실의 반대를 나타내는 과거 시제 동사(did not exist)가 쓰인 가정법 과거 문장에서, 주절에 'would/could/might + 동사원형'의 형태로 된 동사가 짝을 이뤄 사용되므로 (b) would struggle이 정답이다.

어휘 likely 아마도 invent ~을 발명하다 about 약, 대략 wear ~을 착용하다 corrective lenses 교정 렌즈 of some kind 어떤 종류의, 일종의 exist 존재하다 struggle 어려움을 겪다, 힘겨워 하다

4

정답 (b)

포인트 가정법 과거완료 if절 동사 ◎ had + p.p.

해석 대규모 폭풍우가 루이지애나 해안을 강타한 후 커틀러 다리의 일부가 붕괴되었다. 만일 그 홍수로 인한 수위가 그렇게 빠르게 상승하지 않았다면, 그 다리는 아마 그 폭풍우를 견뎌냈을 것이다.

해설 가정법 문장에서 주절의 동사가 'would/could/might have + p.p.'의 형태(would have resisted)일 때, If절의 동사는 '~했다면'이라는 뜻으로 과거 사실의 반대를 나타내는 과거완료 시제가 되어야 알맞으므로 (b) had not risen이 정답이다.

어휘 collapse 붕괴되다, 무너지다 strike ~을 강타하다 (struck은 과거형) coast 해안 flood water 홍수로 인한 물 rapidly 빠르게 probably 아마 resist ~을 견디다, 참다 rise 상승하다, 오르다

5

정답 (c)

포인트 가정법 과거 주절 동사 ◎ would + 동사원형

해석 라이언은 제니를 위해 자신의 수입 업체에 면접 자리를 마련해 주었으며, 그녀는 그 뒤로 회계 담당자로 고용되었다. 라이언이 없었다면, 제니는 여전히 레스토랑에서 일하고 있을 것이다.

해설 If절에 '~라면'과 같은 의미로 현재 사실의 반대를 나타내

는 과거 시제 동사(were)가 쓰인 가정법 과거 문장에서, 주절의 동사는 'would/could/might + 동사원형'의 형태가 되어야 알맞으므로 (c) would still work이 정답이다. 참고로, If it weren't for는 '~가 아니라면, ~가 없다면'의 의미를 나타낸다.

어휘 set A up for B A에게 B를 마련해주다 import company 수입 업체 subsequently 그 뒤로, 그 이후에 hire ~을 고용하다 accountant 회계 담당자 If it weren't for ~아니라면, ~가 없다면

6

정답 (d)

포인트 가정법 과거완료 주절 동사 ➲ would have + p.p.

해석 난 내가 구입하고 싶어 했던 드레스가 지난주 내내 세일 중이었다는 사실을 막 알게 되었다. 지금, 그 드레스는 완전히 품절된 상태이다. 만일 내가 그 광고를 더 일찍 봤었다면 그것을 구입했을 것이다.

해설 if절의 동사로 의미상 '~했다면'과 같은 의미로 과거 사실의 반대를 나타내는 과거완료 시제 동사(had seen)가 쓰인 가정법 과거완료 문장에서, 주절의 동사는 'would/could/might have + p.p.' 형태가 되어야 알맞으므로 (D) would have bought이 정답이다.

어휘 find out that ~임을 알게 되다 on sale 세일 중인 completely 완전히, 전적으로 sold out 품절된, 매진된 advertisement 광고 sooner 더 일찍, 더 빨리

연습문제 02 p.18

1 (a)	2 (c)	3 (d)
4 (c)	5 (a)	6 (c)

1

정답 (a)

포인트 가정법 과거 주절 동사 ➲ could + 동사원형

해석 크레이그는 한 대학교에서 영어를 가르치기 위해 최근 도쿄로 이사했다. 그는 밖에 나가 식사할 때마다, 친구들에게 의존해 주문을 해야 한다. 만일 그가 일본어를 말하는 법을 알고 있다면, 혼자 음식을 주문할 수 있을 것이다.

해설 If절에 의미상 '~라면'이라는 뜻으로 현재 사실의 반대를 나타내는 과거 시제 동사(knew)가 쓰인 가정법 과거 문장에서, 주절의 동사로 'would/could/might + 동사원형'의 형태가 함께 쓰이므로 (a) could order가 정답이다.

어휘 recently 최근에 whenever ~할 때마다, ~할 때는 언제든 rely on ~에 의존하다 order (~을) 주문하다 how to do ~하는 법 on one's own 혼자 힘으로, 스스로

2

정답 (c)

포인트 가정법 과거완료 주절 동사 ➲ would have + p.p.

해석 스틸튼 건설회사는 시내에 새 영화관 건설을 끝마칠 예정이었지만, 수개월 지연되었다. 만일 그 고객사에서 공사가 시작된 후 로비 디자인을 변경하기로 결정하지 않았다면, 그 회사는 제때 영화관 공사를 완료했을 것이다.

해설 If절의 동사가 의미상 '~했다면'과 같은 뜻으로 과거 사실의 반대를 나타내는 과거완료 시제(hadn't decided)일 때, 주절에는 'would/could/might have + p.p.' 형태의 동사가 쓰여야 알맞으므로 (c) would have completed가 정답이다.

어휘 be supposed to do ~할 예정이다, ~하기로 되어 있다 downtown 시내에 delayed 지연된, 지체된 several 여럿의, 몇몇의 decide to do ~하기로 결정하다 alter ~을 변경하다, 바꾸다 construction 공사, 건설 on time 제때 complete ~을 완료하다, 완수하다

3

정답 (d)

포인트 가정법 과거완료 주절 동사 ➲ would have + p.p.

해석 대니얼은 어젯밤 택시 뒷좌석에 자신의 최신 전화기를 놓고 내렸다는 사실을 알게 되었다. 지금 그는 그것을 되찾을 수 있을지 알지 못한다. 만일 그가 자신의 전화기에 대해 더 조심했다면, 구입 후에 그렇게 빨리 분실하지 않았을 것이다.

해설 If절에 의미상 '~였다면'이라는 뜻으로 과거 사실의 반대를 나타내는 과거완료 시제 동사(had been)가 쓰이는 경우, 주절의 동사로 'would/could/might have + p.p.'의 형태가 짝을 이뤄야 알맞으므로 (d) would not have lost가 정답이다.

어휘 realize (that) ~임을 알게 되다, 깨닫다 leave ~을 놓다, 두다 brand-new 완전히 새로운 get A back A를 되찾다, 돌려받다 careful 조심하는, 신중한 so soon 그렇게 빨리, 그렇게 일찍 lose ~을 분실하다, 잃어버리다

4

정답 (c)

포인트 가정법 과거 주절 동사 ➲ would + 동사원형

해석 세실리는 파리에서 출장 중이며, 그 도시를 탐사하며 멋진 시간을 보내고 있다. 아쉽게도, 그녀는 내일 떠나야 한다. 만일 그녀가 시간이 더 있다면, 파리의 유명 박물관과 아름다운 카페들을 더 많이 방문할 것이다.

해설 가정법 문장에서 If절의 동사가 현재 사실의 반대를 나타내기 위해 과거 시제(had)로 쓰여 의미상 '~라면'이라는 뜻을 나타내는 경우, 주절에 'would/could/might + 동사원형' 형태의 동사가 함께 짝을 이뤄 사용되므로 (c) would visit이 정답이다.

어휘 on a business trip 출장 중인 explore ~을 탐사하다, 살펴보다 unfortunately 아쉽게도, 안타깝게도 leave 떠나다, 출발하다

5

정답 (a)

포인트 가정법 과거 주절 동사 ➲ would + 동사원형

해석 핀란드 축구 국가대표팀은 19차례나 FIFA 월드컵 본선 출전 자격을 얻으려 했지만, 성공하지 못했다. 만일 핀란드가 더 큰 국가라면, 국제 무대에서 더 잘 경쟁할 수 있을 것이다.

해설 If절에 의미상 현재 사실의 반대를 나타내기 위해 '~라면'을 뜻하는 과거 시제 동사(were)가 쓰이는 경우, 주절의 동사는 'would/could/might + 동사원형'의 형태가 되어야 알맞다. 따라서 (a) would have가 정답이다.

어휘 try to do ~하려 하다 qualify for ~에 대한 자격을 얻다 succeed 성공하다 compete 경쟁하다 internationally 국제적으로

6

정답 (c)

포인트 가정법 과거완료 주절 동사 ➲ would have + p.p.

해석 2006년에, 케임브리지에 있는 피츠윌리엄 박물관을 방문한 한 남성이 자신의 헐렁한 신발 끈에 걸려 넘어지며 청나라 시대의 중국 화병 여러 개와 부딪혔다. 만일 그가 신발 끈을 묶었었다면, 그 꽃병들은 깨지지 않았을 것이다.

해설 가정법 문장에서 If절에 의미상 '~했다면'이라는 뜻으로 과거 사실의 반대를 나타내는 과거완료 시제 동사(had tied)가 쓰이는 경우, 주절의 동사로 'would/could/might have + p.p.'의 형태가 짝을 이뤄야 알맞으므로 (c) would not have been broken이 정답이다

어휘 trip on ~에 걸려 넘어지다 loose 헐렁한, 느슨한 shoelaces 신발 끈 crash into ~와 부딪히다, 충돌하다 several 여럿의, 몇몇의 vase 꽃병 tie ~을 묶다 break ~을 깨뜨리다, 망가뜨리다, 고장 내다

연습문제 03 p.19

1 (d)	2 (d)	3 (b)
4 (d)	5 (c)	6 (b)

1

정답 (d)

포인트 가정법 과거완료 주절 동사 ➲ would have + p.p.

해석 브라질의 농부들이 올해 많은 커피 작물을 심었지만, 최근 들어 상당한 가뭄을 겪어 왔다. 만일 그들이 건조한 환경을 예측했다면, 그렇게 많은 물을 필요로 하는 작물을 심지 않았을 것이다.

해설 빈칸이 속한 문장의 시작 부분을 보면, 조동사 Had가 주어 they보다 앞에 쓰여 있다. 이는 If절에서 If가 생략되며 과거완료 시제 동사의 had와 주어 they가 도치된 구조에 해당된다. 따라서 if가 생략된 가정법 과거완료 문장임을 알 수 있으며, 가정법 과거완료 문장에서 주절의 동사는 'would/could/might have + p.p.'의 형태가 되어야 하므로 (d) would not have planted가 정답이다.

어휘 plant (식물 등) ~을 심다 crop 작물 recently 최근에 experience ~을 겪다, 경험하다 significant 상당한 drought 가뭄 predict ~을 예측하다 conditions 환경, 조건 require ~을 필요로 하다

2

정답 (d)

포인트 가정법 과거 if절 동사 ➲ 과거 시제

해석 고속 열차를 통해 샌프란시스코와 로스앤젤레스를 연결하는 많은 아이디어와 계획들이 있다. 만일 그 계획들 중 하나가 승인될 수 있다면, 사람들이 두 도시 사이를 훨씬 더 빨리 이동할 수 있을 것이다.

해설 가정법 문장에서 주절의 동사가 'would/could/might + 동사원형'의 형태일 때, If절의 동사는 과거 시제 동사가 쓰여야 하므로 보기 중 유일한 과거의 형태인 (d) could get이 정답이다.

어휘 connect A and B A와 B를 연결하다 via ~을 통해 approve ~을 승인하다 be able to do ~할 수 있다 much (비교급 수식) 훨씬 between + 복수 명사 ~ 사이를, ~ 사이에

3

정답 (b)

포인트 가정법 과거 주절 동사 ➲ would + 동사원형

해석 핀은 보다 쉽게 도시 곳곳을 돌아다니고 통근 시간을 많이 절약할 수 있도록 자동차를 한 대 구입하기 위해 계속 저축해 오고 있다. 만일 그가 자동차를 한 대 갖고 있다면, 버스

를 타는 대신 차를 운전해 출근할 것이다.

해설 가정법 문장에서 If절의 동사가 의미상 '~라면'과 같은 뜻으로 현재 사실의 반대를 나타내는 과거 시제(had)일 때, 주절의 동사는 'would/could/might + 동사원형'의 형태가 되어야 알맞으므로 (b) would drive가 정답이다.

어휘 save up 저축하다, 돈을 모으다 so that (목적) ~할 수 있도록 get around ~ 곳곳을 돌아다니다 save time -ing ~하는 데 드는 시간을 절약하다 commute 통근하다 rather than ~하는 대신, ~하는 것이 아니라 take (교통) ~을 타다, 이용하다

4

정답 (d)

포인트 가정법 과거완료 주절 동사 ➲ would have + p.p.

해석 시에나와 니코는 아름다운 공원에서 야외 결혼식을 계획했다. 하지만 비가 내리기 시작했고, 하객들을 이동시키기 위해 허둥지둥 실내 장소를 찾아야 했다. 만일 그 결혼식이 처음부터 실내에서 열렸었다면, 훨씬 덜 분주했을 것이다.

해설 If절의 동사가 의미상 '~였다면'과 같이 과거 사실의 반대를 나타내는 과거완료 시제(had been)일 때, 주절에 'would/could/might have + p.p.' 형태의 동사가 함께 쓰여야 하므로 (d) would have been이 정답이다.

어휘 plan ~을 계획하다 however 하지만 scramble to do 허둥지둥 ~하다, 앞다퉈 ~하다 indoor 실내의 location 장소, 위치 from the start 처음부터, 시작부터 a lot (비교급 수식) 훨씬 hectic 정신없이 분주한

5

정답 (c)

포인트 가정법 과거 주절 동사 ➲ would + 동사원형

해석 대단히 긴 광섬유 케이블이 여러 대륙 사이의 해저에서 인터넷 연결 서비스를 제공하고 있다. 만일 이 케이블이 절단되거나 손상된다면, 사람들은 엄청난 통신 지연 문제를 겪게 될 것이다.

해설 If절에 의미상 '~라면'과 같은 뜻으로 현재 사실의 반대를 나타내는 과거 시제 동사(were)가 쓰이는 경우, 주절의 동사로 'would/could/might + 동사원형'의 형태가 짝을 이뤄 사용되어야 하므로 (c) would experience가 정답이다.

어휘 extremely 대단히, 매우, 아주 fiberoptic cables 광섬유 케이블 connection 연결 between ~ 사이에, ~ 사이를 continent 대륙 damage ~을 손상시키다, ~에 피해를 입히다 massive 엄청난, 어마어마한 delay 지연, 지체 communication 통신, 의사소통 experience ~을 겪다, 경험하다

6

정답 (b)

포인트 가정법 과거완료 if절 동사 ➲ had + p.p.

해석 날씨가 아주 좋지는 않았지만, 파커는 어쨌든 산책하러 가기로 결정했다. 가는 도중, 오랜 친구 한 명을 우연히 만나, 결국 함께 커피를 마시게 되었다. 만일 파커가 집에 머물러 있었다면, 친구를 만날 기회를 놓쳤을 것이다.

해설 가정법 문장에서 주절의 동사가 'would/could/might have + p.p.'의 형태(would have missed)일 때, If절의 동사는 '~했다면'이라는 의미의 과거완료 시제(had p.p.)가 되어야 알맞으므로 (b) had stayed가 정답이다.

어휘 decide to do ~하기로 결정하다 go for a walk 산책하러 가다 anyway 어쨌든 along the way 가는 도중에, 그 과정에서 run into ~을 우연히 만나다, 마주치다 end up -ing ~하게 되다 miss -ing ~할 기회를 놓치다, ~하지 못하다

연습문제 04 p.20

1 (c)	2 (a)	3 (a)
4 (c)	5 (c)	6 (c)

1

정답 (c)

포인트 가정법 과거 주절 동사 ➲ would + 동사원형

해석 북극 지방은 흔히 "백야의 땅"으로 일컬어진다. 만일 북극 근처에 살게 된다면, 여름 기간 동안 매일 24시간 해가 떠 있는 경험을 하게 될 것이다.

해설 가정법 문장에서 If절의 동사가 의미상 '~라면'이라는 뜻으로 현재 사실의 반대를 나타내는 과거 시제(were)일 때, 주절의 동사는 'would/could/might + 동사원형'의 형태가 되어야 알맞으므로 (c) would experience가 정답이다.

어휘 the Arctic 북극 지방 be referred to as ~로 언급되다, 불리다 near ~ 근처에, 가까이에 the North Pole 북극 during ~ 중에, ~ 동안 experience ~을 겪다, 경험하다

2

정답 (a)

포인트 가정법 과거완료 주절 동사 ➲ would have + p.p.

해석 헨리는 책을 읽고 공부하는 데 더 많은 시간을 들여야 한다고 판단했기 때문에 TV를 치워버렸다. 만일 그가 그렇게 과감한 조치를 취하지 않았다면, 얄팍한 텔레비전 프로

그램이나 보면서 많은 시간을 허비했을 것이다.

해설 가정법 문장에서 If절의 동사가 과거 사실의 반대를 나타내는 과거완료 시제(had not taken)일 때, 주절에는 'would/could/might have + p.p.' 형태의 동사가 함께 쓰여야 알맞으므로 (a) would have wasted가 정답이다.

어휘 decide that ~라고 결정하다 spend time -ing ~하는 데 시간을 들이다, ~하면서 시간을 보내다 get rid of ~을 치우다, 없애다 take a step 조치를 취하다 drastic 과감한 shallow (생각 등이) 얄팍한, (깊이가) 얕은 waste ~을 허비하다, 낭비하다

3

정답 (a)

포인트 가정법 과거 if절 동사 ◐ 과거 시제

해석 젊었을 때, 데이나는 장거리 달리기를 하며 지역 육상 대회에 참가하곤 했다. 만일 그녀가 무릎 통증 없이 여전히 달릴 수 있다면, 다음 달에 열리는 캐니언랜즈 마라톤 대회에 등록할 것이다.

해설 가정법 문장에서 주절의 동사가 'would/could/might + 동사원형'의 형태일 때, If절의 동사는 현재 사실의 반대를 나타내는 과거 시제 동사의 형태가 되어야 알맞으므로 (a) could still run이 정답이다.

어휘 used to do (전에) ~하곤 했다 distance 거리 compete in (대회 등) ~에 참가하다, ~에서 경쟁하다 local 지역의, 현지의 without ~ 없이 sign up for ~에 등록하다, ~을 신청하다

4

정답 (c)

포인트 가정법 과거완료 if절 동사 ◐ had + p.p.

해석 중국 선전의 한 고층 건물이 앞뒤로 흔들리기 시작한 후로 사람들이 대피해야 했다. 만일 공사 관계자들이 그 건물을 제대로 점검했다면, 토대에서 결점을 발견했을 것이다.

해설 가정법 문장에서 주절의 동사가 'would/could/might have + p.p.'의 형태일 때, If절의 동사는 과거 사실의 반대를 나타내는 과거완료 시제(had p.p.)가 되어야 알맞으므로 (c) had inspected가 정답이다.

어휘 skyscraper 고층 건물 evacuate ~에서 사람을 대피시키다 wobble 흔들리다 back and forth 앞뒤로 construction 공사, 건설 official 관계자, 당국자 properly 제대로, 적절히 discover ~을 발견하다 weakness 결점, 약점 foundation (건물의) 토대, 기초 inspect ~을 점검하다

5

정답 (c)

포인트 가정법 과거완료 주절 동사 ◐ would have + p.p.

해석 연구가들은 90대 남성과 여성들을 인터뷰하면서 가장 크게 후회되는 것과 관련해 질문을 던졌다. 80퍼센트가 넘는 인터뷰 대상자들이 만일 인생에서 무엇이 가장 중요한지 알았더라면, 가족과 함께 더 많은 시간을 보냈을 것이라고 말했다.

해설 if절에 의미상 '~했다면'과 같이 과거 사실의 반대를 나타내는 과거완료 동사(had recognized)가 쓰이는 경우, 주절에는 'would/could/might have + p.p.' 형태의 동사가 짝을 이뤄 사용되어야 하므로 (c) would have spent가 정답이다. 참고로, 빈칸이 속한 문장의 if에서부터 with family까지는 주절의 동사 said의 목적어 역할을 하는 that절에 해당된다.

어휘 researcher 연구가 in one's 90s 90대인 ask A about B A에게 B에 관해 질문하다, 묻다 regret 후회(되는 일) over ~가 넘는 interviewee 인터뷰 대상자 recognize ~을 알아차리다, 깨닫다 spend (시간, 돈 등) ~을 보내다, 들이다, 소비하다

6

정답 (c)

포인트 가정법 과거 주절 동사 ◐ would + 동사원형

해석 닐의 병원 일은 응급 상황이 발생되는 경우 심지어 휴무일이라 하더라도 그가 대기 상태에 있어야 할 것을 요구한다. 만일 그가 덜 힘든 직업을 갖고 있다면, 그가 방문하기를 꿈꿔 온 모든 곳으로 여행을 떠날 것이다.

해설 If절의 동사가 의미상 '~한다면'과 같은 뜻으로 현재 사실의 반대를 나타내는 과거 시제(had)일 때, 주절의 동사는 'would/could/might + 동사원형'의 형태가 되어야 알맞으므로 (c) would travel이 정답이다.

어휘 require 요구하다 on call 대기 상태인 in case of ~의 경우에 (대비해) emergency 응급 상황 even 심지어 (~도) day off 휴무일 if only ~하기만 해도 less 덜하게, 더 적게 demanding 까다로운 dream of -ing ~하는 것을 꿈꾸다

연습문제 05

p.21

1 (c)	2 (a)	3 (c)
4 (c)	5 (b)	6 (a)

1

정답 (c)

포인트 가정법 과거완료 주절 동사 ◐ would have + p.p.

해석 빅토리아와 그녀의 가족은 지난 주말에 파이브 플랙스 놀이공원에 갔다. 하지만 그 놀이공원이 50주년을 기념하고 있었기 때문에 사람들로 매우 붐볐다. 빅토리아의 가족이

그 기념 행사에 관해 알았다면 다른 날에 갔을 것이다.

해설 빈칸이 속한 문장의 if절에 의미상 '~했다면'이라는 뜻으로 과거 사실의 반대를 나타내는 과거완료 동사(had known)가 쓰여 있으므로, 주절에는 'would/could/might have + p.p.' 형태의 동사가 함께 쓰여야 알맞다. 따라서 (c) would have gone이 정답이다.

어휘 however 하지만 celebrate ~을 기념하다, 축하하다 anniversary (해마다 돌아오는) 기념일 extremely 매우, 대단히 crowded 붐비는 celebration 기념 행사, 축하 행사

2

정답 (a)

포인트 가정법 과거완료 주절 동사 ➲ would have + p.p.

해석 익명의 한 정보원이 워싱턴 포스트에 정부의 기밀문서를 보내면서 그것이 일반 대중에게 공개되었다. 만일 그 문서가 유출되지 않았다면, 사람들은 정부의 감시 프로그램에 관해 알지 못했을 것이다.

해설 If절의 동사가 의미상 '~였다면'이라는 뜻으로 과거 사실의 반대를 나타내는 과거완료 시제(hadn't been leaked)일 때, 주절의 동사는 'would/could/might have + p.p.'의 형태가 되어야 알맞다. 따라서 (a) would not have learned가 정답이다.

어휘 classified 기밀의 reveal ~을 공개하다, 드러내다 the public 일반 대중 anonymous 익명의 source 정보원 leak ~을 유출하다, 누출하다 surveillance 감시

3

정답 (c)

포인트 가정법 과거 주절 동사 ➲ would + 동사원형

해석 어제 함께 점심 식사를 하다가, 난 내 친구에게 만일 10억 달러가 있다면 무엇을 할 것인지 물었다. 그는 돈이 중요하지 않다는 사실과 함께 만일 자신이 부자라면 가진 돈을 모두 자선 단체에 기부할 것이라고 말했다.

해설 if절에 의미상 '~라면'과 같이 현재 사실의 반대를 나타내는 과거 시제 동사(were)가 쓰이는 경우, 주절에는 'would/could/might + 동사원형'의 형태를 사용하므로 (c) would donate가 정답이다.

어휘 while ~하면서, ~하는 동안 ask A B A에게 B를 묻다, 질문하다 billion 10억 charity 자선 단체, 자선 활동 donate ~을 기부하다

4

정답 (c)

포인트 가정법 과거 주절 동사 ➲ would + 동사원형

해석 101번 고속도로를 수리하기 위해 작업하는 동안, 도로 공사 인부들은 오직 한 번에 하나의 차선만 폐쇄할 수 있다. 만일 그들이 양쪽 차선들을 모두 폐쇄한다면, 교통이 수 마일에 걸쳐 즉시 혼잡 상태가 될 것이다.

해설 가정법 문장에서 If절의 동사가 의미상 '~한다면'이라는 뜻으로 현재 사실의 반대를 나타내는 과거 시제(closed)일 때, 주절의 동사는 'would/could/might + 동사원형'의 형태가 되어야 알맞으므로 (c) would become이 정답이다.

어휘 while ~하는 동안, ~하면서 repair ~을 수리하다 crew 인부, 작업자, (함께 작업하는) 팀, 조 lane 차선 at a time 한 번에 both 둘 모두의 traffic 교통, 차량들 instantly 즉시, 즉각적으로 congested (교통이) 혼잡한, 붐비는

5

정답 (b)

포인트 가정법 과거 주절 동사 ➲ would + 동사원형

해석 파울로는 주방에 들어가 엄마가 만들고 있는 케이크를 조금 먹을 수 있는지 물어봤다. 엄마는 케이크가 아직 완성되지는 않았지만 만약 준비된다 하더라도 케이크는 파티에 쓸 것이기 때문에 조금도 주지 않을 것이라고 말씀하셨다.

해설 가정법 문장에서 if절에 의미상 '~라면'과 같이 현재 사실의 반대를 나타내는 과거 시제 동사(were)가 쓰이는 경우, 주절에는 'would/could/might + 동사원형'의 형태로 된 동사가 짝을 이뤄야 알맞으므로 (b) wouldn't give가 정답이다.

어휘 come into ~로 들어가다, 들어오다 ask A if A에게 ~인지 묻다 finished 완성된, 끝난, 마무리된 even if 설사 ~한다 하더라도

6

정답 (a)

포인트 가정법 과거완료 주절 동사 ➲ would have + p.p.

해석 최근의 한 연구에 따르면 2000년 이후 프랑스 면적에 상당하는 산림이 전 세계에 심어져 온 것으로 나타나 있다. 만일 그 나무들이 심어지지 않았다면, 거의 6기가톤에 달하는 이산화탄소를 흡수하지 못했을 것이다.

해설 빈칸이 속한 문장의 시작 부분을 보면, 조동사 Had와 주어 the trees의 위치가 바뀐 상태이다. 이는 If절에서 If가 생략되면서 과거완료 시제(had p.p.)를 구성하는 조동사 had가 주어와 도치된 구조에 해당된다. 따라서 가정법 과거완료 문장임을 알 수 있으며, If절에 쓰이는 had p.p. 동사와 짝을 이루는 'would/could/might have + p.p.' 형태의 동사가 주절에 쓰여야 알맞으므로 (a) would not have absorbed가 정답이다.

어휘 study 연구, 조사 suggest that ~임을 나타내다 forest 산림, 숲 equivalent to ~에 상당하는, ~와 동등한 plant (식물 등) ~을 심다 since ~ 이후로 nearly 거의 gigaton 기가톤, 10억톤 absorb ~을 흡수하다

CHAPTER 2 조동사

연습문제 01 p.23

1 (a) 2 (a) 3 (c)
4 (b)

1

정답 (a)

포인트 주장/명령/요구/제안 동사 + that + 주어 + (should) + 동사원형

해석 항생제는 흔히 감염에 맞서거나 예방하는 데 도움을 주기 위해 처방된다. 비록 이 약이 매우 안전한 것으로 여겨지기는 하지만, 의사들은 그 효과에 대해 내성이 생기는 것을 피하기 위해 오직 필요한 경우에만 이 약을 복용하도록 권한다.

해설 빈칸은 동사 suggest의 목적어 역할을 하는 that절의 동사 자리이다. suggest와 같이 주장/명령/요구/제안 등을 나타내는 동사의 목적어 역할을 하는 that절에서는 'should + 동사원형' 또는 should를 생략하고 주어와 상관없이 동사원형만 사용하므로 (a) be taken이 정답이다.

어휘 antibiotics 항생제, 항생 물질 prescribe ~을 처방하다 help do ~하는 데 도움이 되다 prevent ~을 예방하다, 막다 infection 감염 although 비록 ~이기는 하지만 be considered + 형용사 ~한 것으로 여겨지다 suggest that ~하도록 권하다, 제안하다 pill 알약 necessary 필요한, 필수인 avoid -ing ~하는 것을 피하다 develop ~을 발전시키다, (병, 문제 등) ~을 생기게 하다 resistance 내성, 저항(력) effectiveness 효과성 take ~을 복용하다, 먹다

2

정답 (a)

포인트 의무를 나타내는 must

해석 낚시는 몬태나 지역 내의 많은 호수와 개울에서 인기가 높다. 하지만 그 주에서 합법적으로 물고기를 잡으려면, 반드시 지역 낚시용품 매장이나 공원 사무소들 중 한 곳에서 허가증을 신청해야 한다.

해설 빈칸이 속한 문장은 합법적으로 물고기를 잡기 위해 해야 하는 일로서 의미상 '반드시 허가증을 신청해야 한다'와 같이 의무적인 일을 나타내야 자연스럽다. 따라서 '반드시 ~해야 하다'라는 뜻으로 의무를 나타낼 때 사용하는 조동사 (a) must가 정답이다.

어휘 popular 인기 있는 stream 개울, 시내 in order to do ~하려면, ~하기 위해 legally 합법적으로 state (행정 구역) 주 apply for ~을 신청하다, ~에 지원하다 permit 허가증 local 지역의, 현지의

3

정답 (c)

포인트 주장/명령/요구/제안 동사 + that + 주어 + (should) + 동사원형

해석 캘리포니아에는 오염을 방지하는 데 도움이 되기 위해 자동차 및 트럭의 배기가스를 테스트하는 엄격한 법이 있다. 이 법은 현재 모든 차량이 2년마다 한 번씩 배기가스 테스트를 통과하도록 요구한다.

해설 빈칸은 동사 require의 목적어 역할을 하는 that절의 동사 자리이다. require와 같이 주장/명령/요구/제안 등을 나타내는 동사의 목적어 역할을 하는 that절에서는 'should + 동사원형' 또는 should를 생략하고 주어와 상관없이 동사원형만 사용하므로 (c) pass가 정답이다.

어휘 strict 엄격한 emission 배기가스, 배출(물) in order to do ~하기 위해 help do ~하는 데 도움이 되다 pollution 오염 currently 현재 require that ~하도록 요구하다 vehicle 차량 every two years 2년마다 한 번씩 pass ~을 통과하다, ~에 합격하다

4

정답 (b)

포인트 가능성을 나타내는 can

해석 서던 프룻 주스 컴퍼니는 첨가제가 함유되어 있지 않은 새로운 천연 주스 제품 라인을 막 출시했다. 인기를 얻고 있는 이 새로운 주스는 대부분의 지역 슈퍼마켓과 식료품점에서 구입할 수 있다.

해설 빈칸이 속한 문장은 의미상 '대부분의 지역 슈퍼마켓과 식료품점에서 구입할 수 있다'와 같이 구입 가능성을 나타내는 뜻이 되어야 자연스러우므로 '~할 수 있다'라는 의미로 객관적 가능성을 말할 때 사용하는 조동사 (b) can이 정답이다.

어휘 launch ~을 출시하다, 공개하다 all-natural 천연의 contain ~을 담고 있다, 포함하다 additive (명) 첨가제 popular 인기 있는 purchase ~을 구입하다 local 지역의, 현지의 grocery store 식료품점

연습문제 02 p.24

1 (c) 2 (d) 3 (c)
4 (d) 5 (b)

1

정답 (c)

포인트 제안/권고를 나타내는 should

해석 대부분의 러닝화는 달리는 사람의 무게 및 달리는 방식에 따라 300~400마일 정도까지 유지될 수 있다. 350마일이 지나면, 대부분의 러너들은 부상을 피하기 위해 새로운 러닝화 구입을 고려해 봐야 한다.

해설 빈칸이 속한 문장은 의미상 '부상을 피하기 위해 새로운 러닝화 구입을 고려해 봐야 한다'와 같이 부상을 피하기 위한 방법에 대해 조언하는 의미가 되어야 자연스러우므로 '~해야 하다'라는 의미로 충고 또는 조언을 나타낼 때 사용하는 조동사 (c) should가 정답이다.

어휘 last (동) 유지되다, 지속되다 between A and B A와 B 사이에 depending on ~에 따라 weight 무게 consider -ing ~하는 것을 고려하다 avoid ~을 피하다 injury 부상

2

정답 (d)

포인트 주장/명령/요구/제안 동사 + that + 주어 + (should) + 동사원형

해석 지역 내 한 의류 매장에서 강도 사건이 발생되자, 경찰은 이 사건과 관련해 매장 책임자를 심문했다. 이 책임자는 경찰이 길 건너편에 있는 CCTV 카메라를 확인해 봐야 한다고 주장했다.

해설 빈칸은 동사 insisted의 목적어 역할을 하는 that절의 동사 자리이다. insist와 같이 주장/명령/요구/제안 등을 나타내는 동사의 목적어 역할을 하는 that절에서는 'should + 동사원형' 또는 should를 생략하고 주어와 상관없이 동사원형만 사용하므로 (d) check이 정답이다.

어휘 robbery 강도 (사건) local 지역의, 현지의 clothing 의류 question (동) ~을 심문하다, ~에게 질문하다 incident 사건 insist that ~라고 주장하다

3

정답 (c)

포인트 주장/명령/요구/제안 동사 + that + 주어 + (should) + 동사원형

해석 시청에서 열린 토론회에서, 주민들은 올해의 공원 및 유락 시설 관리 예산 활용 방법을 논의하고 있었다. 한 주민은 시에서 반려견 전용 공원에 그 돈을 지출해야 한다고 제안했다.

해설 빈칸은 동사 proposed의 목적어 역할을 하는 that절의 동사 자리이다. propose와 같이 주장/명령/요구/제안 등을 나타내는 동사의 목적어 역할을 하는 that절에서는 'should + 동사원형' 또는 should를 생략하고 주어와 상관없이 동사원형만 사용하므로 (c) spend가 정답이다.

어휘 resident 주민 discuss ~을 논의하다, 이야기하다 how to do ~하는 방법 parks and recreation 공원 및 유락 시설 (관리) budget 예산 propose that ~라고 제안하다

4

정답 (d)

포인트 미래의 예정을 나타내는 will

해석 가족 동반 휴가로, 리차드슨 씨 가족은 스페인의 주요 도시 두 곳을 모두 방문할 예정이다. 바르셀로나에 있는 해변에서 며칠을 보낸 후, 그들은 여행의 나머지 절반을 보내기 위해 마드리드로 향할 것이다.

해설 첫 문장은 미래의 계획이나 일정 등을 나타내는 'be going to ~'와 함께 미래 시점에 방문할 곳을 말하고 있다. 따라서 빈칸이 속한 문장은 의미상 '바르셀로나에서 며칠 보낸 다음, 마드리드로 향할 것이다'와 같은 뜻이 되어야 알맞으므로 '~할 것이다'라는 뜻으로 미래의 예정을 나타낼 때 사용하는 조동사 (d) will이 정답이다.

어휘 be going to do ~할 예정이다, ~할 생각이다 both 둘 모두 spend ~의 시간을 보내다, 소비하다 head to ~로 향하다, 가다

5

정답 (b)

포인트 주장/명령/요구/제안 동사 + that + 주어 + (should) + 동사원형

해석 미국과 멕시코는 국경 근처의 물을 공유하도록 멕시코에 요구하는 수자원 공유 협정을 맺은 상태이다. 하지만, 최근 멕시코 북부 지역에 가뭄이 발생하자, 지역 사람들은 멕시코가 그 협정을 종료해야 한다고 요구하고 있다.

해설 빈칸은 동사 are requesting의 목적어 역할을 하는 that절의 동사 자리이다. request와 같이 주장/명령/요구/제안 등을 나타내는 동사의 목적어 역할을 하는 that절에서는 'should + 동사원형' 또는 should를 생략하고 주어와 상관없이 동사원형만 사용하므로 (b) end가 정답이다.

어휘 water-sharing 물을 공유하는 agreement 협정(서), 합의(서) require A to do A에게 ~하도록 요구하다 share ~을 공유하다 near ~ 근처에 border 국경, 경계(선) however 하지만, 그러나 recent 최근의 drought 가뭄 local 지역의, 현지의 request that ~라고 요구하다

연습문제 03 p.25

1 (b) 2 (c) 3 (a)
4 (a)

1

정답 (b)

포인트 주장/명령/요구/제안 동사 + that + 주어 + (should) + 동사원형

해석 로렌은 올해 고등학교를 졸업할 것이기 때문에 대학 입학 지원을 하기 시작했다. 로렌의 어머니께서는 입학 허가를 받을 가능성을 높이기 위해 가능한 한 많은 학교에 지원하도록 권하셨다.

해설 빈칸은 동사 recommended의 목적어 역할을 하는 that절의 동사 자리이다. recommend와 같이 주장/명령/요구/제안 등을 나타내는 동사의 목적어 역할을 하는 that절에서는 'should + 동사원형' 또는 should를 생략하고 주어와 상관없이 동사원형만 사용하므로 (b) apply가 정답이다.

어휘 graduate from ~을 졸업하다 apply for ~에 지원하다, ~을 신청하다 recommend that ~하도록 권하다, 추천하다 as many A as possible 가능한 한 많은 A in order to do ~하기 위해 increase ~을 높이다, 증가시키다 chance 가능성, 기회 get accepted 입학 허가를 받다

2

정답 (c)

포인트 능력을 나타내는 can

해석 박쥐는 매우 특이하고 놀라운 동물이다. 다른 동물들과 달리, 박쥐는 이동하는 데 있어 시력에 의존하지 않는다. 반향 위치 측정 방식으로, 박쥐는 주변 지역의 위치를 파악하기 위해 음파를 이용할 수 있다.

해설 빈칸이 속한 문장은 의미상 '주변 지역의 위치를 파악하기 위해 음파를 이용할 수 있다'와 같이 박쥐의 능력을 말하는 내용이 되어야 자연스러우므로 '~할 수 있다'와 같은 의미로 능력을 나타낼 때 사용하는 조동사 (c) can이 정답이다.

어휘 unusual 특이한, 흔치 않은 amazing 놀라운 unlike ~와 달리 rely on ~에 의존하다 sight 시력, 시야 move around 여기저기 돌아다니다 echolocation 반향 위치 측정 navigate ~의 위치를 찾다

3

정답 (a)

포인트 의무/필수 형용사 + that + 주어 + (should) + 동사원형

해석 해리는 최근 허리 쪽에 계속 통증을 느끼고 있어서, 의사에게 진찰받으러 갔다. 엑스레이 검사를 마친 후, 그 의사는 어떤 심각한 척추 문제가 있는지 확인할 수 있도록 전문의의 진찰을 받는 것이 매우 중요하다고 말했다.

해설 빈칸은 가주어 it 뒤에 위치하는 진주어 that절의 동사 자리이다. that 앞에 위치한 vital과 같이 의무/필수의 의미를 갖는 형용사 보어가 쓰인 'It ~ that' 가주어/진주어 문장에서 that절의 동사로 'should + 동사원형' 또는 should를 생략하고 주어와 상관없이 동사원형만 사용하므로 (a) see가 정답이다.

어휘 feel pain 통증을 느끼다 lower back 허리 lately 최근에 tell A (that) A에게 ~라고 말하다 it is vital that ~하는 것이 매우 중요하다 specialist 전문의, 전문가 check for A A가 있는지 확인하다 spinal 척추의 issue 문제, 사안

4

정답 (a)

포인트 추측/가능성을 나타내는 may

해석 런던의 시간은 뉴욕의 시간보다 다섯 시간 앞선다. 런던에 사는 사람들이 뉴욕을 방문할 때, 그 시차로 인해 비행 후에 시차증 및 피로감을 겪을 수 있다.

해설 빈칸이 속한 문장은 의미상 '시차로 인해 비행 후에 시차증 및 피로감을 겪을 수 있다'와 같은 뜻이 되어야 자연스러우므로 '(아마) ~할 수 있다, ~일 것이다'라는 뜻으로 가능성이나 추측 등을 나타낼 때 사용하는 조동사 (a) may가 정답이다.

어휘 ahead of ~보다 앞선 suffer from (고통, 질병 등) ~을 겪다, ~로 고생하다 jetlag 시차증 (표준 시간대가 다른 곳으로 가는 장거리 여행 시 발생하는 증상) tiredness 피로(감) due to ~로 인해, ~ 때문에 time difference 시차

연습문제 04 p.26

1 (b)	2 (d)	3 (c)
4 (b)	5 (a)	

1

정답 (b)

포인트 미래의 예상을 나타내는 will

해석 어젯밤에 산책을 하는 동안, 델라니와 에이던은 자신들의 아파트 근처에 새 피자 레스토랑이 지어지고 있다는 사실을 알게 되었다. 그 지역에 준수한 피자 식당이 없기 때문에 이들은 이 새로운 식당이 문을 열면 꼭 확인해 볼 것이다.

해설 when이 이끄는 시간 부사절에 현재 시제 동사(opens)가 쓰이면 실제로는 미래의 의미를 갖게 되며, 빈칸 뒤의 definitely(분명히, 확실히)는 '확실성'을 의미하므로, 확실한 미래를 나타낼 때 사용하는 조동사 (b) will이 정답이다.

어휘 take a walk 산책하다, 걷다 notice that ~임을 알게 되다, 알아차리다 near ~ 근처에 decent 준수한, 꽤 괜찮은 neighborhood 지역, 인근 definitely 꼭, 분명히, 확실히 check out ~을 확인해 보다

2

정답 (d)

포인트 주장/명령/요구/제안 동사 + that + 주어 + (should) + 동사원형

해석 프랑코는 최근 한 대형 배송회사에 회계 담당 직원으로 고용되었다. 소속 부서장은 프랑코에게 보고 형식에 익숙해질 수 있도록 이전의 보고서들을 살펴보라고 권해 주었다.

해설 빈칸은 동사 advised의 목적어 역할을 하는 that절의 동사 자리이다. advise와 같이 주장/명령/요구/제안 등을 나타내는 동사의 목적어 역할을 하는 that절에서는 'should + 동사원형' 또는 should를 생략하고 주어와 상관없이 동사원형만 사용하므로 (d) review가 정답이다.

어휘 recently 최근에 hire ~을 고용하다 accountant 회계 담당 직원, 회계사 department 부, 부서 advise that ~하도록 권하다, 조언하다 previous 이전의, 과거의 in order to do ~할 수 있게, ~하기 위해 familiar with ~에 익숙한, ~을 잘 아는 format 형식, 구성 방식

3

정답 (c)

포인트 과거에 대한 추측을 나타내는 might have + p.p.

해석 오늘 퇴근하고 내 차가 있는 곳으로 걸어 나갔을 때, 앞쪽 타이어들 중의 하나가 펑크가 난 것을 알게 되었다. 나는 오늘 아침 통근 중에 못이나 유리 조각을 밟고 지나갔을지도 모른다고 생각하고 있다.

해설 첫 문장에서 과거 시제 동사 noticed와 함께 타이어 공기가 빠진 사실을 알아차린 시점이 과거임을 나타내고 있다. 따라서 빈칸이 속한 절은 의미상 '못이나 유리 조각을 밟고 지나갔을지도 모른다'와 같은 뜻으로 과거의 일에 대한 불확실한 추측을 나타내야 자연스러우므로 have p.p. 동사와 함께 '~했을지도 모르다' 라는 의미를 구성할 때 사용하는 조동사 (c) might이 정답이다.

어휘 after work 퇴근 후에 notice that ~임을 알게 되다, 알아차리다 flat (타이어의) 공기가 빠진, 펑크가 난 might have p.p. ~했을지도 모르다, ~했을 수도 있다 run over (자동차가) ~ 밟고 지나서 달리다, ~을 치고 가다 nail 못 commute 통근 could have p.p. ~할 수 있었을 것이다

4

정답 (b)

포인트 주장/명령/요구/제안 동사 + that + 주어 + (should) + 동사원형

해석 기차역 내의 공지 방송에서 산티아고로 가는 6시 기차가 취소될 것이라고 말했다. 루시아는 불만을 제기하기 위해 매표 창구로 갔는데, 그곳 안내 직원은 고객 서비스 데스크로 가서 승차권을 환불 받도록 요청했다.

해설 빈칸은 동사 asked의 목적어 역할을 하는 that절의 동사 자리이다. ask와 같이 주장/명령/요구/제안 등을 나타내는 동사의 목적어 역할을 하는 that절에서는 'should + 동사원형' 또는 should를 생략하고 주어와 상관없이 동사원형만 사용하므로 (b) go가 정답이다.

어휘 announcement 공지, 안내, 발표 cancel ~을 취소하다 complain 불만을 제기하다, 불평하다 attendant 안내원, 종업원 ask that ~하도록 요청하다 refund ~에 대해 환불 받다

5

정답 (a)

포인트 주장/명령/요구/제안 동사 + that + 주어 + (should) + 동사원형

해석 자신의 전화기 소프트웨어를 최신 버전으로 업데이트한 뒤로, 앤서니는 음악 앱을 열 수 없었다. 앤서니가 온라인에서 해결책을 확인했을 때, 한 사용자는 그 앱을 삭제했다가 다시 다운로드할 것을 제안했다.

해설 빈칸은 동사 suggested의 목적어 역할을 하는 that절의 동사 자리이다. suggest와 같이 주장/명령/요구/제안 등을 나타내는 동사의 목적어 역할을 하는 that절에서는 'should + 동사원형' 또는 should를 생략하고 주어와 상관없이 동사원형만 사용하므로 (a) delete가 정답이다.

어휘 latest 최신의 solution 해결책 suggest that ~하도록 권하다, 제안하다 delete ~을 삭제하다, 제거하다

연습문제 05

p.27

1 (c) 2 (a) 3 (d)
4 (b)

1

정답 (c)

포인트 제안/권고를 나타내는 should

해석 두바이 국제공항은 전 세계에서 가장 분주한 공항들 중 한 곳이다. 비행기를 타고 그 공항을 오고 갈 계획이 있는 모든 승객들은 제때 항공편에 탑승할 수 있도록 최소 세 시간 전에 도착할 계획을 세워야 한다.

해설 빈칸이 속한 문장은 의미상 '제때 탑승할 수 있도록 최소 세 시간 전에 도착할 계획을 세워야 한다'와 같이 분주함에 대비한 조언의 내용을 전달하고 있으므로 '(마땅히) ~해야 하다'라는 의미로 조언 또는 당연함을 나타낼 때 사용하는 조동사 (c) should가 정답이다.

어휘 passenger 승객 intend ~할 계획이다 plan on -ing ~할 계획을 세우다 arrive 도착하다 at least 최소한, 적어도 get to ~에 도착하다, ~에 가다 on time 제때

2

정답 (a)

포인트 주장/명령/요구/제안 동사 + that + 주어 + (should) + 동사원형

해석 기말고사가 있던 날, 토비는 고열이 있는 상태로 잠에서 깼기 때문에, 어떻게 해야 할지 여쭤 보기 위해 교수님께 연락 드렸다. 교수님께서는 토비에게 화요일 저녁에 있을 재시험을 치러야 한다고 지시하셨다.

해설 빈칸은 동사 instructed의 목적어 역할을 하는 that절의 동사 자리이다. instruct와 같이 주장/명령/요구/제안 등을 나타내는 동사의 목적어 역할을 하는 that절에서는 'should + 동사원형' 또는 should를 생략하고 주어와 상관없이 동사원형만 사용하므로 (a) take가 정답이다.

어휘 fever 열, 열병 contact ~에게 연락하다 what to do 무엇을 ~할지 instruct that ~하라는 말을 전하다, ~하도록 지시하다 make-up exam 재시험, 추가 시험 hold (행사 등) ~을 열다, 개최하다

3

정답 (d)

포인트 과거의 습관을 나타내는 would

해석 난 전에 키우던 개 데이지가 정말로 그립다. 데이지는 나와 내 남동생을 아주 좋아해서 우리를 보면 항상 너무 신이 났었다. 내가 학교를 마치고 집에 올 때마다, 앞마당으로 달려 나와 높이 뛰어오르면서 나를 맞이하곤 했다.

해설 빈칸이 속한 문장은 의미상 '집에 올 때마다, 앞마당으로 달려 나와 높이 뛰어오르면서 나를 맞이하곤 했다'와 같이 데이지라는 개가 과거에 습관적으로 했던 행동을 나타내고 있으므로 '~하곤 했다'라는 의미로 과거의 습관을 표현하는 조동사 (d) would가 정답이다.

어휘 miss ~을 그리워하다 whenever ~할 때마다, ~할 때는 언제든 run out 달려 나오다, 달려 나가다 greet ~을 맞이하다

4

정답 (b)

포인트 의무/필수 형용사 + that + 주어 + (should) + 동사원형

해석 대부분의 현대적인 전기 자동차는 배터리가 다 닳기 전에 최대 250마일까지 주행할 수 있다. 200마일이 넘는 여행을 위해서는, 안전하게 목적지에 도착할 수 있도록 배터리를 완전히 충전하는 것이 중요하다.

해설 빈칸은 가주어 it 뒤에 위치하는 진주어 that절의 동사 자리이다. that 앞에 위치한 important와 같이 의무/필수의 의미를 갖는 형용사 보어가 쓰인 'It ~ that' 가주어/진주어 문장에서 that절의 동사로 'should + 동사원형' 또는 should를 생략하고 주어와 상관없이 동사원형만 사용하므로 (b) be charged가 정답이다.

어휘 up to 최대 (~까지) run out 다 닳다, 다 쓰다, 다 떨어지다 over ~을 넘는 completely 완전히, 전적으로 in order to do ~할 수 있도록, ~하기 위해 arrive 도착하다 destination 목적지, 도착지 charge ~을 충전하다

CHAPTER 3 시제

연습문제 01 p.29

1 (b)	2 (a)	3 (d)
4 (b)	5 (a)	6 (b)

1

정답 (b)

포인트 주어 + ________ when + 주어 + 과거 동사
○ 과거진행 시제 정답

해석 마르코는 아내가 앞문을 통해 들어오는 소리를 듣지 못했다. 아내가 들어와 거실 전등을 켰을 때 그는 침실에서 TV를 시청하던 중이었다.

해설 빈칸 뒤에 위치한 when절의 내용은 과거 시제 동사 came 및 turned와 함께 과거 시점에 발생된 일임을 나타내고 있다. 따라서 의미상 '아내가 전등을 켰을 때 TV를 시청하고 있었다'와 같이 특정 과거 시점에 진행 중이던 일을 나타내야 알맞으므로 과거진행 시제인 (B) was watching이 정답이다.

어휘 hear A do A가 ~하는 것을 듣다 through ~을 통해, 통과해 turn on ~을 켜다, 틀다

2

정답 (a)

포인트 'for + 기간'과 'before + 주어 + 과거 동사'
○ 과거완료진행 시제 정답

해석 클로에 신은 전 세계에서 가장 유명한 바이올린 연주자들 중의 한 명이며, 최근 뉴욕 필하모닉 오케스트라에 입단했다. 그녀는 미국으로 이주하기 전 15년 넘게 아시아에서 전문적으로 연주했었다.

해설 빈칸 뒤의 before절에 과거 동사 moved가 쓰여 있어 의미상 '미국으로 이주하기 전에 15년 넘게 아시아에서 연주했다'와 같이 특정 과거 시점보다 더 이전의 과거에 지속되던 일을 나타내고 있다. 이와 같은 상황을 표현하는 것은 과거완료진행 시제이므로 (a) had been playing이 정답이다.

어휘 renowned 유명한 recently 최근에 join ~에 합류하다, 가입하다 professionally 전문적으로 over ~ 넘게

3

정답 (d)

포인트 for + 기간 ○ 현재완료진행 시제 정답

해석 오하이오 교육부는 시커모어 고등학교 교장인 매더슨 씨에게 평생 공로상을 수여했다. 그는 현재 25년 넘게 교육계에 종사해 오고 있으며, 셀 수 없이 많은 학생들에게 목표를 달성하도록 도움을 주었다.

해설 기간의 의미를 담은 전치사구 for more than 25 years now와 함께 어울려 '지금껏 25년 넘게 계속 교육계에 종사해 오고 있다'와 같이 과거에서 현재까지 지속되어 온 일을 나타내는 것은 현재완료진행 시제이므로 (d) has been working이 정답이다.

어휘 lifetime achievement award 평생 공로상 principal 교장 more than ~ 넘게 help A do A에게 ~하도록 도움을 주다 achieve ~을 달성하다, 이루다

4

정답 (b)

포인트 now ○ 현재진행 시제 정답

해석 제이슨은 자신이 맡아 진행 중인 마케팅 프로젝트와 관련된 그래프 및 정보를 담은 슬라이드를 편집하느라 바쁘다. 그는 지금 내일 있을 팀 회의 중에 부서장들에게 발표할 자료를 만드는 중이다.

해설 보기에 포함된 부사인 now와 어울려 '지금 발표 자료를 만드는 중이다'와 같이 현재 진행 중인 일을 나타내야 알맞으므로 현재진행 시제인 (b) is now making이 정답이다.

어휘 be busy -ing ~하느라 바쁘다 edit ~을 편집하다 related to ~와 관련된 work on ~을 맡아 진행하다, ~에 대한 작업을 하다 give a presentation 발표하다 during ~ 중에, ~ 동안

5

정답 (a)

포인트 'by + 미래 시점'과 'for + 기간'
○ 미래완료진행 시제 정답

해석 켄우드 주스회사는 새 병입 공장이 브리스톨에 지어진다고 발표했다. 2030년쯤이면, 이 회사는 잉글랜드에서 50년 동안 주스를 제조하게 될 것이다.

해설 빈칸 앞에 미래의 기준 시점을 나타내는 By 전치사구가 쓰여 있어 의미상 '2030년쯤이면 50년 동안 계속 주스를 제조하게 될 것이다'와 같이 진행 중인 일이 미래의 특정 시점까지 지속되는 것을 나타내는 시제가 와야 알맞다. 이러한 의미는 미래완료진행 시제로 표현하므로 (a) will have been making이 정답이다.

어휘 announce that ~라고 발표하다, 공지하다 bottling 병입 (술, 음료 등을 병에 담는 공정) by ~쯤이면, (기한) ~까지

6

정답 (b)

포인트 When + 주어 + 현재 동사, 주어 + ________
◐ 미래진행 시제 정답

해석 주차장에서 곧 있을 공사와 관련된 이메일이 모든 직원에게 발송되었다. 그 이메일에는 내일 사무실에 도착하면 공사 인부들이 도로 또는 옆 건물 주차장 중 한 곳에 주차하도록 모든 사람에게 안내할 것이라고 쓰여 있었다.

해설 빈칸 앞에 위치한 when절에 미래 시점 표현 tomorrow와 함께 내일 있을 일을 나타내고 있다. 따라서 미래의 내용을 나타내는 when절과 자연스럽게 연결되려면 의미상 '공사 인부들이 안내할 것이다'와 같이 미래 시점에 진행될 일을 나타내야 알맞으므로 미래진행 시제인 (b) will be directing이 정답이다.

어휘 regarding ~와 관련된 upcoming 곧 있을, 다가오는 construction 공사, 건설 parking lot 주차장(= lot) say that (문서 등에) ~라고 쓰여 있다, 나와 있다 arrive 도착하다 park 주차하다 either A or B A 또는 B 둘 중의 하나 direct (A to do) (A에게 ~하도록) 안내하다, 지시하다

연습문제 02

p.30

1 (d)	2 (c)	3 (c)
4 (b)	5 (a)	6 (d)

1

정답 (d)

포인트 'for + 기간'과 'until + 주어 + 과거 동사'
◐ 과거완료진행 시제 정답

해석 캐리는 지난주에 선임 프로젝트 팀장으로 승진된 후 뛸 듯이 기뻤다. 그녀는 새로운 직책이 마침내 자리가 나기까지 6년 동안 소속 부서에서 계속 근무했다.

해설 until이 이끄는 절의 동사가 과거(became)인데, 이보다 이전에 특정 기간 동안(for six years) 진행된 행위는 의미상 과거완료진행에 해당하므로 (d) had been working이 정답이다.

어휘 overjoyed 뛸 듯이 기쁜, 대단히 기쁜 get promoted to ~로 승진되다 department 부서 until (지속) ~할 때까지 position 직책, 일자리 finally 마침내, 결국 become + 형용사 ~하게 되다 available 이용 가능한

2

정답 (c)

포인트 tomorrow ◐ 미래진행 시제 정답

해석 집에 돌아왔을 때, 써니는 자신의 아파트 출입문에 메모 하나가 붙어 있는 것을 알게 되었다. 그 메모에는 수도가 내일 오후 2시부터 3시까지 단수될 것이라고 쓰여 있었다. 작업자들이 아파트에 새로운 파이프를 설치하고 배관 시설을 업그레이드할 예정이다.

해설 빈칸 앞 문장에 미래를 나타내는 부사인 tomorrow와 함께 '내일 단수될 것이다'라는 내용이 있어 의미상 '작업자들이 (내일) 배관 시설을 업그레이드할 것이다'와 같이 미래 시점에 진행될 일을 나타내야 알맞다. 이는 미래진행 시제로 표현하므로 (c) will be installing이 정답이다.

어휘 notice ~을 알게 되다, 알아차리다 taped to ~에 테이프로 붙인 say that (문서 등에) ~라고 쓰여 있다, 나와 있다 shut off ~을 차단하다 plumbing 배관 install ~을 설치하다

3

정답 (c)

포인트 by the time + 주어 + 현재 동사
◐ 미래완료진행 시제 정답

해석 인도의 첫 고속 철도가 뭄바이와 인도의 여러 다른 도시를 연결하기 위해 지어지고 있다. 이 프로젝트가 2028년에 완료될 때쯤이면, 작업자들은 8년 넘게 이 철도 노선을 건설

하게 될 것이다.

해설 by the time이 이끄는 절의 동사 is는 미래 시점을 나타내는데, 의미상 완공될 미래 시점까지 특정 기간 동안(for over eight years) 진행될 행위를 나타내는 것은 미래완료진행 시제이므로 (c) will have been building이 정답이다.

어휘 high-speed rail 고속 철도 build ~을 짓다, 건설하다 connect A to B A와 B를 연결하다 by the time ~할 때쯤이면 complete 완료된 rail 철도, 기차 line 노선 over ~ 넘게

4

정답 (b)

포인트 While + 주어 + ______, 주어 + 과거 동사 ⊙ 과거진행 시제 정답

해석 칼라와 산토스는 칼라의 친척을 방문하기 위해 브라질로 떠나는 휴가를 계획했다. 함께 공항으로 운전해 가던 중에, 산토스가 여권을 잊었다는 사실을 알게 되어 그것을 가지러 급히 집으로 되돌아가야 했다.

해설 빈칸 뒤에 위치한 주절에 과거 동사 realized가 쓰여 있는데 '공항으로 운전해 가던 중에 ~임을 알게 되었다'와 같이 While이 이끄는 절에는 과거 시점에 일시적으로 진행 중이던 일을 나타내야 하므로 과거진행 시제인 (b) were driving이 정답이다.

어휘 plan ~을 계획하다 vacation 휴가 in order to do ~하기 위해 relative n. 친척, 인척 while ~하는 중에, ~하면서 realize (that) ~임을 알게 되다, 깨닫다 forget ~을 잊다 rush back 급히 되돌아가다

5

정답 (a)

포인트 since + 주어 + 과거 동사 ⊙ 현재완료진행 정답

해석 버나드는 항상 자신의 집 근처에 있는 작은 레스토랑에서 클래식 아메리칸 브렉퍼스트를 주문한다. 그는 그 레스토랑의 분위기를 아주 좋아하며, 처음 발견한 이후로 줄곧 주기적으로 그곳에서 아침 식사를 해 오고 있다.

해설 빈칸 뒤에 과거 시제 동사 discovered와 함께 '처음 발견한 이후로'를 뜻하는 since절이 있어 의미상 '처음 발견한 이후로 줄곧 아침 식사를 해 오고 있다'와 같이 과거에서 현재까지 지속되고 있는 일을 나타내야 알맞다. 이러한 의미는 현재완료진행 시제로 표현하므로 (a) has been eating이 정답이다.

어휘 order ~을 주문하다 near ~ 근처에 있는 atmosphere 분위기 regularly 주기적으로, 정기적으로 ever since ~한 이후로 줄곧 discover ~을 발견하다

6

정답 (d)

포인트 currently ⊙ 현재진행 시제 정답

해석 하트 소스 음식 배달 서비스 업체가 지난 2년 동안의 대폭적인 매출 증가 후에 여섯 곳의 새로운 도시로 사업을 확장하고 있다. 현재, 이 회사는 신규 지점에서 배달 서비스를 시작할 자격 있는 기사를 채용하고 있다.

해설 빈칸 앞에 위치한 현재 시점 표현 Currently와 어울려 의미상 '현재 기사를 채용하고 있다'와 같이 현재 일시적으로 진행 중인 일을 나타내야 자연스러운데, 이는 현재진행 시제로 표현하므로 (d) is hiring이 정답이다. 현재 시제인 (a) hires의 경우, 늘 그렇다는 의미를 담고 있어 일시적인 진행의 의미를 나타낼 수 없으므로 오답이다.

어휘 expand into (사업 등) ~로 확장하다, 확대하다 increase in ~의 증가 sales 매출, 판매, 영업 over ~ 동안(에 걸쳐) currently 현재 qualified 자격 있는, 적격인 location 지점, 위치

연습문제 03 p.31

1 (c)	2 (c)	3 (c)
4 (b)	5 (d)	6 (c)

1

정답 (c)

포인트 at the moment ⊙ 현재진행 시제 정답

해석 인터넷이 카페에서 갑자기 작동을 멈췄다. 현재, 고객들이 계속 무료 와이파이를 이용할 수 있도록 점장이 라우터를 재설정하기 위해 노력하고 있는 중이다.

해설 빈칸이 속한 문장 시작 부분에 현재 시간 부사 At the moment(현재)가 쓰여 있어 의미상 '현재 재설정하고 있는 중이다'와 같이 현재 지속 중인 일을 나타내는 현재진행 시제가 필요하므로 (c) is trying이 정답이다.

어휘 suddenly 갑자기 stop -ing ~하는 것을 멈추다 work (기계 등이) 작동하다, 기능하다 at the moment 현재 reset ~을 재설정하다, 다시 맞추다 so that (목적) ~할 수 있도록 continue -ing 계속 ~하다 free 무료의

2

정답 (c)

포인트 for + 기간 ⊙ 현재완료진행 시제 정답

해석 니코는 장거리 트럭 운전기사이며, 텍사스에서 캘리포니아까지 이어지는 경로에서 10시간 연속으로 계속 운전해 오고 있는 중이다. 다행스럽게도, 몇 시간 잠을 잘 수 있는

편리한 휴식 공간을 고속도로 바로 옆에서 막 발견했다.

해설 빈칸의 동사는 기간 전치사구 for 10 hours straight과 어울려 '10시간 연속으로 계속 운전해 오고 있다'와 같이 과거에서 현재까지 지속되어 온 일을 나타내야 한다. 따라서 이러한 의미를 나타낼 때 사용하는 현재완료진행 시제 (c) has been driving이 정답이다.

어휘 long-distance 장거리의 straight 연속으로 route 경로 thankfully 다행스럽게도, 고맙게도 convenient 편리한 right off ~에서 바로 벗어난 (위치에) highway 고속도로

3

정답 (c)

포인트 'for + 기간'과 'before + 주어 + 과거 동사'
➲ 과거완료진행 시제 정답

해석 파나마 운하는 선박이 중앙아메리카를 관통해 통과하는 것을 돕기 위해 1914년에 건설되었다. 이 운하가 지어지기 전에는, 대부분의 선박이 남미 대륙을 빙 둘러 이동하기 위해 거의 두 달 동안 항해했다.

해설 빈칸 앞에 과거 시제 동사 was built와 함께 '지어지기 전에'를 뜻하는 Before절이 쓰여 있다. 따라서 의미상 '지어지기 전에는, 거의 두 달 동안 항해했다'와 같이 was built가 나타내는 과거 시점보다 더 이전의 과거에 지속된 일을 나타내야 하므로 이러한 의미를 나타낼 수 있는 과거완료진행 시제 (c) had been sailing이 정답이다.

어휘 construct ~을 건설하다, 짓다(= build) help A do ~하도록 A를 돕다 pass 통과하다, 지나가다 through ~을 관통해, 통해서 nearly 거의 get around ~을 빙 둘러서 가다 continent 대륙 sail 항해하다

4

정답 (b)

포인트 주어 + _______ when + 주어 + 현재 동사
➲ 미래진행 시제 정답

해석 다음 주 월요일에 얼마든지 잭슨 씨 진료실로 곧장 가셔서 귀하의 예약 시간을 위해 대기하셔도 좋습니다. 그곳으로 가시면 아마 다른 환자분과 얘기 나누시는 중이겠지만, 대기하실 수 있는 의자가 진료실 바깥쪽에 있습니다.

해설 도착하는(get) 미래 시점에 '다른 환자와 얘기 중일 것이다'라는 내용이므로 특정 미래 시점에 진행될 일을 나타내는 미래진행 시제 (b) will probably be talking이 정답이다. 시간 부사절 접속사 when이 이끄는 절의 현재 시제는 미래 시제의 의미를 갖는다는 점에 유의한다.

어휘 feel free to do 얼마든지 ~하세요 directly 곧장, 직접적으로 appointment 예약, 약속 patient 환자 get there 그곳에 가다, 거기에 도착하다 outside of ~ 바깥쪽에 probably 아마

5

정답 (d)

포인트 'by + 미래 시점'과 'for + 기간'
➲ 미래완료진행 시제 정답

해석 캐슬러 스틸은 보스턴 지역에서 가장 오래된 제조 공장들 중의 한 곳이다. 내년에, 이 회사는 캠브리지에 공장을 하나 더 지을 것이다. 그때쯤이면, 이 회사는 85년 넘게 계속 운영되고 있을 것이다.

해설 빈칸 앞에 위치한 By then은 앞 문장에 언급된 미래 시점 Next year를 가리킨다. 따라서 의미상 '그때쯤이면(내년쯤이면), 85년 넘게 계속 운영되고 있을 것이다'와 같이 현재 진행 중인 일이 미래의 특정 시점까지 지속되는 것을 나타내야 하며, 이는 미래완료진행 시제로 표현하므로 (d) will have been operating이 정답이다.

어휘 manufacturing 제조 plant 공장 additional 추가적인 by then (앞서 언급된 시점에 대해) 그때쯤이면 over ~ 넘게 operate 운영되다, 가동되다, 작동되다

6

정답 (c)

포인트 주어 + _______ when + 주어 + 과거 동사
➲ 과거진행 시제 정답

해석 레미는 토요일에 판매에 돌입한 한정판 운동화를 정말로 갖고 싶어 했다. 안타깝게도, 점장이 그 신발이 완전히 품절되었다고 알렸을 때 그는 줄 서서 기다리고 있었다.

해설 빈칸 뒤에 위치한 when절에 과거 시제 동사 announced가 쓰여 있는 것으로 보아 '점장이 알렸을 때 줄을 서고 있었다'와 같은 의미로 과거의 특정 시점에 일시적으로 진행 중이던 일을 나타내야 알맞으므로 과거진행 시제인 (c) was standing이 정답이다.

어휘 limited-edition 한정판의 go on sale 판매에 돌입하다 unfortunately 안타깝게도, 아쉽게도 in line 줄 서서 announce that ~라고 알리다, 공지하다 completely 완전히, 전적으로 sold out 품절된, 매진된

연습문제 04 p.32

1 (b)	2 (d)	3 (b)
4 (a)	5 (a)	6 (c)

1

정답 (b)

포인트 'by + 미래 시점'과 'for + 기간'
➲ 미래완료진행 시제 정답

해석 국제 우주 정거장의 첫 번째 모듈이 1998년에 우주로 발사되었다. 20년이 넘었음에도 불구하고, 이 정거장은 여전히 작동이 잘 된다. 2028년쯤이면, 30년 동안 지구의 궤도를 돌게 될 것이다.

해설 빈칸 앞에 위치한 미래 시점 표현 By 2028과 함께 '2028년쯤이면, 30년 동안 지구의 궤도를 돌게 될 것이다'와 같이 현재 진행 중인 일이 특정 미래 시점까지 지속되는 것을 나타내야 자연스럽다. 이러한 의미는 미래완료진행 시제로 표현하므로 (c) will have been orbiting이 정답이다.

어휘 module 모듈(독립 기능을 하는 작은 우주선) launch (우주선 등) ~을 발사하다, (제품 등) ~을 출시하다, (일 등) ~을 시작하다 despite ~에도 불구하고 over ~을 넘는 quite 꽤, 상당히 active 활동적인 by ~쯤이면, (기한) ~까지 orbit ~의 궤도를 돌다

2

정답 (d)

포인트 해당 문장에 정답의 단서가 되는 명확한 시간 표현이 없는 경우 해석으로 풀이

해석 한 지역 신문 기자가 오늘 오후에 여행객들이 나올 때 도착 출구 앞에 있을 것이다. 그녀는 새롭게 개조된 공항을 이용해 본 경험과 관련해 사람들을 인터뷰할 것이다.

해설 빈칸 앞 문장에 미래 시제 동사 will be와 함께 '여행객들이 나올 때 도착 출구 앞에 있을 것이다'라는 말이 쓰여 있다. 따라서 의미상 인터뷰하는 시점은 미래 시점이 되어야 알맞으므로 미래진행 시제인 (d) will be interviewing이 정답이다.

어휘 local 지역의, 현지의 in front of ~ 앞에 arrivals gate 도착 출구 come through (통과해서) 나오다 experience 경험 renovate 개조된, 보수된

3

정답 (b)

포인트 since + 과거 시점 ⊙ 현재완료진행 시제 정답

해석 청소년 올림픽 수영 대표팀 선수 선발이 다음 달에 열릴 것이다. 후안은 올해 대표팀에 합류할 수 있기를 바라고 있다. 그는 지난 3월 이후로 거의 매일 수영장에서 계속 훈련해 오고 있다.

해설 빈칸이 속한 문장에 '지난 3월 이후로'를 뜻하는 since 전치사구가 쓰여 있어 의미상 '3월 이후로 계속 훈련해 오고 있다'와 같이 특정 과거 시점에서 현재까지 지속 중인 일을 나타내야 자연스럽다. 이는 현재완료진행 시제로 표현하므로 (b) has been training이 정답이다.

어휘 tryout (선수 등의) 선발 (테스트) take place (일, 행사 등이) 발생되다, 개최되다 be able to do ~할 수 있다 join ~에 합류하다 since ~ 이후로 train 훈련하다

4

정답 (a)

포인트 주어 + 과거 동사 while + 주어 + ______
⊙ 과거진행 시제 정답

해석 토요일 오후 시간이었기 때문에 매장에 길게 늘어선 줄이 있었다. 시간을 때우기 위해 나는 카운터에서 계산하고 나가기를 기다리는 동안 전화기로 이메일을 확인했다.

해설 while은 '~하는 중에, ~하는 동안'의 의미로 해당 절의 내용은 주절의 동사와 같은 시점에 일시적으로 진행되고 있었던 행위를 나타내야 한다. 따라서 과거 시제로 쓰인 주절의 동사 checked와 같은 과거 시점에 진행되고 있던 일을 나타내는 과거진행 시제 (a) was waiting이 정답이다.

어휘 pass the time 시간을 때우다 while ~하는 동안, ~하면서 check out 계산하고 나가다

5

정답 (a)

포인트 'for + 기간'과 'before + 과거 시점'
⊙ 과거완료진행 시제 정답

해석 신디 하퍼는 최근 도시 기획 이사회의 일원으로 선출되었다. 그 전에는, 10년 동안 시에서 토목 기사로 일했었다. 대규모 사회 기반 시설 프로젝트에 대한 경험이 그녀를 선출하도록 투표자들에게 확신을 주는 데 도움이 되었다.

해설 빈칸 앞에 위치한 Before that은 앞 문장에서 과거 시점에 이사회의 일원으로 선출된(was elected) 일을 가리킨다. 따라서 의미상 '그 전에(선출되기 전에), 10년 동안 토목 기사로 일했었다'와 같이 특정 과거 시점보다 더 이전의 과거에 지속된 일을 나타내야 알맞다. 이는 과거완료 시제로 표현하므로 (a) had been working이 정답이다.

어휘 recently 최근에 elect ~을 선출하다 city planning 도시 기획 board 이사회, 위원회 civil engineer 토목 기사 infrastructure 사회 기반 시설 help do ~하는 데 도움이 되다 convince ~에게 확신을 주다, ~을 납득시키다 voter 투표자, 유권자

6

정답 (c)

포인트 right now ⊙ 현재진행 시제 정답

해석 대부분의 아이들이 방과 후에 공원으로 갔다. 지금은, 아이들이 연못 근처에 있는 코트에서 농구를 하고 있는 것 같다. 농구는 최근 학교에서 가장 인기 있는 스포츠가 되었다.

해설 빈칸 앞에 현재 시점 표현 Right now가 쓰여 있어 의미상 '지금은, 아이들이 농구를 하고 있는 중이다'와 같이 현재 일시적으로 진행 중인 일을 나타내야 알맞으므로 현재

진행 시제인 (c) are playing이 정답이다.

어휘 right now 지금 (바로), 당장 near ~ 근처의 pond 연못 popular 인기 있는 recently 최근에

연습문제 05 p.33

1 (b)	2 (d)	3 (b)
4 (c)	5 (a)	6 (a)

1

정답 (b)

포인트 해당 문장에 정답의 단서가 되는 명확한 시간 표현이 없는 경우 해석으로 풀이

해석 레나는 영업부로 전근되었다. 그녀의 이전 직책을 충원하기 위해 현재 면접이 진행되고 있지만, 좋은 지원자는 한 명도 없었다. 면접 과정이 끝날 때쯤 그녀는 아마 새로운 직책에서 근무를 시작하게 될 것이다.

해설 빈칸이 속한 문장에 쓰인 by the end of the interview process는 현재 진행 중인 면접 과정이 끝나는 미래 시점을 나타낸다. 따라서 의미상 '면접이 끝날 때쯤 새로운 직책에서 근무를 시작할 것이다'와 같이 미래 시점에 진행될 일을 나타내야 알맞으므로 미래진행 시제인 (b) will likely be starting이 정답이다.

어휘 transfer ~을 전근시키다, 옮기다 sales department 영업부 take place (일, 행사 등이) 발생되다, 개최되다 fill ~을 충원하다, 채우다 previous 이전의, 과거의 position 직책, 일자리 candidate 지원자, 후보자 by ~쯤, (기한) ~까지 process 과정 likely 아마도

2

정답 (d)

포인트 since + 주어 + 과거 동사 ◐ 현재완료진행 시제 정답

해석 메이플 애비뉴는 이번 주에 계속 교통이 통제된 상태가 될 것이다. 홍수가 토요일에 도로의 많은 부분을 파괴한 이후 작업자들은 그 거리를 수리해 오고 있다. 근처의 많은 주택들 또한 폭풍우로 피해를 입었다.

해설 빈칸 뒤에 과거 시제 동사 destroyed와 함께 '~한 이후로'를 뜻하는 since절이 쓰여 있다. 따라서 의미상 '홍수가 토요일에 도로의 많은 부분을 파괴한 이후 계속 ~해 오고 있다'와 같이 과거에서 현재까지 지속되어 오고 있는 일을 나타내야 자연스럽다. 이러한 의미는 현재완료진행 시제로 표현하므로 (d) have been repairing이 정답이다.

어휘 continue to do 계속 ~하다 traffic 교통, 차량들 since ~한 이후로 flooding 홍수, 범람 destroy ~을 파괴하다 nearby (형) 근처의 (부) 근처에 damaged 피해를 입은, 손상된 repair ~을 수리하다

3

정답 (b)

포인트 by the time + 주어 + 현재 동사
◐ 미래완료진행 시제 정답

해석 리버사이드 콘도즈는 해안 지역을 따라 새로운 세대들을 짓는 데 필요한 허가증을 받기 위해 6개월 더 기다릴 것으로 예상하고 있다. 그 허가증이 승인될 때쯤이면, 이 회사는 2년 넘게 그 아파트 건설을 계획하고 있을 것이다.

해설 by the time이 이끄는 절의 현재 동사 are approved는 미래 시점을 나타내는데 미래 시점까지 특정 기간 동안(for over two years) 진행될 행위를 나타내는 것은 미래완료진행 시제이므로 (b) will have been planning이 정답이다.

어휘 expect to do ~할 것으로 예상하다, 기대하다 another 또 한 번의, 또 하나의 permit 허가증 unit (아파트, 상가 등의) 세대, 점포 along (길 등) ~을 따라 waterfront 해안 지역, 물가 by the time ~할 때쯤이면 approve ~을 승인하다 construction 건설, 공사 condo 아파트 over ~ 넘게 plan ~을 계획하다

4

정답 (c)

포인트 right now ◐ 현재진행 시제 정답

해석 도착하실 때 문을 두드리지 마시기 바랍니다. 저희가 현재 팟캐스트 인터뷰를 녹화 중이므로, 방이 가능한 한 조용한 상태로 유지되도록 해야 합니다. 저에게 문자 메시지를 보내 주시면 들어오실 수 있도록 해 드리겠습니다.

해설 빈칸 뒤에 시점 표현 right now가 쓰여 있어 의미상 '현재 녹화 중이다'와 같이 현재 일시적으로 진행 중인 일을 나타내야 알맞으므로 현재진행 시제인 (c) are recording이 정답이다.

어휘 knock on ~을 두드리다, 노크하다 arrive 도착하다 make sure (that) 반드시 ~하도록 하다 stay ~한 상태로 유지되다 as A as possible 가능한 한 A한 let A in A를 들여보내다

5

정답 (a)

포인트 by the time + 주어 + 과거 동사
◐ 과거완료진행 시제 정답

해석 히스로 공항의 여행객들은 얼어붙는 비로 인해 항공편이 지연되었다는 공지를 들었다. 안타깝게도, 이 비는 몇 시간 동안 지속되었다. 이 여행객들은 항공사에서 결국 항공편을 취소했을 때쯤 5시간 연속으로 계속 대기하고 있었다.

해설 빈칸 뒤에 과거 시제 동사 cancelled와 함께 '~했을 때쯤'을 뜻하는 by the time절이 쓰여 있으므로 의미상 '항공편을 취소했을 때쯤 5시간 연속으로 계속 대기하고 있었다'와 같이 특정 과거 시점보다 더 이전의 과거에 지속된 일을 나타내야 알맞다. 이는 과거완료진행 시제로 표현하므로 (a) had been waiting이 정답이다.

어휘 notify A that A에게 ~라고 공지하다, 통보하다 delay ~을 지연시키다, 지체시키다 due to ~로 인해 freezing 차가운, 얼어붙는 unfortunately 안타깝게도, 유감스럽게도, 불행히도 continue 지속되다 straight 연속된 by the time ~할 때쯤 finally 결국, 마침내 cancel ~을 취소하다

6

정답 (a)

포인트 해당 문장에 정답의 단서가 되는 명확한 시간 표현이 없는 경우 해석으로 풀이

해석 미라는 퇴근 후에 저녁을 준비하느라 주방에 있었다. 유감스럽게도, 그녀는 음악을 듣고 있었기 때문에 부서장에게서 온 몇 번의 중요한 전화를 받지 못했다.

해설 주절에 과거 시제 동사 missed와 함께 전화를 받지 못한 시점이 과거로 나타나 있는데, 의미상 해당 과거 시점에 음악을 듣고 있었기 때문에 전화를 못 받았다는 것이 적절하므로 과거 시점에 일시적으로 진행 중인 동작을 나타내는 과거진행 시제인 (a) was listening이 정답이다.

어휘 prepare ~을 준비하다 unfortunately 유감스럽게도, 안타깝게도, 불행히도 miss ~을 놓치다, 지나치다, 빠트리다

CHAPTER 4 부정사/동명사

연습문제 01 p.35

1 (c)	2 (c)	3 (a)
4 (b)	5 (b)	6 (b)

1

정답 (c)

포인트 involve + 동명사

해석 고대 이집트의 피라미드는 오직 원시적인 도구만으로 기원전 2500년경에 지어졌다. 그 피라미드들이 정확히 어떻게 지어졌는지에 대한 기록이 존재하지는 않지만, 아마 거대한 돌덩어리들을 옮기기 위해 지렛대와 경사로, 그리고 밧줄을 이용한 작업이 수반되었을 것이다.

해설 각 보기에 동사 use의 여러 형태가 제시되어 있는데, 빈칸 바로 앞에 주절의 동사 involved가 위치해 있어 use가 준동사의 형태로 쓰여야 한다. involve는 동명사를 목적어로 취하는 동사이므로 동명사의 형태인 (c) using이 정답이다. 완료 동명사의 형태인 (b) having used는 문장의 동사 involved보다 한 시제 이전의 의미를 갖는데, 문장의 의미상 맞지 않으므로 오답이다.

어휘 ancient 고대의 around ~경에, 약, 대략 primitive 원시적인 tool 도구, 공구 exactly 정확히 likely 아마도 involve ~을 수반하다, 포함하다 lever 지렛대 ramp 경사로 massive 거대한, 엄청나게 큰

2

정답 (c)

포인트 decide + to부정사

해석 지난주에 동물원을 방문하는 동안, 나탈리의 아이들은 놀라울 정도로 예의 바르게 행동했다. 그 보상으로, 나탈리는 토요일 밤에 아이들에게 한 시간 더 비디오 게임을 하게 해 주기로 결정했다.

해설 빈칸 바로 앞에 이미 문장의 동사 decided가 위치해 있어 보기에 제시된 또 다른 동사 let은 준동사의 형태로 쓰여야 한다. decide는 to부정사를 목적어로 취하는 동사이므로 to부정사의 형태인 (c) to let이 정답이다. 완료부정사의 형태인 (b) to have let은 해당 문장의 동사인 decided 보다 한 시제 이전의 의미를 갖게 되는데, 이는 의미상 맞지 않으므로 오답이다.

어휘 during ~ 동안, ~ 중에 surprisingly 놀라울 정도로, 놀랍게도 well-behaved 예의 바른, 올바르게 행동하는 reward 보상 decide to do ~하기로 결정하다 let A to A에게 ~하게 하다 extra 추가의, 별도의

3

정답 (a)

포인트 be likely + to부정사

해석 2020년에 미국의 소비자들에게 제공된 에너지는 약 20퍼센트가 재생 가능한 자원으로 구성되었다. 2030년쯤에는, 재생 가능한 에너지가 약 30퍼센트까지 증가할 것으로 대부분의 분석 전문가들이 예측하고 있다.

해설 빈칸 앞에 위치한 be동사와 형용사 likely는 to부정사와 어울려 'be likely to do'의 구조로 '~할 가능성이 있다, ~할 것 같다'라는 의미를 나타내므로 to부정사의 형태인 (a) to grow가 정답이다.

어휘 provide ~을 제공하다 consumer 소비자 be composed of ~로 구성되다 about 약, 대략 renewable 재생 가능한 source 자원, 원천, 근원 by + 시점 ~쯤에는 analyst 분석 전문가 predict that ~라고 예측하다 be likely to do ~할 가능성이 있다, ~할 것 같다 grow 증가하다, 오르다, 성장하다

4

정답 (b)

포인트 appreciate + 동명사

해석 비록 보수를 받는 것은 아니지만, 마리아는 밴쿠버 시내에 있는 관광 안내 센터에서 자원 봉사하는 것을 매우 좋아한다. 그녀는 그저 매일 전 세계 곳곳에서 오는 새로운 사람들을 만나는 것이 반가울 뿐이다.

해설 빈칸 앞에 동사 appreciates이 쓰여 있어 빈칸이 동사 자리가 아니라는 것을 알 수 있으므로 준동사 중의 하나를 골라야 한다. 동사 appreciate는 동명사를 목적어로 취하므로 (b) meeting이 정답이다. 문장의 동사보다 이전 시점의 일을 나타내는 완료 동명사는 의미상 맞지 않으므로 (d) having met은 오답이다.

어휘 volunteer 자원 봉사하다 appreciate -ing ~하는 것을 반가워하다, 감사하게 여기다

5

정답 (b)

포인트 dislike + 동명사

해석 작년에 대면 학습이 어려워지거나 불가능했기 때문에 많은 수업이 온라인으로 전환되었다. 악시오스에 실린 설문 조사에서, 약 59퍼센트의 학생들은 직접 참석하는 것과 비교해 온라인으로 학습하는 것을 좋아하지 않는다고 말했다.

해설 각 보기에 동사 learn의 여러 형태가 제시되어 있는데, 빈칸 바로 앞에 동사 dislike가 위치해 있어 learn이 준동사의 형태로 쓰여야 한다. 이때 dislike는 동명사를 목적어로 취하는 동사이므로 동명사의 형태인 (b) learning이 정답이다.

어휘 since ~하기 때문에 face-to-face 대면하는, 마주보는 survey 설문 조사 publish (출판물 등에) ~을 싣다, 출판하다, 게재하다 dislike -ing ~하는 것을 좋아하지 않다 compared to ~와 비교해 in person 직접 (가서)

6

정답 (b)

포인트 완전한 절 구조 + to부정사

해석 뒤뜰에서 작업하던 중에 폴은 복부에 붉은색 반점이 있는 검정색 거미에게 물렸다. 그는 그 거미가 독을 지닌 흑색과부거미일 경우에 대비해 의사의 진찰을 받기 위해 즉시 응급실로 갔다.

해설 빈칸 앞에 주어(He)와 자동사(went), 그리고 전치사구(to the emergency room)와 부사(immediately)가 이어져 있어 이미 완전한 구조의 절이 갖춰져 있음을 알 수 있다. 따라서 빈칸 이하 부분은 부사처럼 부가적인 역할을 하는 수식어구가 필요하므로 '~하기 위해'라는 의미로 부사의 역할을 수행하는 to부정사 (b) to see가 정답이다.

어휘 be bitten by ~에게 물리다 mark 반점, 얼룩, 표시 abdomen 복부, 배 in case (that) ~할 경우에 (대비해) venomous 독이 있는 black widow 흑색과부거미

연습문제 02

p.36

1 (c)	2 (d)	3 (b)
4 (a)	5 (d)	

1

정답 (c)

포인트 the first + 명사 + to부정사

해석 체스는 두뇌를 이용하는 고전 게임으로, 적어도 1,500년 동안 사람들이 즐겨 왔으며, 오늘날에도 여전히 인기가 높다. 이 게임에서는 상대방의 킹을 먼저 잡는 사람이 승자가 된다.

해설 빈칸 뒤에 이미 문장의 동사 is가 쓰여 있으므로 보기에 제시된 동사 trap은 준동사의 형태로 쓰여야 한다. 이 문장에서 빈칸은 바로 앞에 위치한 명사구 the first person을 수식하는 역할을 해야 하는데, 'the first+ 명사'는 to부정사의 수식을 받으므로 (c) to trap이 정답이다.

어휘 classic 고전의, 전형적인 intelligence 지능, 지성 at least 적어도, 최소한 popular 인기 있는 opponent 상대(방) trap ~을 잡다, 가두다, 함정에 빠트리다

2

정답 (d)

포인트 risk + 동명사

해석 한 별난 백만장자가 로키 산맥 어딘가에 돈과 주화, 그리고 값비싼 보석들을 숨긴 다음, 보물 사냥꾼이 되려는 사람들을 위해 단서를 남겨 두었다. 이 보물을 찾으려는 사람들이 위험을 무릅쓰고 시간과 에너지를 허비하고 있지만, 그럴 만한 가치가 있을지도 모른다.

해설 각 보기에 동사 waste의 여러 형태가 제시되어 있는데, 빈칸 바로 앞에 주절의 동사 risk가 위치해 있어 waste가 준동사의 형태로 쓰여야 한다. risk는 동명사를 목적어로 취하는 동사이므로 동명사의 형태인 (d) wasting이 정답이다.

어휘 eccentric 별난, 기이한 millionaire 백만장자 hide ~을 숨기다, 감추다(hid는 과거형) valuable 값비싼, 가치 있는 gem 보석 leave ~을 남기다, 놓아두다(left는 과거형) clue 단서 would-be ~가 되려는 treasure hunter 보물 사냥꾼 search for ~을 찾다 risk -ing ~하는 위험을 무릅쓰다 worth ~할 만한 가치가 있는 waste ~을 허비하다, 낭비하다

3

정답 (b)

포인트 mind + 동명사

해석 데본은 목요일에 회사에서 꼼짝 못하게 되어 여동생에게 자신의 아들을 학교에서 데려올 수 있는지 물어보기 위해 전화했다. 여동생은 이미 근처에서 볼일을 좀 보고 있었기 때문에 데본의 아들을 데리러 가도 상관없다고 말했다.

해설 빈칸 바로 앞에 이미 동사 mind가 위치해 있어 보기에 제시된 동사구 pick up은 준동사의 형태로 mind 뒤에 쓰여야 한다. mind는 동명사를 목적어로 취하는 동사이므로 동명사의 형태인 (b) picking up이 정답이다.

어휘 get stuck 꼼짝 못하게 되다, 오도 가도 못하게 되다 ask if ~인지 묻다 pick up ~을 데려오다, 데리러 가다 don't mind -ing ~해도 상관없다, ~하는 것을 신경 쓰지 않다 run errands 볼일을 보다, 심부름을 하다

4

정답 (a)

포인트 전치사 + 동명사

해석 영업부장인 박 씨는 부서 직원들과 함께 하는 회의를 소집했다. 박 부장은 공유해야 할 긴급한 정보가 있었기 때문에 평소처럼 수요일 오전에 회의를 하는 대신 가능한 한 빨리 회의를 하고 싶어 했다.

해설 각 보기에 동사 have의 여러 준동사 형태가 제시되어 있는데, 빈칸 앞에 위치한 instead of는 전치사이므로 빈칸에 목적어 역할을 할 동명사가 쓰여야 알맞다. 따라서 동명사의 형태인 (a) having이 정답이다.

어휘 sales director 영업부장 call a meeting 회의를 소집하다 urgent 긴급한 share ~을 공유하다 ASAP 가능한 한 빨리(= as soon as possible) instead of ~하는 대신, ~하는 것이 아니라 as usual 평소처럼, 늘 그렇듯이

5

정답 (d)

포인트 완전한 절 구조 + to부정사

해석 해마다 일반적으로 두세 차례 지구가 태양과 달 사이에 일직선으로 위치하는 월식이 일어난다. 많은 사람들은 이 특별한 자연 현상을 관찰하기 위해 도시에서 벗어나 어두운 곳을 찾는 것을 좋아한다.

해설 빈칸 앞에 주어, 동사(like), 그리고 to부정사와 from 전치사구로 이어지는 구성이 완전한 절이 쓰여 있는 상태이다. 따라서 빈칸 이하 부분은 부가적인 요소로서 수식어구의 역할을 해야 하는데, 의미상 '특별한 자연 현상을 관찰하기 위해'와 같이 '목적'을 의미해야 알맞으므로 목적을 나타낼 때 사용하는 to부정사 (d) to observe가 정답이다.

어휘 usually 일반적으로, 보통 lunar eclipse 월식 between A and B A와 B 사이에 away from ~에서 벗어나, ~에서 멀리 있는 unique 특별한, 독특한 phenomenon 현상 observe ~을 관찰하다

연습문제 03

p.37

1 (a)	2 (d)	3 (d)
4 (c)	5 (b)	6 (a)

1

정답 (a)

포인트 advise + 동명사

해석 대학교에 들어갈 때, 많은 학생들이 무엇을 전공해야 할지 알지 못한다. 따라서, 대부분의 진로 상담 전문가들은 언어와 수학, 그리고 과학에 대한 일반 교육 강의들을 먼저 수강하도록 권한다.

해설 각 보기에 동사 take의 여러 준동사 형태가 제시되어 있는데, 빈칸 바로 앞에 위치한 동사 advise는 동명사를 목적어로 취하는 동사이므로 동명사의 형태인 (a) taking이 정답이다.

어휘 what to do 무엇을 ~할지 major in ~을 전공하다 therefore 따라서, 그러므로 counselor 진로 상담 전문가, 학생 지도 교사 advise -ing ~하도록 권하다, 조언하다 general education 일반 교육

2

정답 (d)

포인트 be excited + to부정사

해석 작년 여름에, 비비안은 이탈리아로 처음 여행을 떠났다. 비비안이 로마에 처음 도착했을 때, 확인해 보고 싶은 곳들을 모두 적어 놓은 목록을 갖고 있었지만, 콜로세움을 방문한다는 사실에 가장 크게 들떠 있었다.

해설 빈칸 앞에 위치한 be동사와 형용사 excited는 to부정사와 어울려 'be excited to do'의 구조로 '~해서 들뜨다, 흥분되다'라는 의미를 나타내므로 to부정사의 형태인 (d) to visit이 정답이다.

어휘 take one's trip to ~로 여행을 떠나다 arrive 도착하다 whole 모든, 전체의 check out ~을 확인해보다 be excited to do ~하게 되어 들뜨다, 흥분하다

3

정답 (d)

포인트 prohibit + 동명사

해석 오션사이드 보드워크의 여러 부분이 최근 발생된 폭풍에 의해 부서졌다. 손상 부분이 수리될 수 있을 때까지 시에서 그 해변의 해당 구역을 폐쇄했으며, 해당 보드워크에서 걷는 것을 금지하고 있다.

해설 각 보기에 동사 walk의 여러 준동사 형태가 제시되어 있는데, 빈칸 바로 앞에 현재 진행형으로 쓰인 동사 prohibit은 동명사를 목적어로 취하는 동사이므로 동명사의 형태인 (d) walking이 정답이다.

어휘 destroy ~을 부수다 damage 손상 repair ~을 수리하다 section 구역 prohibit -ing ~하는 것을 금지하다

4

정답 (c)

포인트 wish + to부정사

해석 브렛 톰슨의 신작 소설의 첫 번째 장은 온라인에서 무료로 이용할 수 있다. 소설을 계속해서 읽기를 바라는 경우, 전체 전자 도서 버전을 구입해 기기에 곧바로 다운로드할 수 있다.

해설 빈칸 앞에 동사 wish가 쓰여 있어 빈칸이 동사 자리가 아니라는 것을 알 수 있으므로 준동사 중의 하나를 골라야 한다. 동사 wish는 부정사를 목적어로 취하므로 (c) to continue가 정답이다. 문장의 동사보다 이전 시점의 일을 나타내는 완료 부정사는 의미상 맞지 않으므로 (b) to have continued는 오답이다.

어휘 available (이용, 구입 등) 가능한 for free 무료로 electronic version 전자 버전 straight 곧바로 device 기기, 장치 continue -ing 계속 ~하다

5

정답 (b)

포인트 5형식 문장의 목적어 자리에 동명사

해석 아이들을 대상으로 광고하는 회사들은 13세 미만의 아이들에 대한 개인 정보를 수집하는 것이 허용되지 않는다. 정부는 이 정보를 수집하는 일을 부당한 사생활 침해로 간주하고 있다.

해설 빈칸 앞에 쓰인 동사 regard는 'regard A as B'의 구조로 쓰여 'A(목적어)를 B(목적격 보어)로 간주하다, 여기다'와 같은 의미를 나타낸다. 따라서 regards와 as 사이에 위치한 '빈칸 + this data'가 문장의 목적어 역할을 해야 하는데, 목적어와 목적격 보어가 사용된 이와 같은 5형식 문장에서 목적어 자리에는 부정사 대신 동명사가 사용되므로 동명사인 (b) collecting이 정답이다. 부정사는 보통 5형식 문장의 목적어 자리에 올 경우 가목적어/진목적어 구문을 사용하여 목적어 자리를 it으로 채우고 부정사를 뒤로 보내는 것이 일반적이다.

어휘 advertise 광고하다 be allowed to do ~하는 것이 허용되다 collect ~을 수집하다, 모으다 regard A as B A를 B로 간주하다, 여기다 unfair 부당한, 불공정한 invasion of privacy 사생활 침해

6

정답 (a)

포인트 완전한 절 구조 + to부정사

해석 억만장자 팀 파이퍼의 조카는 희귀 선천성 혈액 장애를 안고 태어났다. 이미 자선 사업에 익숙해 있던, 파이퍼 씨는 일반적으로 잘 알려져 있지 않은 이 질병에 대한 인식을 높이기 위해 새로운 자선 단체를 설립했다.

해설 빈칸 앞에 주어(Mr. Piper)와 동사(founded) 그리고 목적어(a new charity organization)가 있어 완전한 구조의 절이 갖춰져 있음을 알 수 있다.따라서 빈칸 이하 부분은 부가적인 역할을 하는 수식어구가 필요하므로 '~하기 위해'라는 의미로 부사의 역할을 수행하는 to부정사 (a) to raise가 정답이다.

어휘 billionaire 억만장자 rare 희귀한, 드문 congenital 선천적인, 타고난 disorder 장애, 질환 familiar with ~에 익숙한 philanthropy 자선 사업 found ~을 설립하다 charity 자선 (활동) organization 단체, 기관 raise awareness 인식을 드높이다 mostly 일반적으로

연습문제 04 p.38

1 (a)	2 (d)	3 (a)
4 (d)	5 (b)	

1

정답 (a)

포인트 need + to부정사

해석 마사는 최근에 너무 바빠서 친구의 생일 파티를 위해 선물을 살 시간이 전혀 없었다. 마사는 지금 그 파티에 가는 길이기 때문에 카드와 꽃다발만이라도 구입해야 할 것이다.

해설 각 보기에 동사구 pick up의 여러 준동사 형태가 제시되어 있는데, 빈칸 앞에 위치한 동사 need는 to부정사를 목적어로 취하므로 to부정사의 형태인 (a) to pick up이 정답이다.

어휘 so A that B 너무 A해서 B하다 lately 최근에 have time to do ~할 시간이 있다 on one's way to ~로 가는 길인, 오는 길인 pick up ~을 구입하다, 사다

2

정답 (d)

포인트 recommend + 동명사

해석 기억력 저하로 고생하는 노인 환자들을 위해, 의사들은 요즘 동물과 함께 시간을 보내도록 권하고 있다. 동물 치료법은 위로와 동반자 관계를 제공해 더 나은 기억력 회복으로 이어지는 것으로 입증되어 왔다.

해설 각 보기에 동사 spend의 여러 준동사 형태가 제시되어 있는데, 빈칸 앞에 위치한 동사 recommend는 동명사를 목적어로 취하므로 동명사의 형태인 (d) spending이 정답이다.

어휘 patient 환자 struggle with ~로 고생하다 memory loss 기억력 저하, 기억 상실 recommend -ing ~하도록 권하다 therapy 치료법, 요법 be proven to do ~하는 것으로 입증되다, 증명되다 provide ~을 제공하다 comfort 위로, 위안, 편안 companionship 동반자 관계 lead to ~로 이어지다 recall 회복, 상기, 소환, 기억(력)

3

정답 (a)

포인트 resist + 동명사

해석 피자는 앤드류가 어렸을 때부터 가장 좋아하는 음식이다. 다음 날 뱃속이 불편한 느낌이 들기는 하지만, 앤드류는 주문할 때마다 피자를 대여섯 조각씩 먹는 것을 참지 못한다.

해설 각 보기에 동사 eat의 여러 준동사 형태가 제시되어 있는데, 빈칸 앞에 위치한 동사 resist는 동명사를 목적어로 취하므로 동명사의 형태인 (a) eating이 정답이다.

어휘 since ~했을 때부터, ~한 이후로 make A do A를 ~하게 만들다 stomach 복부 upset 속이 불편한, 탈이 난 can't resist -ing ~하는 것을 참지 못하다, 견디지 못하다

4

정답 (d)

포인트 tend + to부정사

해석 주점들은 사람들이 나갈 수 있도록 하기 위해 밤에 문을 닫기 직전에 흔히 내부 조명을 밝게 켜 놓는다. 많은 사람들이 시간을 잊는 경향이 있기 때문에, 그 밝은 조명이 사람들에게 돈을 지불하고 집에 가야 한다는 것을 기억하게 하는 데 도움이 된다.

해설 동사 forget의 여러 준동사 형태가 각 보기에 제시되어 있고, 빈칸 앞에는 문장의 동사 tend가 위치해 있다. tend는 to부정사를 목적어로 취하는 동사이므로 to부정사의 형태인 (d) to forget이 정답이다.

어휘 turn on ~을 켜다, 틀다 in order to do ~하기 위해 get A to do A에게 ~하게 하다 leave 나가다, 떠나다, tend to do ~하는 경향이 있다 help A do ~하도록 A에게 도움을 주다 remember to do ~하는 것을 기억하다

5

정답 (b)

포인트 stop + 동명사: ~하는 것을 멈추다

해석 싱글 팟 쿠커의 매출이 2분기 연속으로 떨어졌다. 라이스 앤 모어 사의 조리 부의 담당 부서장은 매출이 계속 하락한다면 그 제품 판매를 중단해야 할 것이라고 팀원들에게 말했다.

해설 동사 sell의 여러 준동사 형태가 각 보기에 제시되어 있고, 빈칸 앞에는 to부정사로 쓰인 동사 stop이 위치해 있다. stop 뒤에는 동명사와 to부정사가 모두 쓰일 수 있는데, 의미상 '제품 판매하는 것을 중단하다'와 같은 뜻이 되어야 알맞으므로 stop과 함께 '~하는 것을 중단하다'를 의미할 때 사용하는 동명사 (b) selling이 정답이다. stop 뒤에 to부정사가 쓰이면 '~하기 위해 중단하다'와 같이 목적의 의미를 나타내므로 해당 문장에 맞지 않는다.

어휘 sales 매출, 판매, 영업 down 떨어지는, 하락하는 quarter 분기 in a row 연속으로 head 부서장, 책임자, ~장 stop -ing ~하는 것을 중단하다 continue to do 계속 ~하다 sink 하락하다, 약해지다, 줄어들다

연습문제 05

p.39

1 (d)	2 (c)	3 (a)
4 (a)	5 (d)	6 (d)

1

정답 (d)

포인트 enjoy + 동명사

해석 맷은 인기 데이트 사이트에 프로필을 만드는 중이었다. 그 사이트에서 가장 좋아하는 활동을 기재하도록 요청했을 때 매력적인 취미일 것 같다는 생각에 요리를 즐긴다고 말했다.

해설 빈칸 앞에 that절의 동사 enjoys가 이미 위치해 있으므로 빈칸은 동사 자리가 아니다. 따라서 보기에 제시된 또 다른 동사 cook이 준동사의 형태로 enjoys 뒤에 쓰여야 하며, enjoy는 동명사를 목적어로 취하므로 동명사의 형태인 (d) cooking이 정답이다.

어휘 ask A to do A에게 ~하도록 요청하다 list ~을 기재하다, ~을 목록에 올리다 favorite 가장 좋아하는 seem like ~인 것 같다, ~처럼 보이다 attractive 매력적인

2

정답 (c)

포인트 choose + to부정사

해석 H&H 제약회사의 연구 보조 직책에 50명이 넘는 지원자들이 지원했다. 시간 제약으로 인해, 호지스 씨는 이력서를 바탕으로 오직 가장 뛰어난 10명의 지원자들만 면접을 보기로 결정했다.

해설 각 보기에 동사 interview의 여러 준동사 형태가 제시되어 있는데, 빈칸 앞에 과거 시제로 쓰인 동사 choose는 to부정사를 목적어로 취하므로 to부정사의 형태인 (c) to interview가 정답이다.

어휘 apply for ~에 지원하다 assistant 보조 position 직책 constraint 제약 applicant 지원자 based on ~을 바탕으로 résumé 이력서

3

정답 (a)

포인트 practice + 동명사

해석 NBA 선수들이 경기와 이동으로 일정이 꽉 차 있기는 하지만, 선수들은 여전히 각자의 농구 실력을 향상시키기 위해 노력해야 한다. 대부분의 프로 선수들은 하루에 약 두 시간씩 슛 연습을 한다.

해설 각 보기에 동사 shoot의 여러 준동사 형태가 제시되어 있는데, 빈칸 앞에 위치한 동사 practice는 동명사를 목적어로 취하므로 동명사의 형태인 (a) shooting이 정답이다.

어휘 traveling 이동, 여행 work on ~에 대해 노력하다, ~에 대한 작업을 하다 practice -ing ~하는 연습을 하다

4

정답 (a)

포인트 remember + 동명사: ~했던 것을 기억하다

해석 세실리아 씨와 존 씨는 다음 주말에 결혼 30주년을 기념한다. 비록 두 분이 그렇게 오래 함께하기는 했지만, 존 씨는 여전히 학교 도서관에서 세실리아 씨를 만난 순간을 기억할 수 있다.

해설 각 보기에 동사 meet의 여러 준동사 형태가 제시되어 있는데, 빈칸 앞에 위치한 동사 remember는 to부정사와 동명사를 모두 목적어로 취할 수 있으므로 의미로 이를 구별해야 한다. 빈칸이 속한 절은 의미상 '만난 것을 기억할 수 있다'라는 뜻이 되어야 하므로 remember와 어울려 '(과거에) ~한 것을 기억하다'라는 의미를 구성할 때 사용하는 동명사 (A) meeting이 정답이다. 'remember to do'는 '~하는 것을 기억하다'라는 뜻으로 앞으로 해야 할 일을 기억하는 것을 의미한다.

어휘 celebrate ~을 기념하다 anniversary (해마다 돌아오는) 기념일 even though 비록 ~이기는 하지만 for so long 그렇게 오래 remember -ing ~한 것을 기억하다

5

정답 (d)

포인트 promise + to부정사

해석 접전의 투표 끝에, 캐시 베르거 씨가 켄트 카운티의 보안관으로 선출되었다. 시민들을 안전하게 보호하는 것 외에도, 그녀는 범죄 예방에 도움이 될 수 있도록 지역 사회 프로그램을 지원하겠다고 약속했다.

해설 빈칸 앞에 문장의 동사 promised가 이미 위치해 있으므로 빈칸은 동사 자리가 아니다. 따라서 보기에 제시된 또 다른 동사 support가 준동사의 형태로 promised 뒤에 쓰여야 하며, promise는 to부정사를 목적어로 취하므로 to부정사의 형태인 (d) to support가 정답이다.

어휘 close (차이, 경쟁 등이) 아슬아슬한 elect ~을 선출하다 along with ~ 외에도, ~뿐만 아니라 keep A + 형용사 A를 ~한 상태로 유지하다 help with ~에 도움이 되다 crime prevention 범죄 예방 support ~을 지원하다

6

정답 (d)

포인트 hope + to부정사

해석 리사는 병든 부모님의 농사일을 돕기 위해 4학년 때 대학을 떠나야 한다. 그녀는 학위를 마치기 위해 가을에 돌아오기를 희망한다.

해설 빈칸 앞에 있는 동사 hope는 to부정사를 목적어로 취하는 동사이므로 (d) to return이 정답이다. 완료 부정사는 동사보다 한 시제 이전을 의미하므로 (a) to have returned는 의미상 맞지 않는 오답이다.

어휘 senior year 최고 학년 finish 끝내다 degree 학위

CHAPTER 5 관계사

연습문제 01 p.41

1 (a) 2 (b)

1

정답 (a)

포인트 사물 명사, + which + 불완전한 절

해석 SR-71 블랙버드는 제조하는 데 3,400만 달러의 비용이 드는 것으로서, 세계에서 가장 빠른 제트기이다. 이 제트기는 최대 시속 2,100마일로 이동할 수 있으며, 상업용 비행기보다 약 네 배 더 빠르다. 이 비행기는 제조하기 너무 비싸서 현재 생산되지 않고 있다.

해설 빈칸 앞에 위치한 SR-71 Blackbird가 사물 명사이므로 사물 명사와 어울리며 콤마와 함께 삽입되는 구조에 쓰일 수 있는 which가 이끄는 관계사절 (a) which costs $34 million to build가 정답이다. (b)의 that은 콤마와 함께 삽입되는 관계사절을 이끌지 못하며, (c)의 what은 선행사와 함께 사용할 수 없다.

어휘 travel 이동하다 up to 최대 (~까지) about 약, 대략 commercial 상업용의 so A that B 너무 A해서 B하다 currently 현재, 지금 produce ~을 생산하다 cost ~의 비용이 들다

2

정답 (b)

포인트 사물 명사 + that + 불완전한 절

해석 사막은 식물과 동물이 생존하기 매우 어려운 곳이다. 사막에서 살 수 있는 동물들은 시원함을 유지하고 물을 저장하기 위한 특별한 행동에 적응해 왔다. 예를 들어, 사막 두꺼비는 낮 시간 동안 습기 있는 흙 속에 파묻혀 지낸다.

해설 빈칸 앞에 위치한 The animals가 동물을 의미하는데, 관계사에서는 동물을 나타내는 명사는 사물 명사 취급하므로 사물 명사를 수식하는 주격 관계대명사 that이 이끄는 관계사절 (b) that can live in the desert가 정답이다. 주격 관계대명사 뒤에는 주어 없는 불완전한 문장 구조가 와야 하므로 완전한 문장 구조를 갖춘 (a) which they can live in the desert은 오답이다.

어휘 desert 사막 plant 식물 survive 생존하다, 살아남다 adapt 적응하다, 적응시키다 behavior 행동 stay ~한 상태를 유지하다, ~한 상태로 계속 있다 store ~을 저장하다, 보관하다 toad 두꺼비 bury oneself in ~에 파묻히다 moist 습기 있는, 촉촉한 soil 흙, 토양 during ~ 동안, ~ 중에

연습문제 02 p.42

1 (c)　　2 (b)

1

정답　(c)

포인트　사물 명사 + that + 불완전한 절

해석　우리 회사가 런던에 새 사무소를 개설하는데, 난 그곳의 한 직책에 지원할 계획이다. 내가 정말로 얻기를 바라고 있는 직책은 신임 영업부장 자리이다. 내가 지금 영업사원이기 때문에 이는 승진할 수 있는 완벽한 기회일 수 있다.

해설　빈칸 앞에 위치한 The position이 사물 명사에 해당되므로 이와 함께 쓰이는 목적격 관계대명사 that이 이끄는 관계사절 (c) that I am really hoping to get이 정답이다. (a)의 what은 선행사를 수식하는 역할을 하지 못하며, (b)의 where는 장소에 해당되는 사물 명사를 수식한다.

어휘　open up ~을 개설하다, 개장하다, 개업하다　plan on -ing ~할 계획이다　apply for ~에 지원하다　position 직책, 일자리　sales director 영업부장　sales associate 영업사원　opportunity to do ~할 수 있는 기회　move up 승진하다　hope to do ~하기를 바라다, 희망하다

2

정답　(b)

포인트　사람 명사, + who + 불완전한 절

해석　파울로와 레나는 막 새집으로 이사했다. 이웃 사람인 빈센트는 수년 동안 그 동네에서 살아온 사람으로서, 이들을 환영하기 위해 건너왔다. 빈센트는 또한 이들에게 매주 언제 쓰레기와 재활용 물품이 수거되는지를 비롯해 다른 유용한 정보를 말해 주었다.

해설　빈칸 앞에 위치한 Vincent가 사람 이름이므로 사람 명사와 함께 쓰일 수 있으면서 콤마와 함께 삽입되는 구조에 쓰일 수 있는 주격 관계대명사 who가 이끄는 관계사절 (b) who had lived in the neighborhood for years가 정답이다. (c)의 that은 콤마와 함께 삽입되는 관계사절을 이끌지 못한다.

어휘　move into ~로 이사하다　neighbor 이웃 (사람)　come over to ~로 건너오다　recycling 재활용 (물품)　pick up ~을 수거하다, 가져가다, 가져오다　useful 유용한　neighborhood 지역, 인근

연습문제 03 p.43

1 (b)　　2 (c)

1

정답　(b)

포인트　사람 명사 + who + 불완전한 절

해석　격주로 금요일마다, 잭과 린다는 저녁 식사 및 카드 게임을 위해 몇몇 친구를 집으로 초대한다. 항상 가장 먼저 도착하는 부부는 조던과 글로리아이다. 글로리아는 평생 동안 시간을 지켜 왔다고 말했다.

해설　빈칸 앞에 위치한 The couple이 집으로 초대되는 사람들을 가리키므로 사람 명사를 수식할 수 있는 관계사 who 또는 whom이 이끄는 절 중에서 하나를 골라야 한다. who는 주격 관계대명사로 뒤에 주어 없이 동사가 이어지는 구조로 된 절을, whom은 목적격 관계대명사로 뒤에 목적어 없이 주어와 동사가 이어지는 구조로 된 절을 이끌어야 하므로 (b)와 (d) 중 해당 구조에 부합하는 보기인 (b) who always arrives first가 정답이다.

어휘　every other 하나 걸러 하나씩　have A over to B A를 B로 초대하다, 불러들이다　punctual 시간을 지키는　one's whole life 평생 동안　arrive 도착하다

2

정답　(c)

포인트　사물 명사, + which + 불완전한 절

해석　아주 추운 기온에도 불구하고, 북극은 다양한 동물이 사는 서식지이다. 북극 여우는 두껍고 하얀 털을 지니고 있으며, 섭씨 영하 70도만큼 낮은 기온에서도 견딜 수 있다. 흰색으로 된 털은 또한 다른 포식자들로부터 보호하는 위장 수단의 역할도 한다.

해설　빈칸 앞에 위치한 The Arctic fox가 동물을 의미하는데, 동물을 나타내는 명사는 사물 명사 취급하므로 사물 명사와 함께 쓰이며 콤마와 함께 삽입되는 구조에 쓰일 수 있는 which가 이끄는 관계사절 (c) which has thick, white fur가 정답이다. (a)의 what은 선행사와 함께 쓰이지 못하며, (b)의 that은 콤마와 함께 삽입되는 관계사절에 쓰이지 않는다.

어휘　despite ~에도 불구하고　freezing 아주 추운　temperature 기온, 온도　the Arctic 북극　home to ~의 서식지　a variety of 다양한　handle ~에 대처하다, ~을 다루다, 처리하다　as A as B B만큼 A한　fur 털　act as ~의 역할을 하다　camouflage 위장 (수단)　against ~에 대비하여, ~에 맞서　predator 포식자　thick 두꺼운

연습문제 04 p.44

1 (c) 2 (b)

1

정답 (c)

포인트 사물 명사, + which + 불완전한 절

해석 전 세계에는 종교적 유래를 지닌 축제들이 많이 있다. 카니발은 로마 가톨릭 축제로서, "사순절"이라고 부르는 금식 기간이 되기 전에 음식과 마실 것을 즐기는 기념 행사이다.

해설 빈칸 앞에 위치한 Carnival이 사물 명사에 해당되므로 사물 명사와 함께 쓰이며 콤마와 함께 삽입되는 구조에 쓰일 수 있는 which가 이끄는 관계사절 (c) which is a Roman Catholic festival이 정답이다. (a)의 that은 콤마와 함께 삽입되는 관계사절에 쓰이지 않으며, (b)의 what은 선행사를 수식하지 않는다.

어휘 religious 종교적인 origin 유래, 기원 celebration 기념 행사, 축하 행사 fasting 금식, 단식

2

정답 (b)

포인트 장소 명사, + where + 완전한 절

해석 와인을 만들기 위해 포도를 재배하려면, 특정한 기후 조건이 필요하다. 프랑스의 보르도 지역은 평균 기온이 섭씨 13도인 곳으로, 포도를 재배하기에 완벽하다. 그곳의 지중해성 기후는 세계 최고의 와인을 만들어낸다.

해설 빈칸 앞에 위치한 The French Bordeaux region이 특정 지역을 가리키는 장소 명사이므로 장소 명사 뒤에 쓰일 수 있으며 콤마와 함께 삽입되는 구조에 쓰일 수 있는 where 또는 which가 이끄는 절 중에서 하나를 골라야 한다. where는 구성이 완전한 절을, which는 주어 또는 목적어 등이 빠진 불완전한 절을 이끌어야 하므로 'where + 완전한 절'의 구조인 (b) where the average temperature is 13 degrees Celsius가 정답이다.

어휘 in order to do ~하려면, ~하기 위해 grow ~을 재배하다, 기르다 certain 특정한, 일정한 climate conditions 기후 조건, 기후 환경 region 지역 Mediterranean climate 지중해성 기후 produce ~을 만들어내다, 생산하다 average 평균의 temperature 기온, 온도

연습문제 05 p.45

1 (b) 2 (b)

1

정답 (b)

포인트 사람 명사 + who + 불완전한 절

해석 경찰이 한 지역 편의점에서 일어난 강도 사건을 수사하고 있었다. 가장 먼저, 범죄 당일 밤에 근무했던 매니저 션 맥길 씨를 심문했다. 맥길 씨는 모든 일이 너무 빨리 일어나서 강도가 어떻게 생겼는지 기억나지 않는다고 말했다.

해설 빈칸 앞에 위치한 the manager가 사람 명사이므로 사람 명사를 수식할 수 있는 관계사 who 또는 whom이 이끄는 절 중에서 하나를 골라야 한다. 주격 관계대명사 who는 뒤에 주어 없이 동사가 이어지는 구조로 된 절을, 목적격 관계대명사 whom은 뒤에 목적어 없이 주어와 동사가 이어지는 구조로 된 절을 이끌어야 하므로 (b)와 (c) 중 이러한 구조에 부합하는 (b) who worked on the night of the crime이 정답이다.

어휘 investigate ~을 수사하다 robbery 강도 (사건) local 지역의, 현지의 so A that B 너무 A해서 B하다 what A look like A가 어떻게 생겼는지, A가 어떤 모습인지 crime 범죄

2

정답 (b)

포인트 사람 명사, + whom + 목적어 없는 불완전한 절

해석 루시는 회사에서 최신 스마트폰 모델에 대한 업무를 진행하도록 배정받았을 때 흥분했다. 이는 항상 함께 일해 보고 싶어 했던 도나 에버먼 씨와 같은 팀에 속하게 된다는 것을 의미했다.

해설 빈칸 앞에 위치한 Donna Everman이 사람 이름이므로 사람 명사와 함께 쓰일 수 있으며 콤마 뒤에 이어지는 절을 이끌 수 있는 whom으로 시작되는 관계사절 (b) whom she has always wanted to work with가 정답이다. (d)의 that은 콤마 뒤에 이어지는 관계사절을 이끌지 못한다.

어휘 be assigned to do ~하도록 배정 받다, 배치되다 work on ~에 대한 작업을 하다 newest 최신의 mean that ~임을 의미하다

CHAPTER 6 연결어

연습문제 01 p.47

1 (b)　　2 (c)

1

정답　(b)

포인트　양보의 부사절 접속사 although

해석　허버트 니치는 214미터라는 대단히 놀라운 깊이로 물속에서 잠수해, 프리 다이빙 세계 기록을 보유하고 있다. 비록 인간의 신체가 그 정도 깊이에서 수압에 대처할 수 있게 되어 있지는 않지만, 니치는 스스로 훈련해 일반적인 한계를 뛰어넘을 수 있었다.

해설　각 보기가 모두 접속사이므로 문장의 의미에 어울리는 것을 찾아야 한다. 빈칸이 속한 문장은 의미상 '비록 인간의 신체가 깊은 수압에 대처할 수 있게 되어 있지는 않지만, 니치는 스스로 한계를 뛰어넘을 수 있었다'와 같은 뜻이 되어야 자연스러우므로 '비록 ~이기는 하지만'을 뜻하는 접속사 (b) Although가 정답이다.

어휘　hold ~을 보유하다, 소지하다　astounding 대단히 놀라운, 믿기 어려운　be designed to do ~하도록 만들어지다, 고안되다　handle ~에 대처하다, ~을 다루다, 처리하다　pressure 압력, 압박　depth 깊이　be able to do ~할 수 있다　train ~을 훈련시키다　surpass ~을 뛰어넘다, 능가하다　normal 일반적인, 정상의　limit 한계, 제한　in case (that) ~할 경우에 (대비해)　although 비록 ~이기는 하지만,　now that (이제) ~이므로

2

정답　(c)

포인트　추가의 접속부사 moreover

해석　회사의 새 복지 관련 정책이 시행되었는데, 이는 직원들에게 여름 동안 반바지와 티셔츠를 착용할 수 있게 해 주는 것이다. 게다가, 직원들은 이제 매주 이틀씩 재택근무를 선택할 수도 있다.

해설　각 보기가 모두 접속부사이므로 빈칸 앞뒤 문장들의 의미 흐름을 파악해 알맞은 것을 골라야 한다. 빈칸 앞에는 새로운 정책으로서 여름에 반바지와 티셔츠를 착용할 수 있다는 말이, 빈칸 뒤에는 매주 이틀씩 재택근무를 선택할 수 있다는 말이 각각 쓰여 있다. 이는 새롭게 시행된 정책을 나열하는 흐름에 해당되므로 '게다가, 더욱이'라는 의미로 추가 정보를 말할 때 사용하는 (c) Moreover가 정답이다.

어휘　wellness 복지, 건강　policy 정책, 방침　implement ~을 시행하다　allow A to do A에게 ~할 수 있게 해주다　choose ~을 선택하다　work from home 재택근무를 하다　otherwise 그렇지 않으면, 그 외에는　regardless (of) (~와) 상관없이　moreover 게다가, 더욱이　instead 대신

연습문제 02 p.48

1 (c)　　2 (b)

1

정답　(c)

포인트　양보의 부사절 접속사 while

해석　마고와 리암은 어디에서 임대할 새 아파트를 찾아봐야 하는가에 대해 말다툼하고 있었다. 둘 모두 침실이 두 개인 곳을 구하는 데 동의하기는 했지만, 도시에서 살아야 할지 아니면 임대료가 저렴한 더 멀리 떨어진 곳에서 살아야 할지 결정하지 못했다.

해설　각 보기가 모두 접속사이므로 문장의 의미에 어울리는 것을 찾아야 한다. 빈칸이 속한 문장은 의미상 '~에 동의하기는 했지만, ~은 결정하지 못했다'와 같은 뜻이 되어야 자연스럽다. 따라서 '~이기는 하지만'을 뜻하는 접속사 (c) While이 정답이다.

어휘　argue about ~에 대해 말다툼하다, 언쟁하다　look for ~을 찾아보다　rent (동) ~을 임대하다, 대여하다 (명) 임대(료), 집세　both 둘 모두　agree to do ~하는 데 동의하다, 합의하다　decide ~을 결정하다　whether to do A or B A를 할지 아니면 B를 할지　farther 더 멀리　since ~하기 때문에, ~한 이후로　while ~이기는 하지만, ~인 반면, ~하는 동안　unless ~가 아니라면, ~하지 않는다면

2

정답　(b)

포인트　역접/대조의 접속부사 however

해석　회사로 통근하는 데 자전거를 이용하는 것은 많은 사람들에게 있어 건강에 좋은 선택권이 될 수 있다. 하지만 자전거 기반 시설이 갖춰져 있지 않은 도시에서는, 분주한 차량들 사이에서 타고 다니는 것이 위험할 수 있다.

해설　각 보기가 모두 접속부사이므로 빈칸 앞뒤 문장들의 흐름을 파악해 의미상 알맞은 것을 골라야 한다. 빈칸 앞에는 자전거를 이용한 통근의 좋은 점이, 빈칸 뒤에는 그 위험성이 언급되어 있어 장점과 단점에 해당되는 대조적인 내용이 이어지는 흐름임을 알 수 있다. 따라서 '하지만, 그러나'라는 의미로 대조 또는 반대를 나타낼 때 사용하는 (b) However가 정답이다.

어휘　commute 통근하다　healthy 건강에 좋은

infrastructure (사회) 기반 시설 among ~ 사이에서 traffic 차량들, 교통 additionally 추가적으로 however 하지만, 그러나 similarly 마찬가지로, 유사하게 moreover 게다가, 더욱이

연습문제 03 p.49

1 (a) 2 (c)

1

정답 (a)

포인트 시간의 부사절 접속사 when

해석 난 어제 심부름하러 밖에 나가 있는 동안 내 전화기를 분실했다고 생각했다. 그래서, 현관문 근처에 있는 탁자에 내 전화기가 놓여 있는 것을 봤을 때 크게 안심했다.

해설 각 보기가 모두 접속사이므로 문장의 의미에 어울리는 것을 찾아야 한다. 빈칸이 속한 문장은 의미상 잃어버린 줄 알았던 전화기가 '~에 놓여 있는 것을 봤을 때 크게 안심했다'와 같은 뜻이 되어야 자연스러우므로 '~할 때'를 뜻하는 (a) when이 정답이다.

어휘 while ~하는 동안, ~하면서, ~인 반면 run errands 심부름하다 extremely 크게, 대단히, 매우 relieved 안심한, 안도한 sit (사물 주어로) 놓여 있다, 자리 잡고 있다 near ~ 근처에 so that (목적) ~할 수 있도록, (결과) 그래서, 그래야 whenever ~할 때는 언제든, ~할 때마다

2

정답 (c)

포인트 인과의 대등 접속사 so

해석 도시 내에 위치한 대부분의 은행이 5시 무렵에 문을 닫는다. 다행히도, 은행 ATM들은 하루 24시간 이용 가능하므로, 은행이 문을 닫았을 때 기본적인 금융 거래를 할 수 있다.

해설 각 보기가 모두 접속사이므로 문장의 의미에 어울리는 것을 찾아야 한다. 'ATM이 하루 24시간 이용 가능하다'는 절과 '은행이 문을 닫았을 때 기본적인 거래를 할 수 있다'는 의미의 절을 연결하려면 '그러므로, 그래서'라는 결과의 의미가 적합하므로 이와 같은 의미를 가진 (c) so가 정답이다.

어휘 around ~ 무렵에, ~쯤 thankfully 다행히도, 감사하게도 accessible 이용 가능한, 접근 가능한 transaction 거래 yet 그렇지만, 그런데도 so (결과) 그러므로, 그래서 although 비록 ~이기는 하지만

연습문제 04 p.50

1 (d) 2 (b)

1

정답 (d)

포인트 시간의 부사절 접속사 until

해석 산업 혁명 이전에는, 대부분의 노동이 느리고 힘들었다. 예를 들어, 농부들은 1892년에 휘발유로 동력을 얻는 트랙터가 발명될 때까지 사람 또는 동물에 의해 움직이는 기본적인 기구들을 활용했다.

해설 각 보기가 모두 접속사이므로 문장의 의미에 어울리는 것을 찾아야 한다. 빈칸이 속한 문장은 의미상 '휘발유로 동력을 얻는 트랙터가 발명될 때까지 기본적인 기구들을 활용했다'와 같은 뜻이 되어야 알맞으므로 '~할 때까지'라는 의미로 지속을 나타낼 때 사용하는 (d) until이 정답이다.

어휘 Industrial Revolution 산업 혁명 A-powered A에 의해 동력을 얻는 tool 기구, 도구 gas 휘발유, 가솔린 invent ~을 발명하다 since ~하기 때문에, ~한 이후로 while ~하는 동안, ~하면서, ~인 반면 until (지속) ~할 때까지

2

정답 (b)

포인트 대조/전환의 접속부사 on the other hand

해석 파리는 아름다운 건축 양식과 음식, 그리고 예술로 인해 전 세계에서 방문하기 가장 좋은 도시들 중의 하나이다. 반면에, 이 도시의 인기는 너무 붐비는 거리와 비싼 호텔, 그리고 레스토랑 및 박물관마다 늘어선 긴 줄 같은 문제들로 이어졌다.

해설 각 보기가 모두 접속부사이므로 빈칸 앞뒤 문장들의 의미 흐름을 파악해 알맞은 것을 골라야 한다. 빈칸 앞뒤에 각각 파리의 좋은 점과 문제점이 언급되어 있어 대조적인 내용이 이어지는 흐름임을 알 수 있다. 따라서 '반면에' 등의 의미로 대조 또는 반대를 나타낼 때 사용하는 (b) On the other hand가 정답이다.

어휘 architecture 건축 양식, 건축학 A make B C A로 인해 B가 C이다, A가 B를 C로 만들다 popularity 인기 lead to ~로 이어지다 overcrowded 너무 붐비는 for instance 예를 들어 on the other hand 반면에, 다른 한편으로는 similarly 마찬가지로, 유사하게 in the first place 우선, 첫째로

연습문제 05

p.51

1 (c) 2 (b)

1

정답 (c)

포인트 조건의 부사절 접속사 unless

해석 톰이 조촐한 휴일 파티를 위해 아파트로 나를 초대해 주었다. 톰은 내가 거리에서 주차 자리를 찾을 정도로 충분히 운이 좋지 않다면 자신의 집에서 약 열 블록 떨어진 곳에 있는 공영 주차장에 주차해야 할 것이라고 말한다.

해설 각 보기가 모두 접속사이므로 문장의 의미에 어울리는 것을 찾아야 한다. 빈칸이 속한 문장은 의미상 '거리에서 자리를 찾을 정도로 운이 좋지 않다면 멀리 떨어진 곳에 주차해야 한다'와 같은 뜻이 되어야 자연스러우므로 '~하지 않는다면, ~가 아니라면'이라는 의미로 부정 조건을 나타내는 (c) unless가 정답이다.

어휘 invite ~을 초대하다 will have to do ~해야 할 것이다 park 주차하다 public parking lot 공영 주차장 about 약, 대략 enough to do ~할 정도로 충분히 spot 자리, 위치, 지점 until (지속) ~할 때까지 unless ~하지 않는다면, ~가 아니라면 since ~하기 때문에, ~한 이후로

2

정답 (b)

포인트 예시의 접속부사 for example

해석 인도에서는, 환경을 보호하는 데 도움이 되고 있는 새로운 방안들이 많이 있다. 예를 들어, 콜카타에서는 '트래시 2 캐시' 프로그램을 통해 사람들에게 쓰레기를 수거 및 재활용하고 재사용하도록 돈을 지급해준다.

해설 각 보기가 모두 접속부사이므로 빈칸 앞뒤 문장들의 의미 흐름을 파악해 알맞은 것을 골라야 한다. 빈칸 앞에는 환경을 보호하기 위한 방안들이 있다는 말이, 빈칸 뒤에는 '트래시 2 캐시'라는 프로그램을 설명하는 말이 각각 쓰여 있다. 이는 환경 보호 방안의 한 가지 예를 말하는 흐름에 해당되므로 '예를 들어'라는 의미로 예시를 나타낼 때 사용하는 (b) For example이 정답이다.

어휘 initiative 방안, 계획 protect ~을 보호하다 environment 환경 pay ~에게 돈을 지급하다 collect ~을 수거하다, 모으다 recycle ~을 재활용하다 reuse ~을 재사용하다 trash 쓰레기 however 하지만, 그러나 for example 예를 들어 furthermore 게다가, 더욱이 in conclusion 결론적으로, 마지막으로

실전 모의고사 01 p.54

1 (b)	2 (d)	3 (b)
4 (a)	5 (c)	6 (b)
7 (c)	8 (c)	9 (b)
10 (c)	11 (b)	12 (b)
13 (c)	14 (b)	15 (c)
16 (a)	17 (c)	18 (c)
19 (a)	20 (b)	21 (a)
22 (c)	23 (c)	24 (b)
25 (c)	26 (d)	

1

정답 (b)

포인트 enable + 목적어 + to부정사

해석 마틴은 자신의 능력을 향상시킬 수 있도록 저녁 시간에 몇몇 강좌를 들을 계획이었다. 하지만 돈이 충분하지 않았다. 다행히도, 아버지로부터 금전적 지원을 받았으며, 이것으로 마틴은 한 지역 대학 강좌에 등록할 수 있었다.

해설 빈칸 앞에 이미 which절의 동사 enabled가 쓰여 있으므로 빈칸은 준동사 자리임을 알 수 있다. 동사 enable은 '~에게 …할 수 있게 해 주다'라는 뜻을 나타내어 'enable + 목적어 + to do'의 구조로 쓰인다. 따라서 목적어 Martin 뒤에 위치한 빈칸은 to부정사가 필요한 자리이므로 (b) to register가 정답이다.

어휘 intend to do ~할 계획이다, 작정이다 so that (목적) ~할 수 있도록 improve ~을 향상시키다, 개선하다 skill 능력, 기술 however 하지만, 그러나 fortunately 다행히도, 운 좋게 receive ~을 받다 financial 금전적인, 재정적인 assistance 지원, 도움 enable A to do A가 ~하는 것을 가능하게 하다 local 지역의, 현지의 register (for) (~에) 등록하다

2

정답 (d)

포인트 가정법 과거 주절 동사 ➲ would + 동사원형

해석 수잔은 작년에 하와이에 관한 다큐멘터리를 본 후, 그곳으로 여행을 가서 그 풍경을 보고 싶다는 결정을 내렸다. 만일 그녀가 조금 더 열심히 일할 수 있다면, 그곳으로 가는 비행기표를 구입할 수 있을 만큼 충분한 돈을 벌게 될 것이다.

해설 가정법 문장에서 If절의 동사가 의미상 '~할 수 있다면'이라는 뜻으로 현재 사실의 반대를 나타내는 과거 시제(could work)일 때, 주절의 동사는 'would/could/might + 동사원형'의 형태가 되어야 알맞으므로 (d) would earn이 정답이다.

어휘 decide that ~라는 결정을 내리다 sights 명소, 관광지 a bit 조금, 약간 earn ~을 벌다, 얻다

3

정답 (b)

포인트 주어 + _______ when + 주어 + 과거 동사
➲ 과거진행 시제 정답

해석 에릭은 월요일에 치른 시험에 대해 좋은 점수를 받아서 기뻤다. 하루의 수업 일과를 끝내는 학교 종소리가 울렸을 때 그는 그 시험 내용을 살펴보고 있었다.

해설 빈칸 뒤에 위치한 when절에 과거 동사 rang이 쓰여 있어 의미상 '학교 종소리가 울렸을 때 시험 내용을 살펴보고 있는 중이었다'와 같이 과거 시점에 일시적으로 진행 중이던 일을 나타내야 알맞으므로 과거진행 시제인 (b) was looking over가 정답이다.

어휘 be pleased that ~해서 기쁘다 receive ~을 받다 grade 점수, 성적 ring (소리 등이) 울리다 look over ~을 살펴보다, 검토하다

4

정답 (a)

포인트 가정법 과거 완료 주절 동사 ➲ would have + p.p.

해석 마틴은 어렸을 때 너무 아파서 질병으로 거의 시력을 잃을 뻔했다. 만일 그가 아프지 않았다면, 의료 분야 외의 직업을 선택했을 것이다.

해설 가정법 문장에서 If절의 동사가 의미상 '~였다면'이라는 뜻으로 과거 사실의 반대를 나타내는 과거 완료 시제(had not been)일 때, 주절의 동사는 'would/could/might have + p.p.'의 형태가 되어야 알맞으므로 (a) would have selected가 정답이다.

어휘 ill 아픈, 병이 든 nearly 거의 (~할 뻔하다) eyesight 시력 due to ~로 인해, ~ 때문에 disease 질병 it is likely that ~일 가능성이 있다, ~일 것 같다 profession 직업 other than ~ 외에 medicine 의료, 의학 select ~을 선택하다

5

정답 (c)

포인트 허가를 나타내는 can

해석 요즘, 전 세계 대부분의 국가들이 자국민들이 투표하는 것을 허락하고 있다. 하지만 모든 사람에게 그 권리가 허용되는 것은 아니다. 일부 국가에서는 오직 성인이면서 범죄 기록이 없는 사람들만 선거에서 투표할 수 있다.

해설 빈칸이 속한 문장은 의미상 '~한 사람들만 투표할 수 있다'와 같이 '허락/허가'의 의미를 나타내야 자연스럽다. 따라서 '~할 수 있다, ~해도 된다'와 같은 뜻으로 허가의 의미를 나타낼 때 사용하는 조동사 (c) can이 정답이다.

어휘 permit A to do A에게 ~하도록 허용하다 citizen 국민, 시민 vote 투표하다 allow A B A에게 B를 허용하다 right 권리, 권한 individual 사람, 개인 criminal record 범죄 기록 cast a vote 투표하다, 표를 던지다 election 선거

6

정답 (b)

포인트 주장/명령/요구/제안 동사 + that + 주어 + (should) + 동사원형

해석 때때로 고객들은 매장에서 부당한 요구를 한다. 예를 들어, 몇 달 전에 제품을 구입했다 하더라도 그것을 반품하려 시도할 수도 있다. 이런 사람들은 매장 정책에 반하는 것임에도 불구하고 그저 자신의 돈이 반환될 것을 요구한다.

해설 빈칸은 동사 demand의 목적어 역할을 하는 that절의 동사 자리이다. demand와 같이 주장/명령/요구/제안 등을 나타내는 동사의 목적어 역할을 하는 that절에서는 'should + 동사원형' 또는 should를 생략하고 주어와 상관없이 동사원형만 사용하므로 (b) be returned가 정답이다.

어휘 make a request 요구하다, 요청하다 unreasonable 부당한, 불합리한 attempt to do ~하려 시도하다 return ~을 반품하다, 반환하다 even if 설사 ~라 하더라도 purchase ~을 구입하다 several 몇몇의, 여럿의 simple 그저, 단지 demand that ~하도록 요구하다 even though ~함에도 불구하고, ~이기는 하지만 against ~에 반하는, 반대하여 policy 정책, 방침

7

정답 (c)

포인트 for + 기간 ⊙ 현재완료진행 시제 정답

해석 피터 심즈 씨는 전국 최고의 의사들 중 한 명이다. 하지만 그는 대학 재학 중에는 역사가가 되고 싶어 했다. 대부분의 사람들은 그가 현재 의료업에 종사한 지 불과 몇 년 밖에 되지 않았다는 사실을 알지 못한다.

해설 빈칸 뒤에 기간 표현 for just a couple of years now가 쓰여 있으므로 의미상 '현재 몇 년 동안'과 같이 과거에서 현재까지 지속되어 온 상태를 나타내야 자연스러운데, 이러한 의미는 현재완료진행 시제로 표현하므로 (c) has been practicing이 정답이다.

어휘 historian 역사가 in college 대학 재학 중인 practice medicine 의료업에 종사하다, 의사로 개업하다

8

정답 (c)

포인트 가정법 과거 주절 동사 ⊙ would + 동사원형

해석 잠자리에 들기 전에, 데이빗은 엄마에게 내일 아침에 일찍 깨워 달라고 부탁했다. 그는 만일 자신이 7시가 지나서 일어나면, 시험 시간에 너무 늦게 학교에 도착할 것이라는 사실을 알고 있다.

해설 가정법 문장에서 if절의 동사가 의미상 '~한다면'과 같이 현재 사실의 반대를 나타내는 과거 시제(got)일 때, 주절의 동사로 'would/could/might + 동사원형'의 형태가 짝을 이뤄 사용되므로 (c) would arrive가 정답이다. 참고로, 빈칸이 속한 문장의 if에서부터 his test까지는 주절의 동사 knows의 목적어 역할을 하는 that절에 해당되는 구조이다.

어휘 go to bed 잠자리에 들다 ask A to do A에게 ~하도록 부탁하다, 요청하다 wake A up A를 깨우다 arrive 도착하다

9

정답 (b)

포인트 avoid + 동명사

해석 샐리는 20년 넘게 고향에서 살았지만, 3년 전에 그곳을 떠나 그 이후로는 집에 오지 않았다. 샐리는 자신의 일로 바빠서, 며칠 집에 오도록 부탁하고 싶은 부모님과 이야기하는 것을 피해 왔다.

해설 빈칸 앞에 동사 has avoided가 쓰여 있어 빈칸이 동사 자리가 아니라는 것을 알 수 있으므로 준동사 중의 하나를 골라야 한다. 동사 avoid는 동명사를 목적어로 취하므로 (b) talking이 정답이다. 문장의 동사보다 이전 시점의 일을 나타내는 완료 동명사는 의미가 맞지 않으므로 (c) having talked는 오답이다.

어휘 more than ~ 넘게 leave 떠나다, 나가다 since (전) ~ 이후로 (접) ~하기 때문에, ~한 이후로 then (과거 또는 미래) 그때 be busy with ~로 바쁘다 avoid -ing ~하는 것을 피하다 invite A to do A에게 ~하도록 부탁하다, 요청하다

10

정답 (c)

포인트 by the time + 주어 + 현재 동사 ⊙ 미래완료진행 시제 정답

해석 젬마는 운동하는 것을 즐기며, 몇 달 후에 있을 마라톤 대회에서 달리기 위해 훈련하고 있다. 그녀가 올 여름에 달리기 경주에 출전할 때쯤이면, 약 2년 동안 그 행사를 준

비하게 될 것이다.

해설 시간 부사절 접속사인 By the time이 이끄는 절의 현재 시제 동사 competes은 미래 시점을 나타내는데 미래 시점까지 특정 기간 동안(for around two years) 진행될 행위를 나타내는 것은 미래완료진행 시제이므로 (c) will have been preparing이 정답이다.

어휘 work out 운동하다 train 훈련하다 in + 기간 ~ 후에 by the time ~할 때쯤이면 compete in (대회 등에) 출전하다, 참가해 경쟁하다 around 약, 대략 prepare ~을 준비하다

11

정답 (b)

포인트 사물 명사, which + 불완전한 절

해석 코파 제조사는 향후 수개월 이내에 시장에 출시하기를 바라고 있는 다수의 신제품에 계속 공을 들여 오고 있다. 그 제품들 중의 하나는 주방용품으로서, 대단히 효율적이며 전기를 아주 적게 사용한다.

해설 보기가 모두 관계사절이므로 빈칸 앞에 위치한 명사(선행사)의 특징 및 문장 구조에 따라 알맞은 것을 찾아야 한다. One of the items가 사물 명사이므로 이러한 명사구를 수식할 수 있는 which 또는 that이 이끄는 절 중에서 하나를 골라야 하는데, 콤마와 함께 삽입되는 구조로 사용할 수 있는 것은 which가 이끄는 절이므로 (b) which is a kitchen appliance가 정답이다.

어휘 work on ~에 대해 노력하다, 작업하다 a number of 다수의, 많은 (수의) hope to do ~하기를 바라다, 희망하다 put A on the market A를 시장에 출시하다 within ~ 내에 highly 대단히, 매우 efficient 효율적인 electricity 전기 kitchen appliance 주방용품

12

정답 (b)

포인트 When + 주어 + 현재 동사, 주어 + __________ ◐ 미래진행 시제 정답

해석 앨런은 오늘 밤 자신이 주최하는 파티에 음식이 충분하지 않을까 걱정하고 있다. 두어 시간 후에 그의 집에 도착하면, 아마 그가 주방에서 뭔가 요리하고 있을 것이다.

해설 시간 부사절 접속사인 When절에 쓰인 현재 시제 동사 get은 미래 시점을 나타내고 있다. 따라서 의미상 미래에 도착하면 '그가 요리 중일 것이다'와 같이 미래에 일시적으로 진행될 일을 나타내야 알맞으므로 미래진행 시제인 (b) will probably be cooking이 정답이다.

어휘 be worried that ~라는 점을 걱정하다 host ~을 주최하다 get to ~ ~에 도착하다, 로 가다 in + 시간 ~ 후에 probably 아마, 어쩌면

13

정답 (c)

포인트 가정법 과거 완료 if절 동사 ◐ had + p.p.

해석 피에르는 일전에 등산하러 갔을 때 굳이 지도를 챙겨 가지 않았다. 만일 그가 그 공원 내의 등산로가 때때로 얼마나 헷갈릴 수 있는지 기억했다면, 그렇게 중요한 물건을 잊지 않았을 것이다.

해설 가정법 문장에서 주절의 동사가 'would/could/might have + p.p.'의 형태(would not have forgotten)일 때, If절의 동사는 '~했다면'이라는 의미로 과거 사실의 반대를 나타내는 과거 완료 시제(had + p.p.)가 되어야 하므로 (c) had remembered가 정답이다.

어휘 bother to do 일부러 ~하다, 굳이 ~하다 the other day 일전에, 지난번에 confusing 헷갈리게 하는, 혼동시키는 trail 등산로, 이동로 at times 때때로 forget ~을 잊다 remember ~을 기억하다

14

정답 (b)

포인트 시간의 부사절 접속사 as soon as

해석 그 의사는 두통을 없애는 데 도움이 되는 약을 팸에게 주었다. 그 의사는 팸에게 식사를 마치는 대로 그 약을 복용하라고 말했는데, 그래야 약이 더욱 효과적이기 때문이었다.

해설 보기가 모두 접속사이므로 문장의 의미에 알맞은 것을 골라야 한다. 빈칸 앞뒤에 각각 위치한 절이 의미상 '식사를 마치는 대로 약을 복용하다'와 같은 뜻이 되어야 자연스러우므로 '~하는 대로, ~하자마자'를 의미하는 (b) as soon as가 정답이다.

어휘 help A do ~하도록 A에게 도움을 주다 get rid of ~을 없애다, 제거하다 tell A to do A에게 ~하라고 말하다 make A + 형용사 A를 ~하게 만들다 effective 효과적인 until (지속) ~할 때까지 as soon as ~하는 대로, ~하자마자 although 비록 ~이기는 하지만 unless ~가 아니라면, ~하지 않는다면

15

정답 (c)

포인트 right now ◐ 현재진행 시제 정답

해석 어느 분이든 제퍼슨 씨와 이야기하기를 요청하시는 경우, 나중에 다시 오시라고 말씀드리세요. 제퍼슨 씨께서 지금 상사와 회의를 진행하고 계십니다. 다른 어떤 분과 얘기를 나누실 시간이 없습니다.

해설 빈칸 뒤에 부사 right now가 쓰여 있어 의미상 '지금 회의를 진행하고 있는 중이다'와 같이 현재 일시적으로 진행 중인 일을 나타내야 알맞으므로 현재진행 시제인 (c) is holding이 정답이다.

어휘 ask to do ~하도록 요청하다 tell A to do A에게 ~하라고 말하다 right now 지금 (바로), 당장 anyone else 다른 누구든

16

정답 (a)

포인트 주장/명령/요구/제안 동사 + that + 주어 + (should) + 동사원형

해석 안젤라는 막 고등학교를 졸업하려는 참이지만, 자신이 일자리를 얻고 싶은지, 아니면 대학에 등록하고 싶은지 확신을 못하는 상태이다. 부모님께서는 조언을 좀 얻을 수 있도록 학교의 진로 상담 교사와 이야기해 보도록 권하신다.

해설 빈칸은 동사 recommend의 목적어 역할을 하는 that절의 동사 자리이다. recommend와 같이 주장/명령/요구/제안 등을 나타내는 동사의 목적어 역할을 하는 that절에서는 'should + 동사원형' 또는 should를 생략하고 주어와 상관없이 동사원형만 사용하므로 (a) speak with가 정답이다.

어휘 be about to do 막 ~하려 하다 graduate from ~을 졸업하다 whether A or B A인지, 아니면 B인지 enroll in ~에 등록하다 recommend that ~하도록 권하다, 추천하다 guidance counselor 진로 상담 교사

17

정답 (c)

포인트 가정법 과거 완료 주절 동사 ◐ would have + p.p.

해석 샤론은 시험 때문에 정말로 열심히 공부해야 했다. 만일 그녀가 어젯밤에 너무 졸리지 않았다면, 분명 수업 자료를 살펴보면서 늦게까지 잠을 자지 않고 있었을 것이다.

해설 가정법 문장에서 If절의 동사가 의미상 '~였다면'과 같이 과거 사실의 반대를 나타내는 과거 완료 시제(had not been)일 때, 주절의 동사로 'would/could/might have + p.p.'의 형태가 짝을 이뤄 사용되므로 (c) would have stayed up이 정답이다.

어휘 exam 시험 definitely 분명히, 확실히 review ~을 살펴보다, 검토하다 material 내용, 자료 stay up late 늦게까지 자지 않고 있다

18

정답 (c)

포인트 'for + 기간'과 'before + 과거 시점'
◐ 과거완료진행 시제 정답

해석 앨리스 마틴은 유럽으로 이사했는데, 중세 시대의 예술과 역사에 관해 직접 배우고 싶어 했기 때문이었다. 이사하기 전에는, 5년 동안 두 가지 학업 분야를 공부하고 있었다.

해설 빈칸 앞에 위치한 Before her move는 앞 문장에서 과거 시제 동사 moved와 함께 과거 시점에 이사한 일을 가리킨다. 따라서, 과거 시점보다 이전에 특정 기간 동안 (for five years) 진행되었던 행위는 과거완료진행에 해당하므로 (c) had been studying이 정답이다.

어휘 learn about ~에 관해 배우다 Muddle Ages 중세 시대 firsthand 직접 (체험해서) subject 학업 분야, 학과, 주제

19

정답 (a)

포인트 be predicted + to부정사

해석 하트 모양으로 된 희귀 핑크색 다이아몬드가 다음 주에 뉴욕 시의 소더비 경매장에 경매로 나올 것이다. 이 다이아몬드는 지금까지 발견된 것 중에서 가장 희귀하기 때문에 200~300만 달러 사이의 가격에 팔릴 것으로 예상된다.

해설 빈칸 앞에 동사 is predicted가 있는데, be predicted는 to부정사와 함께 쓰여 '~할 것으로 예상되다'라는 의미를 갖는 표현이므로 to부정사인 (a) to fetch가 정답이다. 이와 같이 미래에 대한 예상/예측을 나타내는 표현은 보통 to부정사와 어울린다는 점도 기억해 두는 것이 좋다.

어휘 rare 희귀한, 드문 heart-shaped 하트 모양의 auction ~을 경매에 내놓다, 경매로 처분하다 ever (최상급 강조) 지금까지, 이제까지 discover ~을 발견하다 be predicted to do ~할 것으로 예상되다 fetch ~의 가격에 팔리다

20

정답 (b)

포인트 가정법 과거 if절 동사 ◐ 과거 시제

해석 피터는 오븐이 갑자기 작동을 멈추게 되어 가족을 위해 고급 저녁 식사를 요리할 수 없을 것이라는 사실을 알고 실망한 상태이다. 오븐이 제대로 작동하기만 한다면 그는 훌륭한 식사를 준비할 수 있을 것이다.

해설 가정법 문장에서 주절의 동사가 'would/could/might + 동사원형'의 형태(could prepare)일 때, if절의 동사는 '~한다면'이라는 의미로 현재 사실의 반대를 나타내는 과거 시제가 되어야 하므로 (b) were working이 정답이다.

어휘 be disappointed to do ~해서 실망하다 find out that ~임을 알게 되다 be able to do ~할 수 있다 gourmet (음식이) 고급의 since ~하기 때문에 suddenly 갑자기 work (기계 등이) 작동하다, 기능하다 prepare ~을 준비하다 fine 훌륭한, 멋진, 좋은 if only ~하기만 한다면 properly 제대로, 적절히

21

정답 (a)

포인트 사물 명사 + that + 불완전한 절

해석 윗필드 씨는 한 직책에 대해 여러 지원자들을 면접 봤으며, 폭넓은 경험으로 인해 오코넬 씨를 고용하기로 결정했다. 그에게 그러한 결정을 내리도록 만든 또 다른 이유는 회사에서 즉시 근무를 시작하고자 하는 오코넬 씨의 간절함이었다.

해설 reason이 사물 명사이므로 이러한 명사를 수식할 수 있는 that 또는 which가 이끄는 절 중에서 하나를 골라야 하는데, 관계대명사절은 명사를 수식할 때 주어 또는 목적어 등이 빠진 불완전한 구조가 되어야 한다. 따라서 that 뒤로 주어 없이 동사 prompted로 시작되는 불완전한 구조로 된 (a) that prompted him to make the decision이 정답이다. (c) which it prompted him to make the decision은 which 뒤에 완전한 구조로 된 절이 쓰여 있으므로 오답이다.

어휘 several 여럿의, 몇몇의 candidate 지원자, 후보자 position 직책, 일자리 choose to do ~하기로 결정하다, 선택하다 hire ~을 고용하다 due to ~로 인해, ~ 때문에 extensive 폭넓은, 광범위한 eagerness to do ~하고자 하는 간절함, 열망 immediately 즉시, 당장 prompt A to do A에게 ~하도록 만들다, 촉발시키다 make a decision 결정을 내리다

22

정답 (c)

포인트 keep + 동명사

해석 민디는 어제 몇몇 동료 직원들과의 회의 중에 자신이 행동한 방식을 정말로 후회했다. 민디는 머릿속으로 그 일들을 계속 되짚어 보면서 무엇을 다르게 할 수 있었는지 생각하고 있다.

해설 빈칸 앞에 동사 keeps가 쓰여 있어 빈칸이 동사 자리가 아니라는 것을 알 수 있으므로 준동사 중의 하나를 골라야 한다. 동사 keep과 어울려 '계속 ~하다'라는 뜻을 갖는 것은 동명사이므로 (c) going over가 정답이다.

어휘 regret ~을 후회하다 act 행동하다 coworker 동료 (직원) keep -ing 계속 ~하다 could have + p.p. ~할 수도 있었다 differently 다르게 go over ~을 되짚어 보다, 살펴보다, 검토하다

23

정답 (c)

포인트 습성/경향을 나타내는 will

해석 자석은 철이나 니켈, 또는 다른 금속 원소로 만들어진 물건을 끌어당기는 물체이다. 따라서 자석 근처에 동전을 하나 갖다 놓으면, 자석이 힘을 발휘해 동전이 당겨지도록 만든다.

해설 빈칸이 속한 문장은 의미상 '자석을 갖다 놓으면 힘을 발휘해 동전을 당긴다'와 같이 일반적인 자석의 속성을 나타내야 알맞다. 따라서 '~한다, ~하기 마련이다'와 같은 뜻으로 사물의 습성이나 경향을 나타낼 때 사용하는 조동사 (c) will이 정답이다.

어휘 magnet 자석 object 물체, 물건(= item) attract ~을 끌어당기다 be made of ~로 만들어지다 metallic element 금속 원소 as a result 따라서, 그 결과 put ~을 놓다, 두다 near ~와 가까이에 exert ~을 발휘하다 force 힘 cause A to do A가 ~하도록 초래하다

24

정답 (b)

포인트 evade + 동명사

해석 조지는 과학자들로 구성된 한 그룹에게 자신의 연구 내용에 관해 연설했다. 하지만 그들 중 한 명이 조지가 대답하기를 원치 않는 질문들을 던졌다. 조지는 어떤 중요한 정보도 누설하지 않도록 그 질문들에 대해 답변하는 것을 회피했다.

해설 빈칸 앞에 이미 문장의 동사 made가 쓰여 있으므로 빈칸은 동사 자리가 아니다. 따라서 to부정사로 쓰인 동사 evade와 어울리는 준동사가 필요한데, evade는 동명사를 목적어로 취하므로 (b) responding이 정답이다.

어휘 give a speech 연설하다 research 연구, 조사 however 하지만, 그러나 make sure to do 분명히 ~하다, ~하는 것을 분명히 해 두다 evade -ing ~하는 것을 회피하다 so that (목적) ~하도록 give away ~을 누설하다, 거저 주다 respond (to) (~에) 답변하다, 반응하다

25

정답 (c)

포인트 양보의 접속부사 nonetheless

해석 크레이그는 해야 할 다른 많은 프로젝트가 있어서 선생님께 과제물을 이틀 늦게 제출할 수 있는지 여쭤 봤다. 선생님은 크레이그에게 기한을 연장해 주는 데 동의하셨다. 그럼에도 불구하고, 선생님은 크레이그에게 늦는 것에 대해 점수가 감점될 것이라고 알려주셨다.

해설 보기가 모두 접속부사이므로 빈칸 앞뒤에 위치한 문장의 해석을 통해 의미상 가장 적합한 것을 찾아야 한다. 빈칸 앞뒤에 위치한 문장은 의미상 '선생님이 기한 연장에 동의하셨다. 그럼에도 불구하고, 감점이 있을 것이다'와 같은 흐름이 되어야 알맞으므로 '그럼에도 불구하고'라는 뜻으로 대조적인 사실을 말할 때 사용하는 (c) Nonetheless가 정답이다.

어휘 ask A if A에게 ~인지 묻다 submit ~을 제출하다, 내다 assignment 과제(물) agree to do ~하는 데 동의하다, ~하기로 합의하다 extension (기한) 연장 inform A that A에게 ~라고 알리다 lose ~을 잃다 therefore 따라서, 그러므로 instead 대신 nonetheless 그럼에도 불구하고

26

정답 (d)

포인트 완전한 절 구조 + to부정사

해석 크리스토퍼 콜럼버스는 향신료 무역을 하기 위해 유럽에서 아시아로 항해하기를 원했다. 이 여행은 아프리카를 돌아가는 데 아주 오랜 시간이 걸렸다. 따라서 콜럼버스는 아시아로 가는 여정을 더 빨리 끝내기 위해 대서양을 가로질러 서쪽으로 항해하기로 결정했다.

해설 빈칸 앞에 주어(Columbus)와 동사(decided), 그리고 to부정사구와 across 전치사구가 이어져 있어 이미 완전한 구조의 절이 갖춰져 있음을 알 수 있다. 따라서 빈칸 이하 부분은 부사처럼 부가적인 역할을 하는 수식어구가 되어야 하므로 '더 빠르게 여정을 끝내기 위해'라는 목적의 의미를 갖는 to부정사 (d) to complete이 정답이다.

어휘 sail 항해하다 get involved in ~에 관여하다 spice trade 향신료 무역 around ~의 주위를 돌아, 빙 둘러 take ~의 시간이 걸리다 therefore 따라서, 그러므로 decide to do ~하기로 결정하다 across ~을 가로질러 quickly 빨리 complete ~을 완료하다

실전 모의고사 02 p.60

1 (d)	2 (a)	3 (c)
4 (a)	5 (b)	6 (a)
7 (c)	8 (d)	9 (c)
10 (b)	11 (a)	12 (a)
13 (d)	14 (b)	15 (c)
16 (c)	17 (a)	18 (c)
19 (a)	20 (d)	21 (a)
22 (c)	23 (a)	24 (b)
25 (b)	26 (c)	

1

정답 (d)

포인트 양보의 전치사 in spite of

해석 토드는 팀에서 운동 신경이 가장 좋은 사람은 아니며, 많은 선수들이 토드보다 더 나은 능력을 지니고 있다. 이러한 약점에도 불구하고, 토드는 팀에서 가장 중요한 선수인데, 항상 열심히 경기하고 절대 포기하지 않기 때문이다.

해설 보기가 모두 전치사이므로 문장의 의미에 알맞은 것을 골라야 한다. 빈칸이 속한 문장이 의미상 '약점에도 불구하고, 가장 중요한 선수이다'와 같은 뜻이 되어야 자연스러우므로 '~에도 불구하고'를 뜻하는 (d) In spite of가 정답이다.

어휘 athletic 운동 신경이 좋은, 운동선수의 skill 능력, 기술 disadvantage 약점 valuable 소중한, 가치 있는 give up 포기하다 as a result of ~에 따른 결과로 rather than ~보다는, ~가 아니라, ~하지 않고 instead of ~ 대신 in spite of ~에도 불구하고

2

정답 (a)

포인트 since + 과거 시점 ◐ 현재완료진행 시제 정답

해석 스티브는 비디오 게임을 너무 많이 하는 것을 중단하고 대신 더 건강해질 것을 아버지께 약속드렸다. 스티브가 아버지와 함께 이야기한 이후로 줄곧, 스티브는 매일 한 시간씩 공원에서 계속 조깅을 해 오고 있다.

해설 빈칸 앞에 과거 시제 동사 talked가 포함된 since절과 의미가 어울리려면 '아버지와 함께 이야기한 이후로 줄곧, 공원에서 계속 조깅을 해 오고 있다'와 같이 과거의 특정 시점 이후로 현재까지 지속되어 오고 있는 일을 나타내야 알맞다. 이러한 의미는 현재완료진행 시제로 표현하므로 (a) has been jogging이 정답이다.

어휘 promise A that A에게 ~라고 약속하다 stop -ing ~하는 것을 중단하다, 멈추다 instead 대신 get into shape 건강을 유지하다, 몸매를 가꾸다 ever since ~한 이후로 줄곧

3

정답 (c)

포인트 be required + to부정사

해석 머피 컨설팅의 입사 지원자들은 대학 학위와 최소 2년간의 과거 근무 경력을 지니고 있어야 한다. 추가로, 지원자들은 세 통의 추천서와 이전 상사들의 연락처도 제출해야 한다.

해설 빈칸 앞에 위치한 동사 require는 'require + 목적어 + to부정사'의 구조로 쓰이는데 수동태가 될 경우 'be required + to부정사'의 형태로 쓰이므로 (c) to submit이 정답이다.

어휘 candidate 지원자, 후보자 degree 학위 at least 최소한, 적어도 prior 과거의, 이전의 in addition 추가로, 게다가 applicant 지원자, 신청자 be required to do ~해야 하다, ~할 필요가 있다 letter of reference 추천서 contact information 연락처 past 이전의, 과거의 supervisor 상사, 책임자, 감독

4

정답 (a)

포인트 가정법 과거 완료 주절 동사 ◐ would have + p.p.

해석 에릭은 그날 하루 집에 머물러 있을 계획이었지만, 갑자기 친구들과 낚시하러 가기로 결정했다. 만일 그가 마음을 바

꾸지 않았다면, 친구들과 국립공원에서 재미있는 하루를 즐기지 못했을 것이다.

해설 가정법 문장에서 If절의 동사가 의미상 '~했다면'과 같이 과거 사실의 반대를 나타내는 과거 완료 시제(hadn't changed)일 때, 주절의 동사는 '~했을[할 수 있었을] 것이다'를 뜻하는 'would/could/might have + p.p.'의 형태가 되어야 알맞으므로 (a) wouldn't have enjoyed가 정답이다.

어휘 plan to do ~할 계획이다 suddenly 갑자기 decide to do ~하기로 결정하다 change one's mind 마음을 바꾸다 national park 국립공원

5

정답 (b)

포인트 주장/명령/요구/제안 동사 + that + 주어 + (should) + 동사원형

해석 제시카는 종종 제때 과제를 하지 못하는데, 이번에는 과학 과제가 일주일 넘게 늦은 상태이다. 담당 교사인 패터슨 씨는 제시카에게 주말까지 프로젝트를 제출하도록 요청했다.

해설 빈칸은 동사 requested의 목적어 역할을 하는 that절의 동사 자리이다. request와 같이 주장/명령/요구/제안 등을 나타내는 동사의 목적어 역할을 하는 that절에서는 'should + 동사원형' 또는 should를 생략하고 주어와 상관없이 동사원형만 사용하므로 (b) submit이 정답이다.

어휘 fail to do ~하지 못하다 on time 제때 more than ~ 넘게 assignment 과제(물) request that ~하도록 요청하다 by (기한) ~까지 submit ~을 제출하다

6

정답 (a)

포인트 가정법 과거 주절 동사 ➲ would + 동사원형

해석 과학자들은 곧 분출할 것인지를 밝혀내기 위해 전 세계의 활화산들을 신중히 관찰한다. 만일 이러한 프로젝트들이 후원을 받지 못한다면, 화산 근처에 사는 사람들은 때때로 위험에 처하게 될 것이다.

해설 가정법 문장에서 If절의 동사가 의미상 '~한다면'이라는 뜻으로 현재 사실의 반대를 나타내는 과거 시제(did not get)일 때, 주절의 동사로 'would/could/might + 동사원형'의 형태가 짝을 이뤄 사용되므로 (a) would be가 정답이다.

어휘 monitor ~을 관찰하다, 감시하다 active volcano 활화산 determine if ~인지 밝혀내다, 결정하다 be about to do 막 ~하려 하다 erupt 분출하다 get sponsored 후원 받다 in danger 위험에 처한 at times 때때로

7

정답 (c)

포인트 consider + 동명사

해석 대학교를 졸업한 후, 멜라니는 아시아의 도시에 위치한 세 곳을 포함해 여러 다른 회사로부터 채용 제안을 받았다. 현재, 멜라니는 본사가 뭄바이에 있는 한 회사의 제안을 수락하는 것을 고려하고 있다.

해설 빈칸 앞에 이미 문장의 동사 is considering이 쓰여 있으므로 빈칸은 동사가 아닌 준동사 자리이다. 또한, 동사 consider는 동명사를 목적어로 취하므로 (c) accepting이 정답이다. 문장의 동사보다 이전 시점의 일을 나타내는 완료 동명사는 의미가 맞지 않으므로 (d) having accepted는 오답이다.

어휘 graduate from ~을 졸업하다 receive ~을 받다 job offer 고용 제안, 일자리 제의 several 여럿의, 몇몇의 including ~을 포함해 located in ~에 위치한 at the present time 현재 consider -ing ~하는 것을 고려하다 headquarters 본사 accept ~을 수락하다, 받아들이다

8

정답 (d)

포인트 'for + 기간'과 'when + 주어 + 과거 동사'
➲ 과거완료진행 시제 정답

해석 멜론 씨의 상사는 그녀가 보고서를 끝마쳐야 한다고 말했는데, 그가 다음날 회사의 대표이사와 만나야 했기 때문이었다. 그녀가 마침내 그 할당 업무를 완료했을 때 8시간 동안 책상 앞에 계속 앉아 있었다.

해설 빈칸 뒤에 위치한 when절에 과거 시제 동사 completed와 함께 업무를 완료한 과거 시점을 알리고 있으므로 의미상 '마침내 업무를 완료했을 때 8시간 동안 계속 앉아 있었다'와 같이 특정 과거 시점보다 더 이전의 과거에 지속된 일을 나타내야 한다. 이러한 의미는 과거완료진행 시제로 표현하므로 (d) had been sitting이 정답이다.

어휘 tell A that A에게 ~라고 말하다 meet with (약속하여) ~와 만나다 finally 마침내, 결국 complete ~을 완료하다 assignment 할당(된 일), 배정(된 일)

9

정답 (c)

포인트 decide + to부정사

해석 설리반 씨의 팀은 주말 내내 열심히 일하여 마감시한까지 자신들의 업무를 완료했다. 모든 사람이 녹초가 된 것처럼 보였기 때문에 설리반 씨는 팀원들에게 월요일에 집에서 쉬도록 허락하기로 결정했다.

해설 빈칸 앞에 과거 시제로 쓰인 동사 decide는 to부정사를 목적어로 취하므로 (c) to permit이 정답이다. 완료 부정사는 동사보다 한 시제 이전을 의미하므로 (b) to have permitted는 의미상 맞지 않아 오답이다.

어휘 manage to do ~해내다 complete ~을 완료하다 assignment (할당된) 업무, 임무, 과제 by (기한) ~까지 deadline 마감시한 look + 형용사 ~한 것처럼 보이다, ~한 것 같다 exhausted 녹초가 된, 진이 다 빠진 decide to do ~하기로 결정하다 permit (A to do) (A에게 ~하도록) 허용하다

10

정답 (b)

포인트 While + 주어 + _______, 주어 + 과거 동사
○ 과거진행 시제 정답

해석 모든 학생들이 아놀드 씨의 강연을 듣기 위해 강당으로 서둘러 갔다. 하지만 학생들은 그곳에서 벌어진 일 때문에 놀라워했다. 아놀드 씨가 무대로 걸어 올라가던 중에, 그곳의 조명이 갑자기 꺼졌다.

해설 빈칸 뒤에 위치한 주절에 과거 시제 동사 turned와 함께 과거 시점에 조명이 갑자기 꺼졌다는 말이 쓰여 있으므로 의미상 '아놀드 씨가 걸어 올라가던 중에, 조명이 갑자기 꺼졌다'와 같이 While이 이끄는 절에는 과거 시점에 일시적으로 진행 중이던 일을 나타내야 알맞다. 따라서 과거진행 시제인 (b) was walking이 정답이다.

어휘 rush 서둘러 가다, 급히 가다 auditorium 강당 be surprised by ~ 때문에 놀라다 while ~하는 중에, ~하는 동안 suddenly 갑자기 turn off (전기, 기계 등이) 꺼지다

11

정답 (a)

포인트 인과의 접속부사 thus

해석 그리스 신화에서, 메두사는 누군가 자신을 쳐다보면 그 사람을 돌로 만들어 버릴 수 있었기 때문에 영웅 페르세우스는 방패에 반사된 모습을 통해 메두사를 보았다. 그렇게 해서, 페르세우스는 목을 베어 그 괴물을 죽일 수 있었다.

해설 보기가 모두 접속부사이므로 빈칸 앞뒤에 위치한 문장의 해석을 통해 의미상 가장 적합한 것을 찾아야 한다. 빈칸 앞뒤에 위치한 문장은 의미상 '직접 쳐다보면 안 되므로 방패에 반사된 모습으로 메두사를 보았다. 그렇게 해서, 죽일 수 있었다'와 같은 흐름이 되어야 알맞으므로 '그렇게 해서' 등의 의미로 결과를 나타낼 때 사용하는 (a) Thus가 정답이다.

어휘 mythology 신화 turn A into B A를 B로 만들다, 탈바꿈시키다, 변모시키다 reflection 반사(된 것) shield 방패 be able to do ~할 수 있다 by ~해서, ~함으로써 cut off ~을 자르다, 잘라내다 thus 그렇게 해서, 이렇게 하여, 따라서 however 하지만, 그러나 in contrast 대조적으로, 그에 반해서 similarly 유사하게, 마찬가지로

12

정답 (a)

포인트 learn + to부정사

해석 우리 남편은 고집스러울 정도로 자립적이기 때문에 일하는 데 있어 많은 문제를 초래하기 시작하고 있다. 나는 남편이 어려움에 처해 있을 때 다른 이들에게 도움을 받는 법을 언젠가 배울 수 있기를 바라고 있다.

해설 빈칸 앞에 동사 learn이 쓰여 있어 빈칸이 동사 자리가 아니라는 것을 알 수 있으므로 준동사 중의 하나를 골라야 한다. 동사 learn은 to부정사를 목적어로 취하므로 (a) to let이 정답이다.

어휘 stubbornly 고집스럽게, 완강하게 independent 자립적인, 독립적인 cause ~을 초래하다, 야기하다 learn to do ~하는 법을 배우다 in trouble 어려움에 처한, 곤경에 빠진 let A do A에게 ~하게 하다

13

정답 (d)

포인트 가정법 과거 완료 if절 동사 ○ had + p.p.

해석 안타깝게도, 데이빗은 고용 관리 책임자에게 매우 좋지 못한 인상을 남겼기 때문에 취업하지 못했다. 만일 그가 지난주에 있었던 면접을 잘 치렀다면, 그 자리에서 일자리 제안을 받았을 것이다.

해설 가정법 문장에서 주절의 동사가 'would/could/might have + p.p.'의 형태(would have received)일 때, If절의 동사는 '~했다면'이라는 의미로 과거 사실의 반대를 나타내는 과거 완료 시제(had + p.p.)가 되어야 하므로 (d) had performed가 정답이다.

어휘 unfortunately 안타깝게도, 아쉽게도 fail to do ~하지 못하다 get hired 고용되다, 일자리를 얻다 make a poor impression on ~에게 좋지 못한 인상을 남기다 hiring manager 고용 관리 책임자 receive ~을 받다 offer 제안 on the spot 그 자리에서, 즉석에서

14

정답 (b)

포인트 now ○ 현재진행 시제 정답

해석 루이스는 대학 마지막 학기를 끝내기 위해 열심히 노력하고 있다. 그는 현재 전국 각지의 도시에 위치한 여러 회사의 일자리에 지원하는 것을 고려하고 있다.

해설 보기에 포함된 부사인 now와 어울려 '지금 고려하는 중이다'와 같이 현재 진행 중인 일을 나타내야 알맞으므로 현재진행 시제인 (b) is now considering이 정답이다.

어휘 semester 학기 apply for ~에 지원하다, ~을 신청하다 several 여럿의, 몇몇의 all around the country 전국 각지에 있는 consider 고려하다

15

정답 (c)

포인트 주어의 의지를 나타내는 will

해석 내 남동생은 야구를 아주 좋아해서 이번 주말에 열리는 경기 입장권을 두 장 구입했다. 남동생은 나에게 함께 경기를 보고 싶은지 물어봤다. 난 내 동생이 얼마나 즐거워할지 알고 있기 때문에 경기를 보러 가겠다고 약속했다.

해설 빈칸이 속한 that절은 '~을 약속하다'를 뜻하는 주절의 동사 promised의 목적어로서, 의미상 '할 것을 약속했다'와 같이 미래에 대한 의지를 나타내야 알맞다. 따라서 '~하겠다, ~할 것이다'라는 뜻으로 말하는 사람의 의지/의향을 나타낼 때 사용하는 조동사 (c) will이 정답이다.

어휘 ask A if A에게 ~인지 묻다 promise that ~라고 약속하다 attend ~에 참석하다

16

정답 (c)

포인트 사물 명사, which + 불완전한 절

해석 루시아는 집안의 특수한 방에 소장품으로 보관하고 있는 고대 물품들이 있다. 그 방은 특별한 조명 시스템을 갖춘 곳으로서, 대단히 보안이 잘 되어 있어, 누구도 루시아의 허락 없이는 출입할 수 없다.

해설 The room이 사물 명사이므로 이러한 명사를 수식할 수 있는 that 또는 which가 이끄는 절 중에서 하나를 골라야 하는데, 콤마와 함께 사용할 수 있는 것은 which가 이끄는 절이므로 (c) which has a unique lighting system이 정답이다.

어휘 collection 소장(품), 수집(품) ancient 고대의 highly 대단히, 매우 secure 안전한, 보안이 잘 되어 있는 gain access to ~에 출입하다, 접근하다 permission 허락 unique 독특한, 특별한

17

정답 (a)

포인트 'by + 미래 시점'과 'for + 기간'
◯ 미래완료진행 시제 정답

해석 요즘, 일론 머스크 같은 사람들은 정착지 건설을 시작하기 위해 화성까지 우주비행사들을 보내는 계획을 세우고 있다. 2100년쯤이면, 사람들이 화성에서 수십 년째 거주하고 있게 될 것이다.

해설 By the year 2100은 미래 시점을 나타내는데, 의미상 해당 미래 시점까지 특정 기간 동안(for several decades) 지속될 행위를 나타내는 것은 미래완료진행 시제이므로 (a) will have been living이 정답이다.

어휘 make a plan to do ~하는 계획을 세우다 astronaut 우주비행사 all the way to (이동) ~까지 내내, 쭉 colony 정착지, 식민지 by ~쯤이면 several 여럿의, 몇몇의 decade 10년

18

정답 (c)

포인트 의무/필수 형용사 + that + 주어 + (should) + 동사원형

해석 레이놀즈 씨는 다른 나라에 살고 있는 딸에게 소포를 보내기 위해 우체국을 방문했다. 우체국 직원은 소포를 해외로 발송하기 전에 세관 신고서를 작성하는 것이 필수라고 말했다.

해설 빈칸은 가주어 it 뒤에 위치하는 진주어 that절의 동사 자리이다. that 앞에 위치한 imperative와 같이 의무/필수 등을 나타내는 형용사 보어가 쓰인 'It ~ that' 가주어/진주어 문장에서 that절의 동사로 'should + 동사원형' 또는 should를 생략하고 주어와 상관없이 동사원형만 사용하므로 (c) complete이 정답이다.

어휘 package 소포, 배송 물품, 꾸러미 clerk 직원, 점원 it is imperative that ~하는 것일 필수이다, 반드시 ~해야 하다 customs form 세관 신고서 abroad 해외로, 해외에 complete ~을 작성하다, 완료하다

19

정답 (a)

포인트 의무를 나타내는 must

해석 많은 병원에는 오직 환자들만 이용할 수 있는 엘리베이터가 있다. 만일 누군가가 병원을 방문한다면, 그 사람은 환자 전용으로 지정된 엘리베이터를 이용하는 것을 피해야 한다.

해설 빈칸이 속한 주절은 의미상 '~하는 것을 반드시 피해야 한다'와 같이 꼭 해야 하는 의무적인 일을 나타내야 자연스럽다. 따라서 '반드시 ~해야 하다'라는 뜻으로 의무/도리를 나타낼 때 사용하는 조동사 (a) must가 정답이다.

어휘 exclusively 오직, 독점적으로 patient 환자 individual 사람, 개인 avoid -ing ~하는 것을 피하다 reserved 지정된, 예약된

20

정답 (d)

포인트 사물 명사 + that + 불완전한 절

해석 피드먼트 컨설팅 사의 직원들은 몇 분 후에 직원회의를 열 예정이다. 참가자들이 논의하게 될 안건의 첫 번째 항목은 추가 직원 고용의 필요성인데, 회사에서 최근에 여러 신규 계약을 체결했기 때문이다.

해설 빈칸 앞에 위치한 The first item on the agenda가 사물 명사에 해당되므로 사물 명사를 수식할 수 있는 that이 이끄는 (d) that the participants will be discussing이 정답이다.

어휘 in + 시간 ~후에 item 항목 agenda 안건, 의제 hire ~을 고용하다 recently 최근에 sign a contract 계약을 체결하다 several 여럿의, 몇몇의 participant 참가자 discuss ~을 논의하다, 이야기하다

21

정답 (a)

포인트 postpone + 동명사

해석 올해의 기금 마련 행사는 토요일에 개최될 예정이지만, 일기예보에서 뇌우를 예상하고 있다. 행사 주최측은 모금 행사를 개최하는 것을 다음 주로 연기할 것이라고 막 발표했다.

해설 동사 will postpone 뒤에 빈칸이 위치해 있으므로 준동사가 빈칸에 쓰여야 한다. 동사 postpone은 동명사를 목적어로 취하므로 (a) holding이 정답이다.

어휘 fundraising event 기금 마련 행사, 모금 행사(= fundraiser) be supposed to do ~할 예정이다, ~하기로 되어 있다 hold ~을 개최하다, 열다 weather forecast 일기예보 call for ~을 예상하다 thunderstorm 뇌우 organizer 주최자, 조직자 announce (that) ~라고 발표하다, 공지하다 postpone -ing ~하는 것을 연기하다, 미루다

22

정답 (c)

포인트 가정법 과거 주절 동사 ➲ would + 동사원형

해석 제시카는 아마존 열대 우림에서 일부 조사를 실시하기 위해 남미 지역으로 떠나는 데 특히 관심을 갖고 있다. 그녀가 직장에서 6개월 동안 일을 쉴 수 있는 능력만 있다면, 즉시 브라질로 출발할 것이다.

해설 가정법 문장에서 If절의 동사가 의미상 '~한다면'이라는 뜻으로 현재 사실의 반대를 나타내는 과거 시제(had)일 때, 주절의 'would/could/might + 동사원형'의 형태가 되어야 알맞으므로 (c) would depart가 정답이다.

어휘 particularly 특히, 특별히 be interested in ~에 관심이 있다 conduct ~을 실시하다, 수행하다 research 조사, 연구 if only ~하기만 해도, ~하기만 한다면 ability to do ~할 수 있는 능력 take A off A만큼 일을 쉬다, 휴무하다 at once 즉시, 당장 depart 출발하다, 떠나다

23

정답 (a)

포인트 next week ➲ 미래진행 시제 정답

해석 그 독서 동아리 회원들은 주말에 모여 여러 다른 소설들에 대해 이야기한다. 하지만 재닛은 다음 주에 동아리 모임에 참석할 수 없는데, 체육관에서 수영 강습을 받을 것이기 때문이다.

해설 주절에 미래 시점 표현 next week과 함께 참석할 수 없음을 말하고 있는데, 의미상 해당 미래 시점에 수영 강습을 받을 것이기 때문에 참석할 수 없을 것이라는 것이 적절하므로 미래에 진행 중일 일을 나타내는 미래진행 시제 (a) will be taking이 정답이다.

어휘 book club 독서 동아리 get together 모이다 discuss ~에 대해 이야기하다, 토론하다 however 하지만, 그런데 attend ~에 참석하다 gym 체육관

24

정답 (b)

포인트 가정법 과거 완료 주절 동사 ➲ would have + p.p.

해석 뉴스 보도에 따르면, 폭풍우 중에 파도가 너무 높았기 때문에 그 선박이 바다에서 거의 가라앉을 뻔했다. 한 기자는 만일 선장이 얕은 물에서 그 선박을 항해하고 있었다면 그런 문제가 발생하지 않았을 것이라고 말했다.

해설 가정법 문장에서 if절의 동사가 의미상 '~했다면'이라는 뜻으로 과거 사실의 반대를 나타내는 과거 완료 시제(had been sailing)일 때, 주절에는 'would/could/might have + p.p.' 형태의 동사를 함께 사용하므로 (b) would not have occurred가 정답이다. 참고로, 빈칸이 속한 문장의 the problem에서부터 shallow water까지는 said의 목적어 역할을 하는 that절에 해당된다.

어휘 according to ~에 따르면 nearly 거의 (~할 뻔하다) sink 가라앉다(sank는 과거형) waves 파도 sail ~을 항해하다, 조종하다 shallow 얕은 occur 발생하다

25

정답 (b)

포인트 welcome + 동명사

해석 15년간의 활동 중단 끝에, 록밴드 딥 로즈는 북미 투어를 발표했다. 리드 싱어 쳇 펠더는 다시 무대에 올라 공연하기 위해 밴드 멤버들과 재결합하게 되는 것을 환영한다고 밝혔다.

해설 빈칸 앞에 동사 welcomes가 쓰여 있어 빈칸이 동사 자리가 아니라는 것을 알 수 있으므로 준동사 중의 하나를 골라야 한다. 동사 welcome은 동명사를 목적어로 취하므로 (b) being reunited가 정답이다. 문장의 동사보다 이전 시점의 일을 나타내는 완료 동명사는 의미상 맞지 않으므로 (c) having been reunited는 오답이다.

어휘 hiatus (활동, 일 등의) 중단, 끊어짐 welcome -ing ~하는 것을 환영하다 bandmate 밴드 멤버 perform 공연하다 onstage 무대에서 reunite ~을 재결합시키다

26

정답 (c)

포인트 가정법 과거 주절 동사 ➡ would + 동사원형

해석 태양은 지구로부터 약 9,300만 마일 떨어진 곳에 위치해 있다. 만일 시속 60마일로 자동차를 운전하게 된다면, 태양에 도달하는 데 약 176년의 이동 시간이 필요할 것이다.

해설 가정법 문장에서 If절의 동사가 의미상 '~라면'이라는 뜻으로 현재 사실의 반대를 나타내는 과거 시제(were)일 때, 주절의 동사는 'would/could/might + 동사원형'의 형태가 되어야 알맞으므로 (c) would require가 정답이다.

어휘 be located 위치해 있다 approximately 약, 대략 away from ~에서 떨어져 있는 trip 이동, 여행 reach ~에 도착하다, 이르다 require ~을 필요로 하다

실전 모의고사 03 p.66

1 (c)	2 (b)	3 (b)
4 (a)	5 (b)	6 (c)
7 (d)	8 (a)	9 (d)
10 (b)	11 (d)	12 (b)
13 (a)	14 (c)	15 (b)
16 (b)	17 (a)	18 (d)
19 (c)	20 (c)	21 (b)
22 (b)	23 (a)	24 (a)
25 (b)	26 (c)	

1

정답 (c)

포인트 delay + 동명사

해석 엘렌은 자신의 역사 수업에 필요한 프로젝트를 진행하고 있다. 엘렌은 그것을 내일 제출할 예정이지만, 전부 끝마치는 것이 불가능해 보인다. 엘렌은 지금부터 3일 후로 프로젝트 제출을 연기할 수 있는지 강사에게 묻고 있다.

해설 빈칸 앞에 if절의 동사 delay가 쓰여 있으므로 빈칸은 동사 자리가 아니다. 또한, delay는 동명사를 목적어로 취하므로 (c) submitting이 정답이다. 완료 동명사는 문장의 동사보다 이전 시점의 일을 나타내는데, 의미가 맞지 않으므로 (d) having submitted는 오답이다.

어휘 work on ~에 대한 작업을 진행하다, ~을 맡아 작업하다 be supposed to do ~할 예정이다, ~하기로 되어 있다 turn A in A를 제출하다 seem + 형용사 ~처럼 보이다 ask A if A에게 ~인지 묻다 instructor (전임) 강사 delay -ing ~하는 것을 연기하다, 미루다 submit ~을 제출하다, 내다

2

정답 (b)

포인트 for + 기간 ➡ 현재완료진행 시제 정답

해석 톰 웨스트필드는 캐나다의 토론토 시에 거주하고 있다. 그는 정말로 동생 존을 보고 싶어 하지만, 쉽지 않다는 것을 알고 있다. 존 웨스트필드는 지난 25년 동안 계속 아시아에서 거주해 오고 있다.

해설 빈칸 뒤에 위치한 기간 표현 for the past 25 years는 '지난 25년 동안'을 뜻하므로 의미상 '지난 25년 동안 계속 아시아에서 거주해 오고 있다'와 같이 과거에서 현재까지 지속되어 온 일을 나타내야 알맞다. 이러한 의미는 현재완료진행 시제로 표현하므로 (b) has been living이 정답이다.

어휘 would like to do ~하고 싶다, ~하고자 하다 know that ~임을 알다

3

정답 (b)

포인트 가정법 과거 주절 동사 ➡ would + 동사원형

해석 서점 주인들은 사람들이 저렴한 전자 도서를 대신 읽고 있기 때문에 물리적인 책(종이책)을 구입하는 사람이 줄어들었다는 사실을 알게 되었다. 만일 전자책이 그렇게 가격이 저렴하지 않다면, 종이책이 더 잘 판매될 것이다.

해설 가정법 문장에서 If절의 동사가 의미상 '~한다면'이라는 뜻으로 현재 사실의 반대를 나타내는 과거 시제(did not have)일 때, 주절의 동사로 'would/could/might + 동사원형'의 형태가 쓰여야 알맞으므로 (b) would sell이 정답이다.

어휘 owner 소유주, 주인 notice that ~임을 알게 되다, 깨닫다 fewer 더 적은 purchase ~을 구입하다 physical 물리적인, 물질적인, 신체적인 inexpensive 저렴한, 비싸지 않은(= cheap) instead 대신

4

정답 (a)

포인트 at the moment ➡ 현재진행 시제 정답

해석 학교 견학 프로그램으로 시립 동물원에 가 있는 아이들은 들떠 있다. 담임 선생님께서 막 하루 일정을 아이들에게 말씀해 주셨다. 동물원 사육사들은 현재 파충류관에 있는 동물들에게 먹이를 주고 있다.

해설 빈칸이 속한 문장 끝부분에 시간 부사 at the moment가 쓰여 있어 의미상 '현재 동물들에게 먹이를 주고 있는 중이

다'와 같이 현재 일시적으로 진행 중인 일을 나타내야 알맞으므로 현재진행 시제인 (a) are feeding이 정답이다.

어휘 field trip 견학, 현장 학습 excited 들뜬, 신이 난, 흥분한 zookeeper 동물원 사육사 reptile 파충류 at the moment 현재, 지금

5

정답 (b)

포인트 양보의 부사절 접속사 although

해석 다수의 연구에 따르면 카페인을 너무 많이 섭취하는 것은 좋지 않으며, 많은 문제를 야기할 수 있는 것으로 나타나 있다. 비록 많은 사람들이 이러한 사실을 잘 알고 있기는 하지만, 여전히 매일 많은 양의 커피 또는 탄산음료를 마시고 있다.

해설 보기가 모두 접속사이므로 문장의 의미에 알맞은 것을 골라야 한다. 빈칸 앞뒤에 각각 위치한 절은 의미상 '비록 많은 사람들이 카페인이 안 좋다는 사실을 잘 알고 있지만, 여전히 매일 커피 또는 탄산음료를 많이 마신다'와 같은 뜻이 되어야 자연스러우므로 '~이기는 하지만'을 의미하는 (b) Although가 정답이다.

어휘 numerous 다수의, 많은 (수의) show that ~하는 것으로 나타나다, ~임을 보여 주다 consume ~을 섭취하다 cause ~을 야기하다, 초래하다 be aware of ~을 알고 있다, 인식하고 있다 fact 사실 large amounts of 많은 양의 on a daily basis 매일, 하루 단위로 although 비록 ~이기는 하지만 now that (이제) ~이므로 in case (that) ~하는 경우에 (대비해)

6

정답 (c)

포인트 주어 + ________ when + 주어 + 과거 동사
◆ 과거진행 시제 정답

해석 맥스는 교재를 읽으며 학교 시험에 대비해 공부하려 하고 있다. 하지만 그는 지금 기분이 그렇게 좋지 않다. 누군가 소리를 질러 고개를 들어 쳐다보게 되었을 때 그는 책에 열심히 집중하고 있었다.

해설 빈칸 뒤에 위치한 when절에 과거 시제 동사 yelled 및 made가 쓰여 있어 의미상 '누군가 소리를 질러 고개를 들어 쳐다보게 되었을 때 책에 열심히 집중하고 있었다'와 같이 특정 과거 시점에 일시적으로 진행 중이던 시제가 빈칸에 와야 알맞다. 따라서 이러한 의미를 표현할 때 사용하는 과거진행 시제 (c) was concentrating이 정답이다.

어휘 try to do ~하려 하다, ~하려 노력하다 exam 시험 by (방법) ~해서, ~함으로써 textbook 교재, 교과서 yell 소리 지르다, 소리치다 make A do A를 ~하게 만들다 look up 고개를 들어 쳐다보다 concentrate (on) (~에) 집중하다

7

정답 (d)

포인트 가정법 과거 완료 주절 동사 ◆ would have + p.p.

해석 존은 메리에 대해 농담을 했지만, 그녀는 그 농담이 달갑지 않았다. 그는 그것이 상당히 재미있다고 생각했지만, 메리는 똑같이 생각하지 않았다. 만일 존이 그녀가 얼마나 짜증스러워 했는지 알았다면 그녀에게 사과했을 것이다.

해설 가정법 문장에서 if절의 동사가 의미상 '~했다면'과 같이 과거 사실의 반대를 나타내는 과거 완료 시제(had realized)일 때, 주절의 동사로 '~했을[할 수 있었을] 것이다'를 뜻하는 'would/could/might have + p.p.'의 형태를 함께 사용하므로 (d) would have apologized가 정답이다.

어휘 make a joke about ~에 대해 농담하다, 우스갯소리를 하다 appreciate ~을 반가워하다, 환영하다 think the same way 똑같이 생각하다 realize ~을 알아차리다, 깨닫다 annoyed 짜증이 난 apologize 사과하다

8

정답 (a)

포인트 ask + 목적어 + to부정사

해석 에릭은 피아노를 연주하는 법을 배우는 데 항상 관심이 있었지만, 아직까지 그럴 기회가 없었다. 어제, 에릭은 연주하는 법을 배울 수 있도록 강사를 한 명 소개해 달라고 가장 친한 친구에게 부탁했다.

해설 빈칸 앞에 과거 시제로 쓰인 동사 asked는 'ask + 목적어 + to do'의 구조로 사용되어 '~에게 …하도록 부탁하다, 요청하다'라는 뜻을 갖는다. 따라서 목적어 his best friend 뒤에 위치한 빈칸은 to부정사가 쓰여야 하는 자리이므로 (a) to introduce가 정답이다.

어휘 be interested in ~에 관심이 있다 how to do ~하는 법 have a chance to do ~할 기회가 있다 ask A to do A에게 ~하도록 부탁하다, 요청하다 so that (목적) ~할 수 있도록 introduce A to B A를 B에게 소개하다

9

정답 (d)

포인트 'by + 미래 시점'과 'for + 기간' ◆ 미래완료진행 시제 정답

해석 마크와 동생은 보트를 한 대 구입했으며, 그것을 타고 세계 일주를 할 계획이다. 이들은 유럽과 아프리카, 그리고 아시아를 여행한 뒤 마지막으로 하와이에 도착하게 된다. 그때쯤이면, 이들은 3년 동안 바다에서 항해하게 될 것이다.

해설 빈칸 앞에 위치한 시점 표현 By then은 문맥상 하와이에 도착하게 될 미래 시점을 나타낸다. 따라서, 미래 시점까지 특정 기간 동안(for three years) 지속될 행위는 미래완료진행 시제이므로 (d) will have been sailing이 정

답이다.

어휘 plan to do ~할 계획이다 travel around the world 세계 일주를 하다 finally 마지막으로, 마침내 arrive 도착하다 by then (앞서 언급된 시점에 대해) 그때쯤이면 sail 항해하다

10

정답 (b)

포인트 anticipate + 동명사

해석 슈퍼마켓으로 가기 전에, 제프는 친구들에게 약 30분 후에 돌아오겠다고 말했다. 불운하게도, 제프는 오랫동안 줄을 서서 대기할 것으로 예상하지 못했기 때문에 2시간이 지나서야 돌아왔다.

해설 빈칸 앞에 위치한 동사 anticipate은 동명사를 목적어로 취하므로 (b) waiting이 정답이다. 완료 동명사는 동사보다 한 시제 이전을 의미하므로 (c) having to waited는 의미상 맞지 않는 오답이다.

어휘 tell A that A에게 ~라고 말하다 in + 시간 ~ 후에 about 약, 대략 half an hour 30분 unfortunately 불운하게도, 안타깝게도 anticipate -ing ~할 것으로 예상하다 in line 줄을 서서 not A until B B나 되어야 A하다

11

정답 (d)

포인트 주장/명령/요구/제안 동사 + that + 주어 + (should) + 동사원형

해석 어떤 사람들은 비타민을 먹기 시작할 때, 종종 너무 많이 먹는다. 하지만 의사들은 각 비타민에 대해 일일 권장 필요량을 확인해 오직 그 복용량만큼만 먹도록 권하고 있다.

해설 빈칸은 동사 advise의 목적어 역할을 하는 that절의 동사 자리이다. advise와 같이 주장/명령/요구/제안 등을 나타내는 동사의 목적어 역할을 하는 that절에서는 'should + 동사원형' 또는 should를 생략하고 주어와 상관없이 동사원형만 사용하므로 (d) check이 정답이다.

어휘 take ~을 먹다, 섭취하다 however 하지만, 그러나 advise that ~하도록 권하다, 조언하다 recommended 권장되는, 추천되는 requirement 요구, 요건, 필요 amount 양, 액

12

정답 (b)

포인트 can't help + 동명사

해석 루이스는 현재 가족과 함께 유럽 여행 중이며, 많은 멋진 곳을 방문하고 있다. 루이스가 돌아오면, 여행 중에 어디를 갔는지 그리고 무엇을 했는지 기억이 계속 떠오르게 될 것이다.

해설 빈칸 앞에 위치한 can't help는 동명사와 어울려 '~하지 않을 수 없다, ~하는 것을 피할 수 없다'의 의미를 갖는 숙어 표현이므로 (b) remembering이 정답이다.

어휘 on a trip to ~로 여행 중인 return 돌아오다, 복귀하다 can't help -ing ~하지 않을 수 없다 while ~ 중에, ~ 동안

13

정답 (a)

포인트 가능성을 나타내는 can

해석 부모들은 아이들이 노는 공간에 어떤 날카로운 물체도 놓여 있지 않도록 하는 것이 중요하다. 아이들이 이러한 물체들을 밟으면 그것에 의해 다칠 수 있다.

해설 빈칸이 속한 문장은 의미상 '~하면 아이들이 다칠 수 있다'와 같이 발생 가능성을 나타내는 뜻이 되어야 자연스러우므로 '~할 수 있다, ~일 수 있다'라는 의미로 객관적인 가능성을 말할 때 사용하는 조동사 (a) can이 정답이다.

어휘 make sure (that) 반드시 ~하도록 하다, ~하는 것을 확실히 하다 free of ~가 없는 sharp 날카로운 object 물체, 물건 hurt ~을 다치게 하다 step on ~을 밟다

14

정답 (c)

포인트 'for + 기간'과 'until + 주어 + 과거 동사'
➲ 과거완료진행 시제 정답

해석 재닛은 고장 문제에 시달렸던 자동차로 인해 종종 회사에 지각했다. 재닛은 현재 유니카 모터스 사에서 만든 새로운 자동차를 소유하고 있다. 재닛은 7월에 새 차를 구입했을 때까지, 12년 동안 같은 차를 계속 운전했었다.

해설 빈칸 앞에 위치한 Until절에 과거 시제 동사 purchased가 쓰여 있어 의미상 '7월에 새 차를 구입했을 때까지, 12년 동안 같은 차를 계속 운전했었다'와 같이 특정 과거 시점보다 더 이전의 과거에 지속된 일을 나타내야 알맞다. 이러한 의미는 과거완료진행 시제로 표현하므로 (c) had been driving이 정답이다.

어휘 be late for ~에 지각하다, 늦다 due to ~로 인해 suffer from ~에 시달리다, ~로 고통 받다 breakdown 고장, 망가짐, 파손 brand-new 완전히 새로운 until (지속) ~할 때까지 purchase ~을 구입하다

15

정답 (b)

포인트 주장/명령/요구/제안 동사 + that + 주어 + (should) + 동사원형

해석 그 사무용 건물의 보안 직원은 자신의 일에 대해 매우 진지하다. 그는 직원들을 개인적으로 알고 있다 하더라도 건물에 들어가기 전에 출입증을 제시할 것을 늘 요구한다.

해설 빈칸은 동사 insist의 목적어 역할을 하는 that절의 동사 자리이다. insist와 같이 주장/명령/요구/제안 등을 나타내는 동사의 목적어 역할을 하는 that절에서는 'should + 동사원형' 또는 should를 생략하고 주어와 상관없이 동사원형만 사용하므로 (b) show가 정답이다.

어휘 be serious about ~에 대해 진지하다 insist that ~라고 주장하다 even if 설사 ~라 하더라도 personally 개인적으로, 직접

16

정답 (b)

포인트 가정법 과거 주절 동사 ➲ would + 동사원형

해석 카터 씨는 자신의 에어컨을 고치기 위해 수리 서비스점에 전화했다. 하지만 수리 기사가 작업을 완료한 후에도, 그 에어컨은 시원한 바람을 전혀 만들어내지 못했다. 만일 그 문제가 실제로 해결된다면, 그 장비가 지금 제대로 작동될 것이다.

해설 가정법 문장에서 If절의 동사가 의미상 '~한다면'과 같이 현재 사실의 반대를 나타내는 과거 시제(were solved)일 때, 주절의 동사로 '~할 것이다'를 뜻하는 'would/could/might + 동사원형'의 형태가 짝을 이뤄 사용되므로 (b) would work이 정답이다.

어휘 repair 수리 have A p.p. A를 ~되게 하다 fix ~을 고치다, 바로잡다 even 심지어 (~도) complete ~을 완료하다 produce ~을 만들어내다 actually 실제로 solve ~을 해결하다 equipment 장비, 설비 properly 제대로, 적절히 work (기계 등이) 작동되다, 가동되다

17

정답 (a)

포인트 진주어 자리에 to부정사

해석 많은 어린 아이들은 치아를 잘 관리하지 않아 충치가 생기는 경향이 있다. 만일 아이들이 자신들의 행동을 바꾼다면, 충치가 생기는 것을 막을 수 있다. 아이들에게 매번 식사 후에 양치질을 해야 한다고 가르치는 것이 중요하다.

해설 빈칸 앞에 이미 문장의 동사 is가 있으므로 빈칸은 동사가 아닌 준동사가 필요한 자리이다. 또한, It is important는 의미상 '~하는 것이 중요하다'와 같은 뜻을 나타내는 가주어/진주어 문장 구조의 일부분이며, 빈칸에는 진주어 역할을 하는 to부정사가 쓰여야 알맞으므로 (A) to instruct가 정답이다.

어휘 take (good) care of ~을 (잘) 관리하다, 처리하다 tend to do ~하는 경향이 있다 cavity 충치(로 인한 구멍) behavior 행동, 행실 brush one's teeth 양치질하다, 이를 닦다 instruct ~에게 가르치다

18

정답 (d)

포인트 가정법 과거 완료 주절 동사 ➲ would have + p.p.

해석 폴은 이틀 전에 혼자 새 집으로 이사해야 했다. 그의 몸은 무거운 물건들을 나른 것으로 인해 여전히 아픈 상태이다. 그가 친구들로부터 도움을 받았다면, 상자들을 들어 올리는 데 아무런 문제도 없었을 것이다.

해설 빈칸이 속한 문장의 시작 부분이 조동사 Had와 주어 he의 순서가 바뀐 상태이다. 이는 If절에서 If가 생략되면서 과거 완료 시제 동사 had + p.p.의 had와 주어가 도치된 구조이다. 따라서 If가 생략된 가정법 과거 완료 문장임을 알 수 있으므로 주절의 동사로 If절의 had + p.p.와 짝을 이루는 'would/could/might have + p.p.'의 형태인 (d) wouldn't have had가 정답이다.

어휘 by oneself 혼자, 스스로 hurt 아프다 carry ~을 나르다, 옮기다 receive ~을 받다 lift ~을 들어 올리다

19

정답 (c)

포인트 추가/부연의 접속부사 in fact

해석 콘래드 씨의 상사는 콘래드 씨가 업무를 얼마나 잘 수행하고 있는지에 대해 만족감을 나타냈다. 실제로, 그 상사는 너무 만족한 나머지 콘래드 씨를 이달의 직원상 후보로 지명했다.

해설 보기가 모두 접속부사이므로 빈칸 앞뒤에 위치한 문장의 해석을 통해 의미상 가장 적합한 것을 찾아야 한다. 빈칸 앞뒤에 위치한 문장들이 의미상 '콘래드 씨의 업무 수행 능력에 만족했고, 실제로, 콘래드 씨를 이달의 직원상 후보로 지명했다'와 같은 흐름이 되어야 알맞으므로 '실제로' 등의 의미로 앞서 언급한 내용과 관련된 구체적인 사실 혹은 행위 등을 덧붙일 때 사용하는 (c) In fact가 정답이다.

어휘 express (감정, 생각 등) ~을 나타내다, 표현하다 satisfaction 만족(감) perform ~을 수행하다, 실시하다 so A that B 너무 A해서 B하다 pleased 만족한, 기쁜 nominate A for B A를 B에 대한 후보로 지명하다 in short 요컨대, 간단히 말해서 nonetheless 그럼에도 불구하고 in fact 실제로, 사실은 still 그럼에도 불구하고, 여전히

20

정답 (c)

포인트 사물 명사, which + 불완전한 절

해석 수잔은 작년에 작은 식당 한 곳을 열면서 마침내 레스토랑 주인이 되는 꿈을 이뤘다. 이 식당은 이미 많은 고객들을 끌어들였으며 지역 신문에서도 긍정적인 평가를 받았다.

해설 빈칸 앞에 위치한 The diner는 문맥상 '식당'이란 의미의 사물 명사이므로 which 또는 that이 이끄는 절 중에서 하나를 골라야 하는데, 콤마와 함께 사용할 수 있는 것은 which가 이끄는 절이므로 (c) which has already attracted many customers가 정답이다.

어휘 achieve ~을 이루다, 달성하다 owner 소유주, 주인 establishment (식당, 학교, 병원 등의) 시설 diner 식당, 식사 손님 receive ~을 받다 positive 긍정적인 review 평가, 후기, 의견 local 지역의, 현지의 as well ~도, 또한 attract ~을 끌어들이다

21

정답 (b)

포인트 주어 + __________ when + 주어 + 현재 동사
◐ 미래진행 시제 정답

해석 당신이 내일 잉글랜드에서 방문을 계획 중이신 고객으로부터 제가 전화를 받았습니다. 내일 타고 가시는 비행기가 7시 45분에 착륙할 때 번즈 씨께서는 자신이 공항에서 기다리고 계실 예정이라는 사실을 알고 계시기를 원하십니다.

해설 시간 부사절 접속사인 When절에 쓰인 현재 시제 동사 lands는 미래 시점을 나타내고 있다. 따라서 의미상 미래에 도착하면 '그가 기다리고 있는 중일 것이다'와 같이 미래에 일시적으로 진행될 일을 나타내야 알맞으므로 미래진행 시제인 (b) will be waiting이 정답이다.

어휘 receive ~을 받다 client 고객, 의뢰인 plan to do ~할 계획이다 want A to do A에게 ~하기를 원하다 know that ~임을 알다 land 착륙하다

22

정답 (b)

포인트 가정법 과거 완료 if절 동사 ◐ had + p.p.

해석 루이스가 방금 나에게 전화해서 애니에게 기분이 좋지 않다고 말했다. 만일 그녀가 그에게 그렇게 무의미한 질문을 많이 하는 것으로 그의 시간을 허비하지 않았다면, 그가 공항에서 항공편을 놓치지 않았을 것이다.

해설 가정법 문장에서 주절의 동사가 'would/could/might have + p.p.'의 형태일 때, If절에 '~했다면'이라는 의미로 과거 사실의 반대를 나타내는 과거 완료 시제(had + p.p.) 동사가 짝을 이뤄 쓰이므로 (b) had not wasted가 정답이다.

어휘 not ~ at all 전혀 ~ 않다 by (방법 등) ~해서, ~함으로써 pointless 무의미한 miss ~을 놓치다, 지나치다 waste ~을 허비하다, 낭비하다

23

정답 (a)

포인트 주장/명령/요구/제안 동사 + that + 주어 + (should) + 동사원형

해석 대학 교수는 얼마나 많은 시험을 학생들에게 치르게 할지 결정할 수 있다. 센트럴 대학교에서는 대부분의 교수들이 모든 학생에게 수업 과정마다 두 번이 넘는 시험을 치르도록 요구한다.

해설 빈칸은 동사 require의 목적어 역할을 하는 that절의 동사 자리이다. require와 같이 주장/명령/요구/제안 등을 나타내는 동사의 목적어 역할을 하는 that절에서는 'should + 동사원형' 또는 should를 생략하고 주어와 상관없이 동사원형만 사용하므로 (a) take가 정답이다.

어휘 choose ~을 선택하다 assignment 과제(물) the majority of 대부분의, 대다수의 require that ~하도록 요구하다 more than ~가 넘는 per ~마다, ~당

24

정답 (a)

포인트 사물 명사 + that + 불완전한 절

해석 랭포드 미술관은 다음 주에 두 가지 새로운 전시회를 열 계획이다. 방문객들을 대상으로 진열될 그 전시회 중 하나는 중동 지역 내 여러 국가의 미술 작품을 특징으로 한다.

해설 One of the exhibits가 사물 명사이므로 that 또는 which가 이끄는 절 중에서 하나를 골라야 하는데, that 또는 which가 이끄는 절은 명사를 수식할 때 주어 또는 목적어 등이 빠진 불완전한 절의 구조가 되어야 한다. 따라서 that 뒤로 주어 없이 동사 will be displayed로 시작되는 불완전한 구조의 (a) that will be displayed for visitors가 정답이다. (b) which it will be displayed for visitors는 which 뒤에 완전한 구조의 절이 쓰여 있으므로 오답이다.

어휘 plan to do ~할 계획이다 exhibit 전시회, 전시물 feature ~을 특징으로 하다 several 여럿의, 몇몇의 display ~을 진열하다, 전시하다

25

정답 (b)

포인트 제안/권고를 나타내는 should

해석 시험 전날 밤에 일부 학생들은 시험에서 좋은 성적을 내는 데 도움이 된다는 생각에 밤을 새운다. 하지만 푹 자는 것이 더욱 중요하기 때문에 학생들은 늦게까지 자지 않는 것을 삼가야 한다.

해설 빈칸이 속한 주절은 의미상 '학생들은 ~하는 것을 삼가야 한다'와 같은 뜻이 되어야 자연스러우므로 '~해야 하다'라는 의미로 제안 또는 권고를 나타낼 때 사용하는 조동사 (b) should가 정답이다.

어휘 stay up all night 밤을 새우다 in the belief that ~라는 생각에 help A do A가 ~하는 것을 돕다 perform well on the test 시험에서 좋은 성적을 내다 however 하지만, 그러나 refrain from -ing ~하는 것을 삼가다 get a good night's sleep 푹 자다

26

정답 (c)

포인트 가정법 과거 주절 동사 ➡ would + 동사원형

해석 매들린은 지금 학급 친구들이 그녀의 생일을 위해 깜짝 파티를 열어 주고 있어서 아주 기뻐하고 있다. 만일 친구들의 친절함이 아니라면, 매들린은 잊혀진 것에 대해 속상한 기분이 들 것이다.

해설 가정법 문장에서 If절의 동사가 의미상 '~라면'과 같이 현재 사실의 반대를 나타내는 과거 시제(were)일 때, 주절의 동사로 'would/could/might + 동사원형'의 형태가 짝을 이뤄 사용되므로 (c) would feel이 정답이다. 참고로, If절의 If it weren't for는 '~가 아니라면, ~가 없다면'이라는 의미를 나타낸다.

어휘 be pleased that ~해서 기쁘다 throw a party 파티를 열다 If it weren't for A A가 아니라면, A가 없다면 upset 화난, 속상한 forget ~을 잊다

실전 모의고사 04

p.72

1 (c)	2 (d)	3 (a)
4 (d)	5 (c)	6 (d)
7 (b)	8 (a)	9 (c)
10 (b)	11 (a)	12 (d)
13 (d)	14 (b)	15 (d)
16 (c)	17 (b)	18 (b)
19 (a)	20 (d)	21 (b)
22 (d)	23 (b)	24 (a)
25 (b)	26 (b)	

1

정답 (c)

포인트 involve + 동명사

해석 고고학자들은 발굴 현장으로 갈 때 극도로 주의해야 한다. 만일 신중하지 않으면, 소중한 유물을 손상시킬 수 있다. 현장에서의 작업은 천천히 그리고 신중하게 발굴하는 일을 수반하므로, 진척되는 데 수 개월이 소요될 수 있다.

해설 빈칸 앞에 이미 문장의 동사 involves가 쓰여 있으므로 빈칸은 준동사 자리이다. 또한, 동사 involve는 동명사를 목적어로 취하므로 (c) digging이 정답이다.

어휘 archaeologist 고고학자 extremely 극도로, 대단히, 매우 careful 주의하는, 신중한(= cautious) dig site 발굴 현장 damage ~을 손상시키다, 피해를 끼치다 valuable 소중한, 가치 있는 relic 유물, 유적 involve -ing ~하는 것을 수반하다, 포함하다 take ~의 시간이 걸리다 make progress 진척되다, 진행되다

2

정답 (d)

포인트 가정법 과거 완료 주절 동사 ➡ would have + p.p.

해석 브렌다는 경기가 시작되고 한 시간도 더 지나서 야구장에 도착했다. 만일 그녀가 5시에 경기가 시작될 예정이었다는 것을 기억했다면, 경기장으로 걸어가는 대신 버스를 탔을 것이다.

해설 가정법 문장에서 If절의 동사가 의미상 '~했다면'과 같이 과거 사실의 반대를 나타내는 과거 완료 시제(had remembered)일 때, 주절의 동사로 'would/could/might have + p.p.'가 함께 쓰여야 알맞으므로 (d) would have taken이 정답이다.

어휘 arrive 도착하다 more than ~ 넘게 remember that ~임을 기억하다 instead of ~하는 대신 take (교통) ~을 타다, 이용하다

3

정답 (a)

포인트 'for + 기간'과 'before + 주어 + 과거 동사'
➡ 과거완료진행 시제 정답

해석 지역 내 모든 주민들은 데니스 마틴 씨가 젊었을 때 여러 외국으로 다녔던 여행과 관련해 이야기하는 것을 즐겁게 듣는다. 그는 건강 상태로 인해 여행을 중단하기 전에 최소 30년 동안 이국적인 곳들을 계속 방문했었다.

해설 before가 이끄는 절의 동사가 과거(stopped)인데, 과거보다 이전에 특정 기간 동안(for 30 years) 진행된 행위는 의미상 과거완료진행에 해당하므로 (a) had been visiting이 정답이다.

어휘 local 지역의, 현지의 resident 주민 hear A do A가 ~하는 것을 듣다 travel to ~로 여행하다 foreign 외국의 exotic 이국적인 at least 최소한, 적어도 stop -ing ~하는 것을 멈추다, 중단하다 due to ~로 인해 condition 상태, 조건, 환경

4

정답 (d)

포인트 사물 명사, which + 불완전한 절

해석 파리에는 세계에서 가장 아름다운 몇몇 장소들이 있다. 예를 들어, 노트르담 대성당은 중세 시대에 지어진 곳으로서, 대부분의 방문객들이 반드시 봐야 하는 곳이며, 에펠 탑과 루브르 박물관도 마찬가지이다.

해설 빈칸 앞에 위치한 Notre Dame Cathedral이 사물 명사이므로 이러한 명사구를 수식할 수 있는 that 또는 which가 이끄는 절 중에서 하나를 골라야 하는데, 콤마와 함께 사용할 수 있는 것은 which가 이끄는 절이므로 (d) which was built in medieval times가 정답이다.

어휘 site 장소, 현장, 부지 must-see 반드시 봐야 하는 것 medieval times 중세 시대

5

정답 (c)

포인트 since + 주어 + 과거 동사 ⊙ 현재완료진행 시제 정답

해석 제이슨은 오늘 오후에 치르는 프랑스어 시험에서 아주 좋은 성적을 낼 것으로 기대하고 있다. 그는 유창하게 프랑스어를 말할 수 있다. 실제로, 그는 3살 이후로 집에서 계속 프랑스어로 말해 왔다.

해설 빈칸 뒤에 위치한 since절에 과거 시제 동사 was가 쓰여 있는 것으로 볼 때 의미상 '3살 때 이후로 집에서 계속 프랑스어로 말해 왔다'와 같이 특정 과거 시점 이후로 현재까지 지속되어 오고 있는 일을 나타내야 알맞다. 이렇게 과거 시점 이후로 현재까지 지속되어 오고 있는 일은 현재완료진행 시제로 표현하므로 (c) has been speaking이 정답이다.

어휘 expect to do ~할 것으로 기대하다, 예상하다 fluently 유창하게 in fact 실제로, 사실은 since ~ 이후로

6

정답 (d)

포인트 가정법 과거 주절 동사 ⊙ would + 동사원형

해석 에릭의 친구 두 명이 주말에 시간이 있을 때 그에게 운전하는 법을 가르쳐 주고 있다. 만일 그가 자동차를 운전하는 법을 잘 알고 있다면, 친구들에게 드라이브 시켜 달라고 그렇게 많이 부탁하지 않을 것이다.

해설 가정법 문장에서 If절의 동사가 의미상 '~한다면'과 같이 현재 사실의 반대를 나타내는 과거 시제(knew)일 때, 주절의 동사는 '~할[할 수 있을] 것이다'라는 의미를 지니는 'would/could/might + 동사원형'의 형태가 되어야 알맞으므로 (d) would not ask가 정답이다.

어휘 how to do ~하는 법 drive A around A에게 드라이브 시켜 주다, A를 차에 태우고 돌아다니다

7

정답 (b)

포인트 해당 문장에 정답의 단서가 되는 명확한 시간 표현이 없는 경우 해석으로 풀이

해석 교사가 수학 수업 중에 리차드에게 질문을 했지만, 리차드는 대답하지 못했다. 그는 창문 밖을 내다보고 있었기 때문에 그 질문을 듣지 못했다.

해설 주절에 과거 시제 동사 did not hear와 함께 질문을 듣지 못한 시점이 과거로 나타나 있는데, 의미상 해당 과거 시점에 창문 밖을 내다보고 있는 중이었기 때문에 듣지 못했다는 것이 적절하므로 과거 시점에 일시적으로 진행 중인 동작을 나타내는 과거진행 시제인 (b) was staring이 정답이다.

어휘 ask A a question A에게 질문하다 during ~ 중에, ~ 동안 math 수학 fail to do ~하지 못하다, ~하는 데 실패하다 respond to ~에 대답하다, 반응하다 stare 쳐다보다, 응시하다

8

정답 (a)

포인트 가정법 과거 완료 주절 동사 ⊙ would have + p.p.

해석 지난주에 패트릭은 자신의 해변 별장에서 일주일 동안 머무를 수 있는 해변으로 가자고 친구 케빈을 불렀다. 케빈은 관심이 있었지만, 그 제안을 거절해야 했다. 만일 케빈이 일주일 동안 자신의 친구 강아지를 돌봐 주는 데 동의하지 않았다면, 그 여행을 떠났을 것이다.

해설 가정법 문장에서 If절의 동사가 의미상 '~했다면'과 같이 과거 사실의 반대를 나타내는 과거 완료 시제(hadn't agreed)일 때, 주절의 동사는 'would/could/might have + p.p.'의 형태가 되어야 하므로 (a) would have gone이 정답이다.

어휘 invite A to do A에게 ~하자고 부르다 interested 관심 있는 decline ~을 거절하다 offer 제안 agree to do ~하는 데 동의하다, 합의하다 take care of ~을 돌보다

9

정답 (c)

포인트 tomorrow ⊙ 미래진행 시제 정답

해석 롤로는 내일 공원에서 참석하는 피크닉을 위해 어떤 것도 준비할 필요가 없다. 그의 친구들이 샌드위치와 음료, 그리고 다양한 종류의 스낵을 많이 챙길 것이다.

해설 문맥상 빈칸이 속한 문장에서 친구들이 음식물을 가져가는 일은 피크닉을 가는 미래 시점(tomorrow)에 해당하므로 미래 시점에 진행될 일을 나타내는 미래진행 시제인 (c) will be bringing이 정답이다.

어휘 prepare ~을 준비하다 attend ~에 참석하다 plenty of 많은, 풍부한 various 다양한

10

정답 (b)

포인트 cause + 목적어 + to부정사

해석 1989년에 유조선 엑슨 발데즈가 항해 중에 사고를 겪으면서 수백만 갤런의 기름을 바다로 유출시켰다. 이는 석유 및 기타 잠재적으로 유해한 물질의 운송과 관련해 정부가 더욱 엄격한 규정을 제정하는 결과를 초래했다.

해설 빈칸 앞에 과거 시제로 쓰인 동사 cause는 'cause + 목적어 + to do'의 구조로 쓰여 '~에게 …하도록 초래하다'라는 뜻을 나타낸다. 따라서 목적어 the government 뒤에 위치한 빈칸은 to부정사가 필요한 자리이므로 (B) to enact가 정답이다.

어휘 oil tanker 유조선 accident 사고 while ~하는 중에, ~하는 동안 sail 항해하다 spill ~을 유출시키다, 흘리다, 엎지르다 millions of 수백만의 strict 엄격한 regarding ~와 관련해 transporting 운송 potentially 잠재적으로 harmful 유해한 substance 물질 enact ~을 제정하다

11

정답 (a)

포인트 의무를 나타내는 must

해석 사무실 관리 책임자는 직원들이 각자의 책상에서 식사하도록 허락하는 것을 거절했다. 대신, 직원들은 회사 구내 식당에서 점심 식사를 하거나 식당으로 나가서 식사해야 한다.

해설 빈칸이 속한 문장은 회사의 방침에 따라 '반드시 ~에서 식사해야 한다'는 의미로 꼭 해야 하는 의무적인 일을 나타내야 자연스럽다. 따라서 이와 같은 의무를 나타낼 때 사용하는 조동사 (a) must가 정답이다.

어휘 supervisor 책임자, 상사, 부서장, 감독 refuse to do ~하기를 거절하다, 거부하다 let A do A에게 ~하게 하다 instead 대신 cafeteria 구내식당

12

정답 (d)

포인트 시간의 부사절 접속사 when

해석 에밀리는 직장 때문에 가족과 멀리 떨어져서 많은 시간을 보내야 했다. 마침내 오랜 여행 끝에 귀국할 수 있게 되어, 에밀리는 공항에서 자신을 기다리고 있던 남편과 아이들을 보고 환한 미소를 지었다.

해설 보기가 모두 접속사이므로 문장의 의미에 알맞은 것을 골라야 한다. 빈칸 앞뒤에 각각 위치한 절은 의미상 '남편과 아이들을 봤을 때 환한 미소를 지었다'와 같은 뜻이 되어야 자연스러우므로 '~할 때'를 의미하는 (d) when이 정답이다.

어휘 away from ~와 멀리 떨어져서, ~에서 떠나서 able to do ~할 수 있는 give a big smile 환한 미소를 짓다 though ~이기는 하지만 unless ~가 아니라면, ~하지 않는다면 as long as ~하는 한, ~하기만 하면

13

정답 (d)

포인트 currently ➲ 현재진행 시제 정답

해석 더그는 여러 회사의 일자리에 지원했다가 거절당했는데, 그중 어느 곳도 직원을 채용하고 있지 않았기 때문이었다. 현재, 그는 다른 일로 직업을 변경하는 것에 대해 생각해 보는 중이다.

해설 빈칸 앞에 시간 부사 Currently가 쓰여 있어 의미상 '현재 생각해 보는 중이다'와 같이 현재 시점에 일시적으로 진행 중인 일을 나타내야 알맞으므로 현재진행 시제인 (d) is thinking이 정답이다.

어휘 apply to ~에 지원하다 several 여럿의, 몇몇의 reject ~을 거절하다, 거부하다 hire 사람을 채용하다 currently 현재 profession 직업 something else 다른 것

14

정답 (b)

포인트 주장/명령/요구/제안 동사 + that + 주어 + (should) + 동사원형

해석 켈러 씨는 곧 출시되는 제품 라인에 대한 광고 캠페인을 계획하고 있다. 켈러 씨는 자신의 직원들에게 신제품을 홍보할 몇 가지 다른 방법을 생각해 볼 것을 제안한다.

해설 빈칸은 동사 proposes의 목적어 역할을 하는 that절의 동사 자리이다. propose와 같이 주장/명령/요구/제안 등을 나타내는 동사의 목적어 역할을 하는 that절에서는 'should + 동사원형' 또는 should를 생략하고 주어와 상관없이 동사원형만 사용하므로 (b) think about이 정답이다.

어휘 plan ~을 계획하다 advertisement 광고 come out 출시되다, 나오다 propose that ~하도록 제안하다 way to do ~할 방법 promote ~을 홍보하다

15

정답 (d)

포인트 완전한 절 구조 + to부정사

해석 중세 시대에 대성당은 가장 크게 지어진 건물들 중의 하나였다. 하지만 돌로 만들어졌기 때문에 그 규모에 한계가 있었다. 따라서 대성당 건축자들은 그 어느 때보다 더 높게 건물을 세우기 위해 새로운 방법을 찾기 시작했다.

해설 빈칸 앞에 완전한 구조의 절이 있어 빈칸 이하에는 부사

의 역할을 할 수 있는 성분이 필요하므로 '~하기 위해'라는 목적의 의미로 부사의 역할을 수행하는 to부정사 (d) to erect가 정답이다.

어휘 Middle Ages 중세 시대 cathedral 대성당 construct ~을 짓다, 건설하다 however 하지만, 그러나 since ~하기 때문에 be made of ~로 만들어지다 limit 한계, 제한 as a result 그 결과, 결과적으로 look for ~을 찾다 method 방법 than ever before 그 어느 때보다 erect ~을 세우다

16

정답 (c)

포인트 vow + to부정사

해석 레이첼은 6개월 넘게 제임스 조이스의 〈율리시스〉를 계속 읽고 있는 중이다. 이 소설이 어려운 것으로 악명 높긴 하지만, 그녀는 무슨 일이 있어도 이번 여름 방학 중에 다 읽겠다고 맹세했다.

해설 빈칸 앞에 동사 vowed가 쓰여 있어 빈칸이 동사 자리가 아니라는 것을 알 수 있으므로 준동사 중의 하나를 골라야 한다. 동사 vow는 to부정사를 목적어로 취하므로 (c) to finish가 정답이다. 문장의 동사보다 이전 시점의 일을 나타내는 완료 부정사는 의미상 맞지 않으므로 (a) to have finished는 오답이다.

어휘 more than ~ 넘게 notoriously 악명 높게 vow to do ~하겠다고 맹세하다 no matter what 무슨 일이 있어도, 기필코

17

정답 (b)

포인트 가정법 과거 완료 주절 동사 ➲ would have + p.p.

해석 챈들러는 수학 쪽지 시험을 잘 치르고 있었지만, 너무 피곤해져서 마지막 문제를 제대로 읽지 못했다. 만일 그가 더욱 주의를 기울이고 있었다면, 그 시험이 완벽하게 마무리되었을 것이다.

해설 가정법 문장에서 If절의 동사가 의미상 '~했다면'과 같이 과거 사실의 반대를 나타내는 과거 완료 시제(had been paying)일 때, 주절의 동사로 'would/could/might have + p.p.'가 함께 쓰여야 하므로 (b) would have been completed가 정답이다.

어휘 math 수학 quiz 쪽지 시험 properly 제대로, 적절히 since ~하기 때문에 get tired 피곤해지다 pay attention 주의를 기울이다, 관심을 갖다, 주목하다 complete ~을 완료하다

18

정답 (b)

포인트 사람 명사, who + 불완전한 절

해석 역사상 가장 위대한 업적 중의 일부는 우연히 이뤄진 것들이다. 알렉산더 플레밍은 페니실린이라는 약품을 발견한 사람으로서, 처음 발견한 뒤로 약 10년 동안 자신이 해낸 일의 중요성조차 알아차리지 못했다.

해설 빈칸 앞에 위치한 Alexander Fleming이 사람 이름이므로 사람 명사를 수식할 수 있는 that 또는 who가 이끄는 절 중에서 하나를 골라야 하는데, 콤마와 함께 삽입되는 구조로 사용할 수 있는 것은 who가 이끄는 절이므로 (b) who discovered the drug penicillin이 정답이다.

어휘 accomplishment 업적, 달성, 성취 by accident 우연히 even 심지어 (~조차) realize ~을 알아차리다, 깨닫다 importance 중요성 about 약, 대략 decade 10년 make a discovery 발견하다 initial 처음의, 초기의 discover ~을 발견하다, 찾아내다

19

정답 (a)

포인트 양보의 접속부사 nevertheless

해석 주기적인 운동은 전반적인 건강 상태를 향상시킬 수 있으며, 달리기와 자전거 타기 같은 활동은 심혈관 계통에 도움이 될 수 있다. 그럼에도 불구하고, 너무 많이 운동하는 것은 해로울 수 있으며, 어떤 이들은 그렇게 하다가 부상을 당할 수도 있다.

해설 보기가 모두 접속부사이므로 빈칸 앞뒤에 위치한 문장의 해석을 통해 의미상 가장 적합한 것을 찾아야 한다. 빈칸 앞뒤에 위치한 문장은 의미상 '운동이 건강에 도움이 될 수 있다. 그럼에도 불구하고, 너무 많이 운동하는 것이 해로울 수 있다'와 같은 흐름이 되어야 알맞으므로 '그럼에도 불구하고'라는 의미로 대조적인 사실을 나타낼 때 사용하는 (a) Nevertheless가 정답이다.

어휘 regular 주기적인, 정기적인 exercise (명) 운동, (동) 운동하다 improve ~을 향상시키다, 개선하다 overall 전반적인 such as ~와 같은 beneficial 유익한, 이로운 cardiovascular 심혈관의 harmful 해로운 suffer (부상, 고통 등) ~을 당하다, 겪다 injury 부상 by (원인, 방법 등) ~함으로써, ~해서 do so (앞서 언급된 행위에 대해) 그렇게 하다 nevertheless 그럼에도 불구하고 therefore 따라서, 그러므로 additionally 추가로, 게다가 besides 뿐만 아니라, 게다가

20

정답 (d)

포인트 require + 동명사

해석 빌은 피라미드를 보기 위해 이집트로 여행을 떠날 계획이지만, 돈이 충분하지 않다. 빌은 더 많은 돈을 벌기 위해 초과 근무를 하기로 결정한다. 그의 계획은 앞으로 3개월 동안 일주일에 최대 60시간을 근무하는 것을 필요로 한다.

해설 빈칸 앞에 현재 시제로 쓰인 동사 require는 동명사 목

적어를 동반하므로 (d) working이 정답이다. 참고로, require 뒤에 to부정사가 쓰이려면 'require + 목적어 + to부정사'와 같은 구조가 되어야 한다.

어휘 plan to do ~할 계획이다 take a trip 여행을 떠나다 decide to do ~하기로 결정하다 work overtime 초과 근무를 하다 make money 돈을 벌다 require -ing ~하는 것을 필요로 하다 up to 최대 ~의

21

정답 (b)

포인트 허락/허가를 나타내는 may

해석 라이언은 빙판에서 미끄러져 넘어지면서 정강이뼈가 부러지는 바람에 수술을 받아야 한다. 라이언은 몇 달 동안 그 다리에 무리가 가지 않도록 해야 하겠지만, 담당 의사는 수술 2주 후에는 목발을 짚고 다니기 시작해도 좋다고 말한다.

해설 빈칸이 속한 that절(that은 says 뒤에 생략)은 의사가 하는 말에 해당되는 내용으로서 의미상 '수술 2주 후에는 목발을 짚고 다녀도 된다'와 같은 뜻이 되어야 자연스럽다. 따라서 '~해도 좋다'라는 의미로 허락/허가를 나타낼 때 사용하는 조동사 (b) may가 정답이다.

어휘 break ~을 부러뜨리다 tibia 정강이뼈 slip on ~에서 미끄러져 넘어지다 surgery 수술(= operation) will need to do ~해야 할 것이다 keep weight off of (무거운 것 등과 관련해) ~에 무리가 가지 않게 하다 several 몇몇의, 여럿의 surgeon (외과) 의사 move around 돌아다니다 crutch 목발

22

정답 (d)

포인트 의무/필수 형용사 + that + 주어 + (should) + 동사원형

해석 비글 씨는 거의 일주일 동안 출장을 떠난다. 그가 출장 중에 지출하는 비용에 대해 환급 받으려면 수령하는 모든 영수증을 보관하는 것이 중요하다.

해설 빈칸은 가주어 it 뒤에 위치하는 진주어 that절의 동사 자리이다. that 앞에 위치한 important와 같이 의무/필수 등을 나타내는 형용사 보어가 쓰인 'It ~ that' 가주어/진주어 문장에서 that절의 동사로 'should + 동사원형' 또는 should를 생략하고 주어와 상관없이 동사원형만 사용하므로 (d) save가 정답이다.

어휘 go on a business trip 출장을 떠나다 receipt 영수증 receive ~을 받다 in order to do ~하려면, ~하기 위해 reimburse ~에게 비용을 환급해 주다

23

정답 (b)

포인트 prevent + 동명사

해석 중고 차량을 구입할 때 바가지를 쓰지 않는 것이 중요한데, 특히 자동차가 결함이 있는 제품으로 드러나는 경우에 그러하다. 바가지를 쓰는 것을 방지할 수 있도록 질문을 제대로 해야 한다.

해설 빈칸 앞에 준동사 to prevent가 쓰여 있어 빈칸이 동사 자리가 아니라는 것을 알 수 있으므로 준동사 중의 하나를 골라야 한다. prevent는 동명사를 목적어로 취하므로 (b) getting이 정답이다.

어휘 when -ing ~할 때 purchase ~을 구입하다 used 중고의 vehicle 차량, 탈 것 be overcharged 바가지를 쓰다(= get ripped off) turn out to be A A인 것으로 드러나다, 판명되다 lemon 결함이 있는 제품, 불량품 prevent -ing ~하는 것을 방지하다, 막다

24

정답 (a)

포인트 가정법 과거 주절 동사 ⊙ would + 동사원형

해석 작업팀이 항상 기계들을 잘 유지 관리하는 것은 아니다. 따라서 본사에 소속된 한 그룹이 점검을 실시하기 위해 도착했다. 만일 그 기계들이 적절한 상태에 있다면, 그 작업자들은 점검을 건너뛸 것이다.

해설 가정법 문장에서 If절의 동사가 의미상 '~라면'이라는 뜻으로 현재 사실의 반대를 나타내는 과거 시제(were)일 때, 주절의 동사로 'would/could/might + 동사원형'의 형태가 짝을 이뤄 사용되므로 (a) would pass가 정답이다.

어휘 crew (함께 일하는) 팀, 반, 조 maintain ~을 유지 관리하다 headquarters 본사 arrive 도착하다 in order to do ~하기 위해 conduct ~을 실시하다, 수행하다 inspection 점검, 조사 proper 적절한, 제대로 된 pass ~을 건너뛰다, 넘어가다

25

정답 (b)

포인트 by the time + 주어 + 현재 동사
⊙ 미래완료진행 시제 정답

해석 디아나는 늦어도 내일 아침까지 미술 수업을 위해 자신의 모습을 그림으로 그려야 했다는 사실이 갑자기 기억났다. 디아나가 그림을 완성할 때쯤이면, 6시간 연속으로 그림을 그리게 될 것이다.

해설 시간 부사절 접속사인 By the time이 이끄는 절의 현재 동사 completes는 미래 시점을 나타내는데, 의미상 완성될 미래 시점까지 특정 기간 동안(for 6 hours straight) 진행될 행위를 나타내는 것은 미래완료진행 시제이므로 (b) will have been drawing이 정답이다.

어휘 suddenly 갑자기 remember that ~임을 기억하다 draw a picture 그림을 그리다 no later than 늦어도 ~까지는 by the time ~할 때쯤이면 complete ~을 완성하다, 완료하다 artwork 그림, 미술품, 예술품 straight 연속으로

26

정답 (b)

포인트 가정법 과거 주절 동사 ◐ would + 동사원형

해석 칼라는 자신이 사는 지역과 인근 지역에서 타고 다닐 수 있도록 자전거를 정말로 한 대 꼭 갖고 싶어 한다. 만일 그녀가 한 대 갖고 있다면, 매일같이 최소 한두 시간을 자전거를 탈 것이다.

해설 가정법 문장에서 If절의 동사가 의미상 '(만약) ~한다면'과 같이 현재 사실의 반대를 나타내는 과거 시제(had)일 때, 주절의 동사는 '~할 것이다'라는 의미를 지니는 'would/could/might + 동사원형'의 형태가 되어야 알맞으므로 (b) would ride가 정답이다.

어휘 would love to do 꼭 ~하고 싶다 so that (목적) ~할 수 있도록 ride around ~에서 타고 다니다 neighborhood 지역, 인근 surrounding 인근의, 근처의 at least 최소한, 적어도

실전 모의고사 05 p.78

1 (a)	2 (a)	3 (c)
4 (a)	5 (b)	6 (c)
7 (a)	8 (a)	9 (b)
10 (d)	11 (c)	12 (c)
13 (d)	14 (b)	15 (a)
16 (c)	17 (a)	18 (b)
19 (d)	20 (a)	21 (b)
22 (b)	23 (a)	24 (c)
25 (b)	26 (d)	

1

정답 (a)

포인트 recommend + 동명사

해석 지역 문화 센터가 매년 여름에 스포츠 리그를 운영하고 있지만, 올해는, 센터가 필요로 하는 만큼 자금이 많지 않다. 해당 센터장은 지역 사회 구성원들이 해당 문제를 해결하는 데 도움이 되도록 장려하기 위한 모금 행사를 개최하는 것을 추천했다.

해설 빈칸 앞에 과거 시제로 쓰인 동사 recommend는 동명사를 목적어로 취하므로 (a) holding이 정답이다. 문장의 동사보다 이전 시점의 일을 나타내는 완료 동명사는 의미상 맞지 않으므로 (d) having held는 오답이다.

어휘 local 지역의, 현지의 community center (지역) 문화센터 run ~을 운영하다 as much A as B B만큼 많은 A recommend -ing ~하는 것을 추천하다, 권하다 fundraiser 모금 행사, 기금 마련 행사 encourage A to do A에게 ~하도록 권하다, 장려하다 help do ~하는 데 도움이 되다 solve ~을 해결하다

2

정답 (a)

포인트 가정법 과거 완료 주절 동사 ◐ would have + p.p.

해석 에이미는 길모퉁이에 서 있다가 갑자기 자동차 한 대가 자전거를 타던 사람을 치고 난 다음 도주하는 것을 봤다. 그녀는 자전거를 타던 사람에게 달려가 병원으로 갈 수 있도록 도움을 주었다. 만일 그녀가 그 순간에 친구를 기다리고 있지 않았다면, 자전거를 타던 그 사람은 거리에서 혼자 많은 고통을 겪고 있었을 것이다.

해설 가정법 문장에서 If절의 동사가 의미상 '~했다면'과 같이 과거 사실의 반대를 나타내는 과거 완료 시제(had not been waiting)일 때, 주절에 'would/could/might have + p.p.' 형태의 동사를 함께 사용하므로 (a) would have suffered가 정답이다.

어휘 suddenly 갑자기 see A do A가 ~하는 것을 보다 cyclist 자전거 타는 사람 then 그런 다음, 그러고 나서 drive away 차를 몰고 도망치다 help A do ~하도록 A를 돕다 at that moment 그 순간에, 그 당시에 suffer (고통, 피해 등) ~을 겪다, 당하다

3

정답 (c)

포인트 'for + 기간'과 'before + 과거 시점'
◐ 과거완료진행 시제 정답

해석 지난주에 미치 스톨링스 씨가 회사의 부사장으로 승진했다. 그는 승진 전까지 이곳 뉴욕 지사에서 5년 동안 부서장으로 재직했었다.

해설 빈칸 뒤에 기간 전치사구 for 5 years가 쓰여 있는데, 그 뒤에 before the promotion이라는 말이 쓰여 있어 승진되기 전의 5년을 가리킨다는 것을 알 수 있다. 그리고 앞 문장에 과거 시점 표현 Last week 및 과거 시제 동사 was promoted로 과거의 승진 시점을 알리고 있으므로 for 5 years는 그보다 더 이전의 과거에 해당된다. 따라서 특정 과거 시점보다 더 이전의 과거에 지속되던 일을 나타낼 수 있는 과거완료진행 시제로 된 동사가 쓰여야 알맞으므로 (c) had been serving이 정답이다.

어휘 promote ~을 승진시키다 vice president 부사장, 부회장 department 부서 head 책임자, ~장 promotion 승진

4

정답 (a)

포인트 동명사 선행사, + which + 불완전한 절

해석 루이스 씨는 존중하는 마음으로 고객들을 대해야 한다고 자신의 직원들에게 항상 강조한다. 루이스 씨는 고객에게 무례하게 구는 것은 자신이 허용하지 않는 것일 뿐만 아니라, 성공적인 업체가 갑자기 실패하는 업체가 될 수 있는 길이라고 말한다.

해설 의미상 빈칸 앞에 위치한 동명사구 being rude to a customer가 선행사이므로 이러한 선행사와 어울리며 콤마와 함께 삽입된 구조에 쓰일 수 있는 which가 이끄는 (a) which she does not permit이 정답이다.

어휘 emphasize ~을 강조하다 treat ~을 대하다, 다루다, 취급하다 respect 존중(하는 마음), 존경(심) rude 무례한, 예의 없는 successful 성공적인 suddenly 갑자기 failing 실패하는 permit ~을 허용하다

5

정답 (b)

포인트 이유의 부사절 접속사 because

해석 아메리칸 불리는 비교적 새로운 품종의 개로서, 강하고 똑똑하며, 아이들과도 잘 어울린다. 아메리칸 불리가 좋은 기질을 지니고 있고 함께 지내는 것이 즐겁기는 하지만, 어떤 사람들은 핏불을 닮았다는 이유로 이 개를 무서워한다.

해설 보기가 모두 접속사이므로 문장의 의미에 알맞은 것을 골라야 한다. 빈칸 앞뒤에 각각 위치한 절이 의미상 '핏불을 닮았기 때문에 이 개를 무서워한다'라는 뜻이 되어야 자연스러우므로 '~라는 이유로, ~하기 때문에'를 의미하는 (b) because가 정답이다.

어휘 relatively 비교적, 상대적으로 breed (가축의) 품종 intelligent 똑똑한, 지적인 temperament 기질 pleasant 즐거운, 기분 좋은 around 함께 어울리는, 주변에 있는 be frightened of ~을 무서워하다 resemble ~을 닮다 until (지속) ~할 때까지 while ~인 반면, ~이기는 하지만, ~하는 동안

6

정답 (c)

포인트 역접/대조의 대등 접속사 but

해석 왕뱀은 몸에 화려한 무늬를 지니고 있으며, 산호뱀의 무늬와 아주 유사하다. 산호뱀은 사람을 죽일 수 있는 대단히 강력한 독을 지닌 뱀이지만, 왕뱀은 독을 지니고 있지 않고 비교적 사람에게 해를 끼치지 않는다.

해설 빈칸 앞뒤로 주어와 동사가 모두 포함된 절이 하나씩 위치해 있으므로 빈칸은 이를 연결할 접속사 자리이다. 따라서 부사인 (d) then을 제외한 나머지 접속사들 중에서 의미가 알맞은 것을 골라야 하며, 빈칸 앞뒤에 각각 위치한 절은 의미상 '산호뱀은 강한 독을 지니고 있지만, 왕뱀은 독을 지니고 있지 않다'와 같은 뜻이 되어야 알맞으므로 '하지만, 그러나' 등을 의미하는 (c) but이 정답이다.

어휘 colorful 화려한, 다채로운 similar to ~와 유사한, 비슷한 highly 대단히, 매우 venomous 독이 있는, 독액을 분비하는(↔ nonvenomous) relatively 비교적, 상대적으로 harmless 해롭지 않은 then 그렇다면, 그때, 그런 다음

7

정답 (a)

포인트 While + 주어 + ______, 주어 + 과거 동사
⊙ 과거진행 시제 정답

해석 스튜어트는 요즘 시에서 가장 인기 있는 사람들 중 한 명이다. 그가 일전에 학교에서 자전거를 타고 집으로 가던 중에, 한 노부인을 상대로 강도 짓을 하던 남성을 한 명 보고는 그 범인을 붙잡는 데 성공했다.

해설 빈칸 뒤에 위치한 주절에 과거 동사 saw가 쓰여 있는데 의미상 '집으로 가던 중에 ~을 보았다'와 같이 While이 이끄는 절은 과거 시점에 일시적으로 진행 중이던 일을 나타내야 하므로 과거진행 시제인 (a) was cycling이 정답이다.

어휘 popular 인기 있는 while ~하는 중에, ~하는 동안 the other day 일전에 see A -ing A가 ~하는 것을 보다 rob ~에게 강도 짓을 하다, ~을 털다 manage to do ~하는 데 성공하다, 간신히 ~해내다 catch ~을 붙잡다 criminal 범인, 범죄자 cycle 자전거를 타고 가다

8

정답 (a)

포인트 가정법 과거 주절 동사 ⊙ would + 동사원형

해석 러셀은 오늘 하루 일과가 끝날 때까지 끝마쳐야 하는 여러 할당 업무가 있다. 그는 모든 것을 완료할 수 있도록 3일의 시간을 달라고 상사에게 요청하고 있다. 만일 그가 그 정도로 시간이 많이 있다면, 자신의 프로젝트들을 수월하게 끝마칠 것이다.

해설 가정법 문장에서 If절의 동사가 의미상 '~한다면'이라는 뜻으로 현재 사실의 반대를 나타내는 과거 시제(had)일 때, 주절에 'would/could/might + 동사원형'이 함께 쓰여야 하므로 (a) would finish가 정답이다.

어휘 several 여럿의, 몇몇의 assignment 할당, 임무 by ~까지 ask A to do A에게 ~하도록 요청하다 complete ~을 완료하다 that 그 정도로, 그만큼

9

정답 (b)

포인트 주장/명령/요구/제안 동사 + that + 주어 + (should) + 동사원형

해석 제니퍼는 2주 동안 아팠기 때문에 과제를 제출하지 못했다. 제니퍼의 친구 몇 명은 담당 교수에게 가서 제니퍼에게 그 과제를 완료할 시간이 더 주어져야 한다고 촉구했다.

해설 빈칸은 동사 urged의 목적어 역할을 하는 that절의 동사 자리이다. urge와 같이 주장/명령/요구/제안 등을 나타내는 동사의 목적어 역할을 하는 that절에서는 'should + 동사원형' 또는 should를 생략하고 주어와 상관없이 동사원형만 사용하므로 (b) be given이 정답이다.

어휘 fail to do ~하지 못하다 submit ~을 제출하다 assignment 과제(물) since ~하기 때문에 urge that ~하도록 촉구하다, 강력히 권하다 complete ~을 완료하다

10

정답 (d)

포인트 가정법 과거 주절 동사 ◐ would + 동사원형

해석 도쿄에 본사를 둔 한 고객이 멜리사의 회사와 거래하기를 원하고 있다. 그녀는 상사인 스톨링스 씨에게 일본으로의 출장을 승인하도록 요청하고 있다. 만일 스톨링스 씨가 그 요청을 승인하게 된다면, 멜리사는 즉시 도쿄로 떠날 것이다.

해설 가정법 문장에서 If절의 동사가 의미상 '~라면'과 같이 현재 사실의 반대를 나타내는 과거 시제(were)일 때, 주절의 동사는 'would/could/might + 동사원형'의 형태가 되어야 알맞으므로 (d) would leave가 정답이다. 참고로, 가정법 과거 문장의 If절에 be동사가 쓰이는 경우, 주어의 단/복수와 상관없이 were를 사용한다.

어휘 based in ~을 기반으로 하는 ask A for B A에게 B를 요청하다 permission 승인, 허락 approve ~을 승인하다 request 요청 at once 즉시, 당장 leave 떠나다, 출발하다

11

정답 (c)

포인트 if + 주어 + 현재 동사 ◐ 미래진행 시제 정답

해석 지금 테디에게 전화를 거는 게 현명할 것이다. 잉글랜드로 향하는 그의 비행기가 약 30분 후에 출발할 예정이다. 만일 더 나중까지 기다렸다가 그에게 연락한다면 이미 비행기를 타고 가고 있을 것이다.

해설 접속사 if절에 wait until later(나중까지 기다리다)라는 표현이 쓰여 있는데 이는 미래 시점까지 기다리게 되는 것을 의미한다. 따라서 의미상 '더 나중에 연락한다면 이미 비행기를 타고 가고 있을 것이다'와 같이 미래 시점에 일시적으로 진행될 일을 나타내야 알맞으므로 미래진행 시제인 (c) will already be flying이 정답이다.

어휘 smart 현명한, 영리한 plane 비행기 be supposed to do ~할 예정이다, ~하기로 되어 있다 depart 출발하다, 떠나다 in + 시간 ~ 후에 about 약, 대략 until later 더 나중까지 contact ~에게 연락하다 fly 비행기를 타고 가다

12

정답 (c)

포인트 for + 기간 ◐ 현재완료진행 시제 정답

해석 캐서린은 직장과 더 가까운 다른 아파트로 이사하기로 결정했다. 그녀는 10년째 계속 교외 지역에서 살고 있다. 하지만 직장이 집에서 너무 멀리 떨어져 있어서, 거주 방식을 변경하고 싶어 한다.

해설 빈칸의 동사는 기간 전치사구 for ten years straight와 어울려 '10년 넘게 계속 살아오고 있다'와 같이 과거에서 현재까지 지속되어 온 일을 나타내야 알맞다. 따라서 이러한 의미를 나타낼 때 사용하는 현재완료진행 시제 (c) has been living이 정답이다.

어휘 decide to do ~하기로 결정하다 close to ~와 가까운 suburbs 교외 지역 straight 연속으로 far from ~에서 멀리 떨어진 living arrangements 거주 방식

13

정답 (d)

포인트 intend + to부정사

해석 윌리엄슨 씨는 다음 주에 보스턴을 방문해 회사의 신규 고객들 중 한 명을 만나야 한다는 지시를 받았다. 윌리엄슨 씨는 비행기를 타고 그곳으로 이동할 계획이며, 다음 주말에 집으로 돌아오기 전까지 최소 3일 동안 머무를 것이다.

해설 빈칸 앞에 이미 문장의 동사 intends가 쓰여 있어 빈칸이 문장의 동사 자리가 아니므로 준동사 중에서 하나를 골라야 한다. 또한, 동사 intend는 to부정사를 목적어로 취해 '~할 계획이다, 작정이다'라는 뜻을 구성하므로 (d) to travel이 정답이다.

어휘 be instructed that ~라는 지시를 받다, 안내를 받다 meet with (약속하여) ~와 만나다 intend to do ~할 계획이다, 작정이다 by plane 비행기를 타고 at least 최소한, 적어도 return to ~로 돌아오다, 돌아가다 following 다음의 travel 이동하다, 여행하다

14

정답 (b)

포인트 사물 명사 + that + 불완전한 절

해석 낙타는 혹 때문에 사막에서 장시간 생존할 수 있는 것으로 널리 알려져 있다. 전 세계에 있는 대부분의 낙타는 하나의 혹만 가지고 있다. 하지만 두 개의 혹을 지니고 있는 낙타도 존재하고 있으며, 몽골 지역에서 살고 있는 것으로 관찰된다.

해설 빈칸 앞에 위치한 동물 명사인 camels는 사물 명사로 취

급하므로 that 또는 which가 이끄는 절 중에서 하나를 골라야 하는데, that 또는 which가 이끄는 관계사절은 주어 또는 목적어가 빠진 불완전한 구조가 되어야 한다. 따라서 that 뒤에 주어 없이 동사 have로 시작되는 불완전한 구조로 된 (b) that have two humps가 정답이다.

어휘 camel 낙타 be known for ~로 알려져 있다 widely 널리 be able to do ~할 수 있다 survive 생존하다 desert 사막 thanks to ~ 때문에, ~ 덕분에 hump 혹 however 하지만, 그러나 exist 존재하다 be found -ing ~하는 것이 보이다, 발견되다

15

정답 (a)

포인트 deny + 동명사

해석 하퍼 씨의 수업을 듣는 한 학생이 평소에 수업에서 형편없었음에도 불구하고 한 시험에서 만점을 받았다. 하퍼 씨는 그 학생이 뭔가 잘못된 행위를 했다고 생각했지만, 학생은 시험 중에 부정행위를 한 것을 부인했다.

해설 빈칸 앞에 과거 시제로 쓰인 동사 denied는 동명사를 목적어로 취해 '~한 것을 부인하다, 부정하다'라는 뜻을 나타내므로 (a) cheating이 정답이다.

어휘 receive ~을 받다 grade 점수, 성적, 등급 even though ~에도 불구하고, ~이기는 하지만 normally 평소에, 보통, 일반적으로 deny -ing ~한 것을 부인하다, 부정하다 exam 시험 cheat 부정행위를 하다

16

정답 (c)

포인트 가정법 과거 완료 주절 동사 ➲ would have + p.p.

해석 대니는 축구 경기를 하다가 무릎에 갑작스러운 통증을 약간 느꼈다. 그는 감독에게 경기에서 빠지게 해 달라고 즉시 요청했다. 그는 자신이 계속 경기장에서 뛰어다녔다면, 훨씬 더 크게 부상당했을 것이라는 사실을 나중에 알게 되었다.

해설 가정법 문장에서 if절의 동사가 의미상 '~했다면'과 같이 과거 사실의 반대를 나타내는 과거 완료 시제(had continued)일 때, 주절의 동사로 'would/could/might have + p.p.'의 형태를 함께 사용하므로 (c) would have injured가 정답이다. 참고로, 빈칸이 속한 문장의 if에서부터 even more까지는 주절의 동사 realized의 목적어 역할을 하는 that절에 해당되는 구조이다.

어휘 sudden 갑작스러운 pain 통증 knee 무릎 immediately 즉시, 당장 ask A to do A에게 ~하도록 요청하다 take A out of B A를 B에서 빼다, 제외하다 realize that ~임을 알게 되다, 깨닫다 continue to do 계속 ~하다 run around 뛰어다니다 even (비교급 수식) 훨씬 injure ~에게 부상을 입히다

17

정답 (a)

포인트 주장/명령/요구/제안 동사 + that + 주어 + (should) + 동사원형

해석 요즘, 많은 의사들은 환자들에게 전반적인 건강 상태를 개선하는 데 도움이 되는 운동 루틴에 관해 이야기한다. 그 중 많은 의사들이 환자에게 최소한 일주일에 세 번은 일정 수준의 운동에 참여하도록 지시한다.

해설 빈칸은 동사 prescribe의 목적어 역할을 하는 that절의 동사 자리이다. prescribe과 같이 주장/명령/요구/제안 등을 나타내는 동사의 목적어 역할을 하는 that절에서는 'should + 동사원형' 또는 should를 생략하고 주어와 상관없이 동사원형만 사용하므로 (a) engage in이 정답이다.

어휘 patient 환자 exercise routine 운동 프로그램, 운동 루틴 improve ~을 개선하다, 향상시키다 overall 전반적인 prescribe that ~라고 규정하다, 지시하다 certain 일정한, 특정한 at least 최소한, 적어도 engage in ~에 참여하다, 관여하다

18

정답 (b)

포인트 능력을 나타내는 can

해석 멜리사는 다양한 스포츠를 즐기고 있으며, 특히 팀으로 하는 스포츠에 참여하는 것을 좋아한다. 멜리사는 축구를 할 수 있으며, 실제로 학교 팀에서 가장 뛰어난 선수들 중 한 명이다.

해설 빈칸이 속한 주절은 의미상 '축구를 할 수 있다'와 같이 스포츠를 즐기는 멜리사가 할 수 있는 운동의 한 가지를 말하는 내용이다. 따라서 '~할 수 있다'라는 의미로 능력을 나타낼 때 사용하는 조동사 (b) can이 정답이다.

어휘 a variety of 다양한 particularly 특히, 특별히 participate in ~에 참여하다, 참가하다 indeed 실제로, 사실은, 정말로

19

정답 (d)

포인트 가정법 과거 완료 주절 동사 ➲ would have + p.p.

해석 에릭의 상사는 잉글랜드에 있는 지사의 공석을 에릭의 동료인 새라에게 제안하기로 결정했다. 만일 에릭이 잉글랜드로 전근할 기회를 얻었다면, 다른 회사의 새 일자리를 수락하지 않았을 것이다.

해설 빈칸이 속한 문장의 시작 부분을 보면, 조동사 Had와 주어 Eric의 순서가 바뀐 상태이다. 이는 가정법 과거 완료 문장의 If절에서 If가 생략되면서 had + p.p. 동사의 had가 주어와 도치된 구조이다. 따라서 가정법 과거 완료 문

장에서 If절의 동사 had + p.p.와 짝을 이루는 'would/could/might have + p.p.' 형태의 동사가 주절에 쓰여야 알맞으므로 (d) would not have accepted가 정답이다.

어휘 decide to do ~하기로 결정하다 offer A to B A를 B에게 제안하다, 제공하다 open position 공석, 빈자리 branch 지점, 지사 coworker 동료 (직원) transfer to ~로 전근하다, 자리를 옮기다 accept ~을 수락하다, 받아들이다

20

정답 (a)

포인트 완전한 절 구조 + to부정사

해석 몬트로즈 씨는 오늘 아침에 상사와 이야기를 나누면서 회사에서 더 이상 일하지 않을 것이라고 말했다. 몬트로즈 씨는 자신에게 더 많은 연봉을 지급해 줄 회사의 일자리를 수락하기 위해 사직서를 제출했다.

해설 빈칸 앞에 주어(He)와 동사구(handed in), 그리고 목적어(his resignation)이 쓰여 있어 이미 완전한 문장 구조가 이뤄진 상태이므로 빈칸 이하 부분은 부사처럼 부가적인 역할을 하는 수식어구가 되어야 한다. 따라서, '~하기 위해'라는 목적의 의미로 부사적인 역할을 수행하는 to부정사 (a) to accept가 정답이다.

어휘 no longer 더 이상 ~ 않다 hand in ~을 제출하다, 내다 resignation 사직(서), 사임 pay A B A에게 B를 지급하다, 지불하다 accept ~을 수락하다, 받아들이다

21

정답 (b)

포인트 'for + 기간'과 'by + 미래 시점'
◐ 미래완료진행 시제 정답

해석 고등학생 시절에, 신디는 공상 과학 소설을 읽기 시작하면서, 그 소설에 빠지게 되었다. 올 연말쯤이면, 신디는 10년 동안 공상 과학 소설을 읽게 될 것이다.

해설 By the end of this year는 의미상 미래를 나타내는데, 해당 미래 시점까지 특정 기간 동안(for 10 years) 지속될 행위를 나타내는 것은 미래완료진행 시제이므로 (b) will have been reading이 정답이다.

어휘 start -ing ~하기 시작하다 science-fiction novel 공상 과학 소설 fall in love with ~에 빠져들다, ~와 사랑에 빠지다 by ~쯤이면, (기한) ~까지

22

정답 (b)

포인트 resent + 동명사

해석 로즈는 직장에서 보통 오후 교대 근무로 일하지만, 지난달에, 상사가 오전 7시에 근무를 시작하게 하기로 결정했다. 로즈는 보통 밤늦게 잠자리에 들기 때문에 매일 그렇게 일찍 출근하는 것을 못마땅하게 생각한다.

해설 빈칸 앞에 현재 시제로 쓰인 동사 resents는 동명사를 목적어로 취해 '~하는 것을 못마땅해 하다, 원망하다' 등의 의미를 나타내므로 (b) coming이 정답이다.

어휘 usually 보통, 일반적으로 shift 교대 근무(조) supervisor 상사, 책임자, 감독 decide to do ~하기로 결정하다 have A do A에게 ~하게 하다 resent -ing ~하는 것을 못마땅해 하다, 원망하다, 분개하다

23

정답 (a)

포인트 의무/필수 형용사 + that + 주어 + (should) + 동사원형

해석 칩과 초콜릿, 캔디 바 같은 간식은 맛있기는 하지만, 칼로리로 가득하고 당분을 많이 함유하고 있다. 이것들은 살을 찌게 하기 때문에 사람들은 많은 양을 섭취하지 않는 것이 가장 좋다.

해설 빈칸은 가주어 it 뒤에 위치하는 진주어 that절의 동사 자리이다. that 앞에 위치한 best과 같이 의무/필수 등을 나타내는 형용사 보어가 쓰인 'It ~ that' 가주어/진주어 문장에서 that절의 동사로 'should + 동사원형' 또는 should를 생략하고 주어와 상관없이 동사원형만 사용하므로 (a) not consume이 정답이다.

어휘 such as ~와 같은 taste 형용사 ~한 맛이 나다 be full of ~로 가득하다 contain ~을 담고 있다, 포함하다 plenty of 많은 It is best that ~하는 것이 가장 좋다 in large amounts 대량으로 fattening 살찌게 하는 consume ~을 섭취하다, 소비하다

24

정답 (c)

포인트 제안/권고를 나타내는 should

해석 대부분의 통근자들은 운전해서 가는 것이 직장에 도착하는 가장 빠른 방법이라고 생각한다. 하지만 연구에 따르면 버스나 지하철을 타면 제때 도착할 가능성이 훨씬 더 크기 때문에 대중교통을 대신 이용해야 하는 것으로 나타난다.

해설 빈칸이 속한 that절은 의미상 '대중교통을 이용해야 한다'와 같은 뜻이 되어야 자연스러우므로 '~해야 한다, ~하는 것이 현명하다'라는 의미로 충고 혹은 현명한 행동을 권유하는 의미를 갖는 조동사 (b) should가 정답이다.

어휘 commuter 통근자 way to do ~하는 방법 get to ~로 가다, ~에 도착하다 however 하지만, 그러나 research 연구, 조사 show that ~임을 나타내다, 보여주다 take (교통편) ~을 이용하다, 타다 public transportation 대중교통 instead 대신 be likely to do ~할 가능성이 있다, ~할 것 같다 arrive 도착하다 on time 제때 by (방법) ~해서, ~함으로써

25

정답 (b)

포인트 가정법 과거 주절 동사 ◎ would + 동사원형

해석 크리스틴은 중고품 세일 행사에서 아주 흥미로워 보이는 책을 한 권 막 발견했다. 그 책은 건축학의 역사와 관련되어 있고 많은 사진을 포함하고 있지만, 책 전체가 프랑스어로 쓰여 있다. 만일 그녀가 프랑스어를 읽을 수 있다면, 그 책을 구입할 것이다.

해설 가정법 문장에서 If절의 동사가 의미상 '~할 수 있다면'과 같이 현재 사실의 반대를 나타내는 과거 시제(could read)일 때, 주절에 'would/could/might + 동사원형'을 함께 사용하므로 (b) would buy가 정답이다.

어휘 garage sale (차고에서 하는) 중고품 세일 행사 look + 형용사 ~하게 보이다, ~한 것 같다 architecture 건축학 contain ~을 포함하다, 담고 있다 entire 전체의

26

정답 (d)

포인트 now ◎ 현재진행 시제 정답

해석 조디가 방금 메리에게 전화를 걸어 오늘 몇몇 친구들과 함께 밖에 나가 영화를 보자고 했다. 그래서 지금 메리는 시내로 하룻밤 놀러 나가기 위해 준비하고 있다.

해설 빈칸 바로 뒤에 시간 부사 now가 쓰여 있어 의미상 '지금 나갈 준비를 하고 있는 중이다'와 같이 현재 일시적으로 진행 중인 일을 나타내야 알맞으므로 현재진행 시제인 (d) is getting ready가 정답이다.

어휘 invite A to do A를 ~하자고 부르다 as a result 그래서, 그 결과, 그러므로 get ready (to do) (~할) 준비를 하다

실전 모의고사 06 p.84

1 (b)	2 (b)	3 (a)
4 (c)	5 (b)	6 (d)
7 (a)	8 (a)	9 (c)
10 (c)	11 (d)	12 (c)
13 (d)	14 (c)	15 (a)
16 (d)	17 (a)	18 (c)
19 (b)	20 (c)	21 (c)
22 (d)	23 (d)	24 (b)
25 (b)	26 (d)	

1

정답 (b)

포인트 시간의 부사절 접속사 until

해석 금문교는 샌프란시스코의 상징으로서, 매일 10만 명이 넘는 사람들이 이용한다. 이 다리가 1937년에 완공될 때까지 그 만을 건널 수 있는 유일한 선택권은 나룻배를 이용하는 것이었다.

해설 각 보기가 모두 접속사이므로 문장의 의미에 어울리는 것을 찾아야 한다. 빈칸이 속한 문장은 의미상 '다리가 완공될 때까지 유일한 방법은 나룻배를 이용하는 것이었다'와 같은 뜻이 되어야 알맞으므로 '~할 때까지'라는 의미로 지속을 나타낼 때 사용하는 (b) until이 정답이다.

어휘 icon 상징, 우상 over ~가 넘는 cross ~을 건너다, 가로지르다 bay 만(바다가 육지 속으로 파고들어 와 있는 곳) by (교통편 등) ~을 이용해, ~을 타고 ferry boat 나룻배, 연락선 complete ~을 완료하다 although 비록 ~이기는 하지만 until (지속) ~할 때까지 since ~하기 때문에, ~한 이후로

2

정답 (b)

포인트 가정법 과거 if절 동사 ◎ 과거 시제

해석 친구들이 키마에게 토요일 오후에 함께 영화 보러 가자고 부탁했지만, 키마는 오후 3시까지 일해야 한다. 키마는 영화가 오후 2시 30분 대신 오후 4시에 시작하기만 한다면 친구들과 함께 갈 수 있을 것이다.

해설 가정법 문장에서 주절의 동사가 'would/could/might + 동사원형'의 형태(could go)일 때, If절의 동사는 '~한다면'이라는 의미로 현재 사실의 반대를 나타내는 과거 시제가 되어야 하므로 (b) were starting이 정답이다.

어휘 ask A to do A에게 ~하도록 부탁하다, 요청하다 join ~와 함께 하다, ~에 합류하다 instead of ~ 대신

3

정답 (a)

포인트 plan + to부정사

해석 여름 휴가철이 빠르게 다가오고 있기 때문에 많은 사람들이 어디로 가야 할지 결정을 내리려 하고 있다. 스티븐은 고향에 계신 부모님을 뵈러 갈 계획을 세우고 있으며, 그 후에 가족을 데리고 해변으로 갈 것이다.

해설 빈칸 앞에 이미 문장의 동사 is planning이 쓰여 있으므로 빈칸은 동사가 아닌 준동사가 필요한 자리이다. 또한, 동사 plan은 to부정사를 목적어로 취해 '~할 계획이다'라는 뜻을 나타내므로 (a) to visit이 정답이다.

어휘 approach 다가오다, 다가가다 try to do ~하려 하다 decide ~을 결정하다 plan to do ~할 계획이다 then 그 후에, 그런 다음 take A to B A를 데리고 B로 가다

4

정답 (c)

포인트 가정법 과거 완료 주절 동사 ◎ would have + p.p.

해석 나는 친구 결혼식에 제때 도착할 수 있을 정도로 충분히 일찍 출발했다고 생각했지만, 차량들이 고속도로에서 밀려 있었다. 만일 공사 작업이 이 도로 구간에 계획되어 있지 않았다면, 난 아마 제때 도착했을 것이다.

해설 가정법 문장에서 If절의 동사가 의미상 '~했다면'이라는 뜻으로 과거 사실의 반대를 나타내는 과거 완료 시제(had not been planned)일 때, 주절에 'would/could/might have + p.p.' 형태의 동사가 짝을 이뤄 사용되므로 (c) would have arrived가 정답이다.

어휘 leave 출발하다, 떠나다 enough to do ~하기에 충분히 get to ~에 도착하다, ~로 가다 on time 제때 traffic 차량들, 교통 be backed up 밀려 있다 construction 공사, 건설 plan ~을 계획하다 arrive 도착하다

5

정답 (b)

포인트 offer + to부정사

해석 내 남동생이 대수학 과목을 힘겨워했기 때문에 부모님께서는 남동생의 점수를 걱정하셨다. 내가 내년에 대학에서 수학을 전공할 것이기 때문에 남동생에게 겨울 방학 동안에 걸쳐 개인 과외를 해 주겠다고 했다.

해설 빈칸 앞에 동사 offered가 쓰여 있어 빈칸이 동사 자리가 아니라는 것을 알 수 있으므로 준동사 중의 하나를 골라야 한다. 동사 offer는 to부정사를 목적어로 취하므로 (b) to tutor가 정답이다.

어휘 struggle with ~을 힘겨워하다, ~로 몸부림치다 be worried about ~을 걱정하다 grade 점수, 학점, 등급 major in ~을 전공하다 offer to do ~하겠다고 제안하다 over ~ 동안에 걸쳐 winter break 겨울 방학 tutor ~에게 개인 과외를 하다

6

정답 (d)

포인트 가정법 과거 주절 동사 ◎ would + 동사원형

해석 샨드라는 최근 가족을 위해 연비가 좋은 중고 자동차를 한 대 구입했다. 하지만 샨드라는 항상 스포츠카를 소유하는 것을 꿈꿨다. 만일 샨드라가 스포츠카를 한 대 구입할 수 있는 여유가 있다면, 완전히 새로운 포르쉐 911 터보를 살 것이다.

해설 가정법 문장에서 If절의 동사가 의미상 '~할 수 있다면'과 같이 현재 사실의 반대를 나타내는 과거 시제(could afford)일 때, 주절의 동사로 'would/could/might + 동사원형'의 형태가 짝을 이뤄 사용되므로 (d) would get이 정답이다.

어휘 recently 최근에 fuel-efficient 연비가 좋은 used 중고의 however 하지만, 그러나 can afford to do ~할 수 있는 여유가 있다 brand-new 완전히 새로운

7

정답 (a)

포인트 finish + 동명사

해석 더그는 지금 다음 천문학 수업을 고대하고 있다. 이전 수업에서, 교수님께서 다른 행성으로 떠나는 여행 가능성에 관해 이야기하셨지만, 시간이 부족하셨기 때문에 그 주제로 이야기하시는 것을 끝마치지 못하셨다.

해설 빈칸 앞에 쓰인 동사 finish는 동명사와 함께 사용되어 '~하는 것을 끝마치다'라는 뜻을 나타내므로 (a) discussing이 정답이다.

어휘 look forward to ~을 고대하다, 크게 기대하다 astronomy 천문학 previously 이전에, 과거에 possibility 가능성 travel 여행하다, 이동하다 planet 행성 issue 주제, 사안, 문제 run out of ~가 부족해지다, ~을 다 써버리다 discuss ~을 이야기하다, 논의하다

8

정답 (a)

포인트 앞 문장 과거 시점 last month + 빈칸 문장 since

해석 완전히 파산한 안드레아스는 지난달에 아이오와 시골에 계신 부모님 집으로 다시 이사할 수밖에 없었다. 그는 대도시를 향해 집을 떠난 이후 시카고에서의 생계비로 인해 어려움을 겪고 있었다.

해설 빈칸이 포함된 문장은 'since + 과거 시점'과 함께 '집을 떠난 후 줄곧 어려움을 겪어 왔다'는 의미인데, 앞 문장에 과거 부사 last month를 통해 과거에 이미 집에 돌아왔음을 알 수 있다. 따라서 빈칸 문장의 어려움을 겪은 시기는 집에 돌아온 시점 이전을 의미하므로 특정 과거 시점까지 지속된 행위를 나타내는 과거완료진행 시제 (a) had been struggling이 정답이다.

어휘 have no choice but to do ~할 수밖에 없다 rural 시골의 cost of living 생계비 struggle 어려움을 겪다

9

정답 (c)

포인트 imagine + 동명사

해석 동사 imagine 뒤에 빈칸이 위치에 있으므로 준동사가 빈칸에 쓰여야 한다. 동사 imagine은 동명사를 목적어로 취하므로 (c) reading이 정답이다.

해설 내 동생은 1200페이지가 넘는 소설을 막 다 읽었다. 처음부터 끝까지 거의 1년이 걸렸다. 나는 그렇게 긴 책을 읽는 것을 상상할 수 없다!

어휘 take A + 시간 A에게 ~의 시간이 걸리다 entire 전체의, 전부의 cover to cover 처음부터 끝까지 imagine 상상하다

10

정답 (c)

포인트 as of this moment ➲ 현재진행 시제 정답

해석 뉴럴링크는 인간의 뇌를 컴퓨터와 연결하기 위해 시도하고 있는 회사이다. 지금 이 순간, 그들은 신체 장애가 있는 사람들이 컴퓨터를 작동하도록 도움을 줄 수 있는 여러 다른 방법을 실험하고 있다.

해설 빈칸 앞에 현재 시점을 기준점으로 나타내는 As of this moment가 쓰여 있어 의미상 '지금 이 순간, 여러 방법을 실험하고 있는 중이다'와 같이 현재 일시적으로 진행되고 있는 일을 나타내야 알맞으므로 현재진행 시제인 (c) are experimenting이 정답이다.

어휘 attempt to do ~하려 시도하다 connect A to B A를 B와 연결하다, 관련 짓다 as of (시점) ~을 기준으로, ~부로, ~ 현재 moment 순간, 잠시, 때 way to do ~하는 방법 help A do A에게 ~하도록 도움을 주다 physical 신체적인, 육체적인 disability 장애 experiment (with) (~을) 실험하다

11

정답 (d)

포인트 역접/대조의 접속부사 in contrast

해석 일본에 살고 있는 대부분의 사람들은 그 나라에서 널리 재배되고 있는 쌀을 먹는 것으로 일일 탄수화물 섭취량을 얻는다. 그에 반해서, 대부분의 이탈리아인들은 빵과 파스타를 통해 탄수화물을 섭취한다.

해설 보기가 모두 접속부사이므로 빈칸 앞뒤 문장의 의미를 파악해 가장 적절한 것을 골라야 한다. 빈칸 앞에는 일본 사람들이 쌀을 통해 탄수화물을 얻는다는 내용이, 빈칸 뒤에는 이탈리아인들이 빵과 파스타를 통해 탄수화물을 얻는다는 내용이 쓰여 있다. 이는 두 나라를 서로 대조하여 비교하는 것이므로 '그에 반해서' 등의 의미로 대조 또는 반대를 나타낼 때 사용하는 (d) in contrast가 정답이다.

어휘 carbohydrate 탄수화물 widely 널리, 폭넓게 grow ~을 재배하다, 기르다 consume ~을 소비하다 therefore 따라서, 그러므로 also 또한 for example 예를 들어 in contrast 그에 반해서, 대조적으로

12

정답 (c)

포인트 의무/필수 형용사 + that + 주어 + (should) + 동사원형

해석 핀과 에미르는 TV에 나오는 요리 프로그램을 시청하고 있었다. 그 요리사는 구운 연어를 만드는 법을 설명하면서 모든 사람이 연어를 오븐에 넣기 전에 레몬과 버터를 추가하는 것이 필수라고 말했다.

해설 빈칸은 가주어 it 뒤에 위치하는 진주어 that절의 동사 자리이다. that 앞에 위치한 essential과 같이 의무/필수 등을 나타내는 형용사 보어가 쓰인 'It ~ that' 가주어/진주어 문장에서 that절의 동사로 'should + 동사원형' 또는 should를 생략하고 주어와 상관없이 동사원형만 사용하므로 (c) add가 정답이다.

어휘 explain ~을 설명하다 how to do ~하는 법 it is essential that ~하는 것이 필수이다 put A in B A를 B에 넣다, 두다 add ~을 추가하다

13

정답 (d)

포인트 가정법 과거 완료 if절 동사 ➲ had + p.p.

해석 역사적인 메이플턴 도서관은 자연 습지와 너무 가까이 위치해 있어 붕괴될 수도 있었기 때문에 철거되어야 했다. 만일 시에서 이 도서관을 다른 장소에 지었다면, 그 건물은 보존될 수 있었을 것이다.

해설 가정법 문장에서 주절의 동사가 'would/could/might have + p.p.'의 형태(would have been)일 때, If절의 동사는 '~했다면'이라는 의미로 과거 사실의 반대를 나타내는 과거 완료 시제가 되어야 하므로 (d) had built가 정답이다.

어휘 historic 역사적인 demolish ~을 철거하다, 허물다 close to ~와 가까운 wetland 습지 could have p.p. ~할 수 있었을 것이다 location 장소, 위치, 지점 be able to do ~할 수 있다 save ~을 보존하다, 지키다

14

정답 (c)

포인트 주어 + ________ when + 주어 + 과거 동사
➲ 과거진행 시제 정답

해석 카일라와 브래든은 형제자매가 보통 그러듯 서로 종종 말다툼을 한다. 브래든은 최근에 화가 났는데, 카일라가 화면 앞에서 걸어 다녔을 때 그가 비디오 게임을 하던 중이었기 때문이다.

해설 빈칸 뒤에 위치한 when절에 과거 시제 동사 walked가 쓰여 있어 의미상 '카일라가 화면 앞에서 걸어 다녔을 때 비디오 게임을 하고 있었다'와 같이 과거 시점에 일시적으로 진행 중이던 일을 나타내야 알맞다. 따라서 과거진행

시제인 (c) was playing이 정답이다.

어휘 argue 말다툼하다, 언쟁하다 usually 보통, 일반적으로 upset 화가 난, 속상한 recently 최근에 in front of ~ 앞에(서)

15

정답 (a)

포인트 사물 명사, + which + 불완전한 절

해석 매니는 가장 좋아하는 피자 레스토랑이 문을 닫아서 안타까워하고 있다. 비발디즈 피자는, 씬 크러스트 피자를 전문으로 했던 곳으로서, 지역 내에서 가장 오래된 레스토랑 중 하나였다. 그 건물은 현재 개조되고 있으며, 카페로 탈바꿈하게 될 것이다.

해설 빈칸 앞에 위치한 Vivaldi's Pizza가 사물 명사이므로 관계사 which 또는 where가 이끄는 절 중에서 하나를 골라야 한다. which는 주어 또는 목적어가 빠진 불완전한 절을, where는 구성이 완전한 절을 이끌어야 하므로 'which + 주어 없는 불완전한 절'의 구조인 (a) which specialized in thin crust pizzas가 정답이다.

어휘 favorite 가장 좋아하는 close down 문을 닫다, 폐업하다 renovate ~을 개조하다, 보수하다 turn A into B A를 B로 탈바꿈시키다, 변모시키다 specialize in ~을 전문으로 하다

16

정답 (d)

포인트 since + 주어 + 과거 동사 ➲ 현재완료진행 시제 정답

해석 지나는 손목을 검사 받기 위해 내일 의사를 방문할 것이다. 그녀는 몇몇 동료들과 함께 축구 경기를 하던 중에 넘어진 이후로 줄곧 오른쪽 손목에 통증을 느껴 왔다.

해설 빈칸 뒤에 since절에 과거 시제 동사 fell이 쓰여 있는 것으로 볼 때 의미상 '축구 경기 중에 넘어진 이후로 줄곧 통증을 느껴 왔다'와 같이 특정 과거 시점에서부터 지금까지 계속 지속되어 온 상태를 나타내야 알맞다. 이러한 의미는 현재완료진행 시제로 표현하므로 (d) has been feeling이 정답이다.

어휘 get A p.p. A를 ~되게 하다 wrist 손목 examine ~을 검사하다, 조사하다 ever since ~ 이후로 줄곧 fall 넘어지다, 떨어지다 while ~하는 중에, ~하는 동안 colleague 동료 (직원)

17

정답 (a)

포인트 주장/명령/요구/제안 동사 + that + 주어 + (should) + 동사원형

해석 산드라는 최근 지역 체육관에서 개인 트레이너와 함께 하는 시간에 등록했다. 근력 운동을 하기 전에, 트레이너는 몇몇 기본 스트레칭과 코어 강화 운동으로 몸을 풀도록 권했다.

해설 빈칸은 동사 suggested의 목적어 역할을 하는 that절의 동사 자리이다. suggest와 같이 주장/명령/요구/제안 등을 나타내는 동사의 목적어 역할을 하는 that절에서는 'should + 동사원형' 또는 should를 생략하고 주어와 상관없이 동사원형만 사용하므로 (a) warm up이 정답이다.

어휘 recently 최근에 sign up 등록하다, 신청하다 physical trainer 개인 트레이너 local 지역의, 현지의 gym 체육관 lift weights 덤벨/바벨 등으로 운동하다 suggest that ~하도록 권하다, 제안하다 core-strengthening 코어를 강화하는 warm up (본격적인 운동 전에) 몸을 풀다, 준비 운동을 하다

18

정답 (c)

포인트 추측/가능성을 나타내는 might

해석 우리 아들 에릭이 막 운전면허증을 땄는데, 토요일에 혼자 운전해서 친구 집에 갈 계획을 세우고 있다. 나는 아들이 길을 잃을지도 모른다는 생각이 들어서, 전화기의 지도 앱을 이용하는 방법을 알려주었다.

해설 빈칸이 속한 절의 의미상 '아들이 길을 잃을지도 모른다'와 같이 불확실한 추측이나 가능성을 나타내는 뜻이 되어야 자연스러우므로 '~할지도[일지도] 모른다'를 뜻하는 조동사 (c) might이 정답이다.

어휘 plan to do ~할 계획이다 drive to 차를 운전해서 ~로 가다 by oneself 혼자, 스스로 get lost 길을 잃다 show A how to do A에게 ~하는 법을 알려주다

19

정답 (b)

포인트 사람 명사 + who + 불완전한 절

해석 여러 다른 많은 회사에서 근무한 끝에, 리지는 마침내 마음에 드는 일자리를 찾았다. 리지는 덜 간섭하는 책임자들이 자신의 업무 스타일과 잘 맞는다는 것을 알게 되었다. 현재 리지의 부서장은 너무 많은 관리 감독 없이 리지에게 결정을 내릴 수 있게 해 준다.

해설 빈칸 앞에 위치한 managers는 사람 명사이므로 who 또는 whom이 이끄는 절 중에서 하나를 골라야 한다. who는 뒤에 주어가 없는 절을, whom은 뒤에 목적어가 없는 절을 이끌어야 하므로 'who + 동사 + 보어'의 어순으로 된 (b) who are more hands-off가 정답이다.

어휘 finally 마침내, 결국 learn that ~임을 알게 되다 fit well with ~와 잘 맞다, 잘 어울리다 current 현재의 let A do A에게 ~하게 하다 make a decision 결정을 내리다 oversight 관리 감독, 단속 hands-off 간섭하지 않는

20

정답 (c)

포인트 전치사 + 동명사

해석 최근, 한 신문에 여러 고객들이 식사를 한 후에 탈이 났던 레스토랑과 관련된 기사가 하나 실렸다. 그 결과, 많은 사람들이 그곳에서 식사하는 것을 멀리 하기로 결정했다.

해설 빈칸 앞에 전치사 from이 쓰여 있어 전치사의 목적어 역할을 할 수 있는 동명사가 필요하므로 (c) dining이 정답이다. 전치사 뒤에 부정사는 올 수 없으므로 (a) to dine은 오답이다.

어휘 recently 최근에 article (신문 등의) 기사 several 여럿의, 몇몇의 then 그 후에, 그런 다음 get sick 탈이 나다, 병이 나다 as a result 그 결과, 결과적으로 decide to do ~하기로 결정하다 stay away from ~을 멀리 하다 dine 식사하다

21

정답 (c)

포인트 가정법 과거 주절 동사 ◐ would + 동사원형

해석 콘티넨탈 연회장은 최대 인원으로 350명의 사람들을 수용할 수 있다. 하지만 다가오는 '진보를 위한 기술 컨퍼런스'는 약 500명의 사람을 예상하고 있다. 만일 이 컨퍼런스에 더 적은 사람이 온다면, 행사 기획자들은 개회사를 위해 그 연회장을 이용할 것이다.

해설 가정법 문장에서 If절의 동사가 의미상 '~한다면'이라는 뜻으로 현재 사실의 반대를 나타내는 과거 시제(had)일 때, 주절의 동사로 '~할 것이다, 할 수 있을 것이다'를 뜻하는 'would/could/might + 동사원형'의 형태가 짝을 이뤄 사용되므로 (d) would use가 정답이다.

어휘 hold ~을 수용하다 maximum capacity 최대 수용 인원, 최대 수용 용량 however 하지만 upcoming 다가오는, 곧 있을 expect ~을 예상하다 about 약 planner 기획자 opening speech 개회사

22

정답 (d)

포인트 'by + 미래 시점'과 'for + 기간'
◐ 미래완료진행 시제 정답

해석 파커의 지도 교수는 다음 겨울 학기까지 기다렸다가 학위 과정을 완료하는 데 필요한 마지막 수업을 수강하라고 알려 주었다. 그때쯤이면, 파커는 6년 넘게 학위를 위해 공부하게 될 것이다!

해설 빈칸 앞에 특정 시점을 가리키는 By that time이 쓰여 있는데, 이 시점은 앞 문장에 제시된 next winter semester를 뜻한다. 따라서 빈칸이 속한 문장은 의미상 '그때쯤이면(다음 겨울 학기쯤이면) 6년 넘게 공부하게 될 것이다'와 같이 현재 진행 중인 일이 미래의 특정 시점까지 지속되는 상태를 나타내야 알맞으므로 이러한 의미를 표현할 때 사용하는 미래완료진행 시제 (d) will have been studying이 정답이다.

어휘 advisor 지도 교수, 자문, 조언자 tell A that A에게 ~라고 말하다 semester 학기 take a class 수강하다, 수업을 듣다 complete ~을 완료하다 degree 학위 by ~쯤이면, (기한) ~까지 over ~ 넘게

23

정답 (d)

포인트 가정법 과거 완료 if절 동사 ◐ had + p.p.

해석 우주 비행사들이 1969년에 달에 착륙했을 때, 그것은 인간이 최초로 달의 표면에서 걸어 다닌 순간이었다. 만일 그 우주 비행사들이 어려운 착륙을 이뤄내지 못했다면, 그 역사적인 발걸음을 절대로 내딛지 못했을지도 모른다.

해설 가정법 문장에서 주절의 동사가 'would/could/might have + p.p.'의 형태(might never have taken)일 때, If절의 동사는 '~했다면'이라는 의미로 과거 사실의 반대를 나타내는 과거 완료 시제가 되어야 하므로 (d) had missed가 정답이다.

어휘 astronaut 우주 비행사 land 착륙하다 surface 표면 landing 착륙 might have + p.p. ~했을지도 모른다 historic 역사적인 miss ~에 이르지 못하다, ~을 놓치다, 지나치다

24

정답 (b)

포인트 주어 + __________ when + 주어 + 현재 동사
◐ 미래진행 시제 정답

해석 잼 페스트는 항상 인기 있는 여름 음악 축제이며, 입장권이 빠르게 매진된다. 다행히도, 입장권이 다음 주에 축제 웹사이트에서 판매에 돌입할 때 주최측에서 10퍼센트 할인을 제공할 것이다.

해설 시간 부사절 접속사인 when절에 쓰인 현재 시제 동사 go는 실제로는 미래 시점을 나타내고 있다. 따라서 의미상 미래 시점에 판매가 되면 '할인을 제공할 것이다'와 같이 미래에 일시적으로 진행될 일을 나타내야 알맞으므로 미래진행 시제인 (b) will be offering이 정답이다.

어휘 popular 인기 있는 sell out 매진되다, 품절되다 quickly 빠르게 fortunately 다행히도 organizer 주최자, 조직자 go on sale 판매에 돌입하다 offer ~을 제공하다

25

정답 (b)

포인트 과거에 대한 추측을 나타내는 must have + p.p.

해석 한 인기 있는 젊은 미술가를 소개하기 위해 시내에 있는 미술관에서 새로운 전시회가 시작되었다. 여러 도시를 그린 그림에서, 그 미술가는 심지어 가장 작은 세부 요소들조차 실제처럼 보이게 만들었다. 그 아티스트는 각 작품에 대해 아주 많은 시간을 보낸 것이 틀림없다.

해설 앞 문장을 보면, 과거 시제 동사 made와 함께 과거 시점에 한 미술가가 그린 그림의 특징을 설명하고 있다. 따라서 빈칸이 속한 문장은 의미상 '작품에 아주 많은 시간을 보낸 것이 틀림없다'와 같이 과거의 일에 대한 추측을 나타내야 자연스러우므로 have + p.p. 구조와 함께 '~한 것이 틀림없다'라는 의미를 구성하는 조동사 (b) must가 정답이다.

어휘 downtown 시내에, 시내로 showcase ~을 소개하다, 선보이다 popular 인기 있는 painting 그림 make A do A를 ~하게 만들다 even 심지어 (~조차) tiny 아주 작은 details 세부 요소 look + 형용사 ~처럼 보이다, ~한 것 같다 must have + p.p. (과거) ~한 것이 틀림없다 hours and hours 아주 많은 시간 piece (그림, 글, 음악 등의) 작품

26

정답 (d)

포인트 for + 명사 + to부정사

해석 마크는 자신의 자동차를 수리 받기 위해 정비소로 가져갔다. 마크는 작업이 완료되는 데 얼마나 오래 걸릴지 정비사에게 물었다. 그 정비사는 저녁 5시 이후에 언제든 마크가 가져갈 수 있도록 준비될 것이라고 말했다.

해설 빈칸 앞에 'for + 명사'로 구성된 전치사구가 쓰여 있는데, 이 for 전치사구는 to부정사의 행위의 주체 즉 '의미상의 주어'를 나타낼 때 사용한다. 따라서 빈칸에 to부정사구가 쓰여야 하므로 (d) to pick up이 정답이다.

어휘 garage 정비소, 차고 get A p.p. A를 ~되게 하다 repair ~을 수리하다 mechanic 정비사 take ~의 시간이 걸리다 anytime 언제든지 pick up ~을 가져가다, 가져오다

실전 모의고사 07 p.90

1 (d)	2 (d)	3 (a)
4 (c)	5 (b)	6 (c)
7 (b)	8 (a)	9 (c)
10 (b)	11 (a)	12 (d)
13 (c)	14 (a)	15 (a)
16 (c)	17 (d)	18 (d)
19 (c)	20 (c)	21 (b)
22 (a)	23 (a)	24 (b)
25 (b)	26 (a)	

1

정답 (d)

포인트 5형식 문장의 목적어 자리에 동명사

해석 브라이언은 일 때문에 많이 서 있어야 하고 그의 발은 최근에 심하게 아팠다. 운 좋게도, 한 의사는 그에게 신발 안에 넣을 수 있는 맞춤 깔창을 줄 수 있었고, 이것은 오랜 시간 동안 서 있는 것을 더 편안하게 해 줄 것이다.

해설 빈칸 앞에 쓰인 make는 'make + 목적어 + 목적격 보어'와 같은 5형식 구조로 사용되어 '목적어를 ~하게 만들다'라는 의미를 나타낸다. '빈칸 + for long hours'가 문장의 목적어 역할을, more comfortable이 목적격 보어 역할을 하는데, 5형식 문장의 목적어 자리에는 부정사 대신 동명사가 사용되므로 동명사인 (d) standing이 정답이다.

어휘 stand 서다, 서 있다 severe 심각한 pain 고통, 통증 luckily 다행히, 운 좋게도 custom 맞춤의, 주문 제작의 insole 깔창 comfortable 편안한

2

정답 (d)

포인트 가정법 과거 완료 주절 동사 ◐ would have + p.p.

해석 샌프란시스코는 극도로 비싼 부동산 문제 및 저렴한 주택 부족 문제를 다뤄오고 있다. 만일 도시 기획 담당자들이 인구 급증에 관해 알고 있었다면, 더욱 효율적이고 저렴한 주택을 지었을 것이다.

해설 빈칸 앞에 위치한 If절을 보면, 의미상 '~했다면'이라는 뜻으로 과거 사실의 반대를 나타내는 과거 완료 시제 동사 (had known)가 쓰여 있다. 따라서 주절의 동사 자리인 빈칸에 이 과거 완료 시제 동사와 어울리는 'would/could/might have + p.p.' 형태의 동사가 쓰여야 알맞으므로 (d) would have built가 정답이다.

어휘 deal with ~에 대처하다, ~을 처리하다, 다루다 extremely 대단히, 매우 real estate 부동산 lack 부족 affordable 저렴한, 가격이 알맞은 housing 주택 (공급) boom in ~의 급증, 호황 population 인구, 사람들 efficient 효율적인

3

정답 (a)

포인트 prior to + 과거 시점 ◐ 과거완료진행 시제 정답

해석 인도네시아의 화산인 시나붕 산이 2020년 8월에 분출된 후 현지 주민들은 어쩔 수 없이 이사해야 했다. 재와 잔해로 세 곳의 구역을 뒤덮은 분출 전까지 수천 명의 사람들이 이 화산과 가까운 곳에 살았었다.

해설 빈칸 뒤에 시점을 나타내는 부사구 prior to the eruption이 쓰여 있는데, 이 eruption은 앞 문장에서 erupted in August 2020으로 가리키는 과거의 일을 의미한다. 따라서 의미상 '과거의 분출 전까지 ~에 살았었다'와 같이 특정 과거 시점보다 더 이전의 과거에 지속된 일을 나타내야 알맞다. 이와 같은 상황은 과거완료진행 시제로 표현하므로 (A) had been living이 정답이다.

어휘 local 현지의, 지역의 be forced to do 어쩔 수 없이 ~하다 volcano 화산 erupt 분출되다 close to ~와 가까운 곳에 prior to ~ 전에, ~에 앞서 eruption 분출 cover ~을 뒤덮다 district 구역, 지구 ash 재 debris 잔해, 쓰레기

4

정답 (c)

포인트 주장/명령/요구/제안 동사 + that + 주어 + (should) + 동사원형

해석 루시는 아버지와 함께 병원 진료 예약을 기다리며 한 시간 넘게 보냈다. 루시는 다른 사람들이 아버지보다 먼저 들어가고 있다는 것을 알아차렸을 때, 아버지께서 당장 의사의 진료를 받아야 한다고 요구했다.

해설 빈칸은 동사 demanded의 목적어 역할을 하는 that절의 동사 자리이다. demand와 같이 주장/명령/요구/제안 등을 나타내는 동사의 목적어 역할을 하는 that절에서는 'should + 동사원형' 또는 should를 생략하고 주어와 상관없이 동사원형만 사용하므로 (c) see가 정답이다.

어휘 spend + 시간 -ing ~하는 데 시간을 소비하다 appointment 예약, 약속 notice that ~임을 알아차리다 demand that ~하도록 요구하다 right away 당장, 즉시

5

정답 (b)

포인트 동시 상황의 접속부사 meanwhile

해석 우리 마케팅팀은 광고 하나를 끝마치기까지 겨우 3일의 시간이 남아 있었다. 난 스튜디오 세트를 준비시키는 데 거의 하루를 보냈다. 그러는 동안, 다른 팀원들은 배우들에게 연기하도록 준비시키기 위해 노력했다.

해설 보기가 모두 접속부사이므로 빈칸 앞뒤 문장의 의미를 파악해 가장 적절한 것을 골라야 한다. 빈칸 앞에는 글쓴이가 스튜디오 세트를 준비한 일이, 빈칸 뒤에는 다른 팀원들이 배우들에게 연기하도록 준비시킨 일이 쓰여 있다. 이는 광고 촬영을 준비하기 위해 동시에 발생된 일을 나열한 것이므로 '그러는 동안'이라는 뜻으로 동시 상황을 나타낼 때 사용하는 (b) Meanwhile이 정답이다.

어휘 have A left A가 남아 있다 commercial 광고 (방송) whole 모든, 전체의 get A ready A를 준비시키다 work on ~에 대해 노력하다, ~에 대한 작업을 하다 perform 연기하다, 공연하다 otherwise 그렇지 않으면 meanwhile 그러는 동안, 그 사이에, 한편 for instance 예를 들어 therefore 따라서, 그러므로

6

정답 (c)

포인트 능력을 나타내는 can

해석 중국의 새 우주 정거장 톈궁이 궤도를 향해 공식적으로 발사되었다. 이 우주 정거장의 모든 구역은 다른 구역들과 독립적으로 가동될 수 있도록 각각의 태양열 전원 설비를 갖고 있다.

해설 빈칸이 속한 문장은 의미상 '각 구역이 다른 구역으로부터 독립적으로 가동될 수 있다'와 같이 각 구역이 갖춘 기능 혹은 능력의 의미가 되어야 자연스럽다. 따라서 '~할 수 있다'라는 의미의 조동사 (c) can이 정답이다.

어휘 space station 우주 정거장 officially 공식적으로, 정식으로 launch (우주선, 로켓 등) ~을 발사하다 orbit 궤도 section 구역, 영역, 부분, 구획 separate 별도의, 분리된 solar power source 태양열 전원 설비 so that ~할 수 있도록 operate 가동되다, 작동되다 independently 독립적으로

7

정답 (b)

포인트 시간의 부사절 접속사 whenever

해석 레오는 지난 몇 달 동안 계속 다이어트를 하려 했지만, 업무상의 점심 및 저녁 식사를 위해 자주 밖에 나가야 해서 그렇게 하는 것이 어려웠다. 레오는 고객들과 레스토랑에 갈 때마다 더 적은 양을 주문해야 한다.

해설 각 보기가 모두 접속사이므로 문장의 의미에 어울리는 것을 찾아야 한다. 빈칸이 속한 문장은 의미상 '레스토랑에 갈 때마다 더 적은 양을 주문해야 한다'와 같은 뜻이 되어야 자연스러우므로 '~할 때마다'를 의미하는 (b) whenever가 정답이다.

어휘 try to do ~하려 하다 stay on a diet 다이어트를 하다 order ~을 주문하다 portion (음식의) 1인분 client 고객, 의뢰인 whenever ~할 때마다, ~할 때는 언제든 until (지속) ~할 때까지

8

정답 (a)

포인트 While + 주어 + ______, 주어 + 과거 동사
○ 과거진행 시제 정답

해석 시칠리의 한 공사 현장 인부들이 최근 지하에 깊이 묻혀 있는 아주 오래된 도시의 일부를 발견했다. 이들은 토대를 위한 구멍을 파던 중에, 1,000년도 넘는 대형 벽돌들을 발견했다.

해설 빈칸 뒤에 위치한 주절에 과거 동사 discovered가 쓰여 있는데 의미상 '구멍을 파던 중에 ~을 발견했다'와 같이 While이 이끄는 절에는 과거 시점에 일시적으로 진행 중이던 행위가 오는 것이 적합하므로 과거진행 시제인 (a) were digging이 정답이다.

어휘 construction site 공사 현장 ancient 아주 오래된, 고대의 buried deep underground 지하에 깊이 묻혀 있는 while ~하는 중에 foundation 토대 discover ~을 발견하다 brick 벽돌 over ~가 넘는 dig ~을 파다

9

정답 (c)

포인트 가정법 과거 주절 동사 ○ would + 동사원형

해석 헬렌은 원예 작업을 즐기지만, 현재 아파트에 살고 있어서 옥외 공간이 전혀 없는 상태이다. 만일 헬렌이 개인 소유의 마당을 갖고 있다면, 채소와 꽃들을 기를 것이다.

해설 If절에 의미상 '~한다면'과 같은 뜻으로 현재 사실의 반대를 나타내는 과거 시제 동사(had)가 쓰이는 경우, 주절의 동사로 'would/could/might + 동사원형'의 형태가 짝을 이뤄 사용되어야 하므로 (c) would grow가 정답이다.

어휘 gardening 원예 currently 현재 one's own 개인 소유의, 자신만의 grow ~을 기르다, 재배하다

10

정답 (b)

포인트 동명사 선행사, + which + 불완전한 절

해석 햇빛이 많이 들지 않는 곳에 사는 것은 정신적, 행동적 문제들을 초래할 수 있다. 과학자들은 사람들이 긴 겨울 동안 자주 겪는 것과 같이, 자연광을 충분히 쪼이지 않으면 우울증, 집중력이 저하되는 어려움, 그리고 수면과 관련된 문제들을 초래할 수 있다고 말한다.

해설 선행사인 동명사구 not getting enough natural sunlight과 동사 can cause 사이에 콤마와 함께 빈칸이 위치해 있는 상태이다. 따라서 콤마와 함께 삽입되는 구조에 쓰일 수 있으면서 사물을 수식할 수 있는 관계사가 이끄는 절이 빈칸에 쓰여야 하므로 이 역할이 가능한 which가 이끄는 (b) which people frequently experience during long winters가 정답이다.

어휘 cause ~을 초래하다, 야기하다 psychological 정신적인, 심리적인 behavioral 행동적인 issue 문제, 사안 depression 우울증 difficulty -ing ~하지 못하는 어려움 concentrate 집중하다 frequently 자주, 빈번히

11

정답 (a)

포인트 가정법 과거 주절 동사 ○ would + 동사원형

해석 요즘, 칼은 프리랜서 작가로서 일을 많이 찾지 못하고 있다. 칼은 돈을 더 많이 벌기 위해 컴퓨터 프로그래밍으로 진로를 바꿔볼까 생각해 봤다. 만일 프로그래밍이 그렇게 배우기 어렵지 않다면, 칼은 진로를 변경해 보려 할 것이다.

해설 If절에 의미상 '~라면'과 같은 뜻으로 현재 사실의 반대를 나타내는 과거 시제 동사(were)가 쓰이는 경우, 주절의 동사는 'would/could/might + 동사원형'의 형태가 되어야 알맞으므로 (a) would try가 정답이다.

어휘 freelance writer 프리랜서 작가 career 진로, 경력, 직장 생활 earn ~을 벌다, 얻다 switch ~을 변경하다, 바꾸다 try to do ~하려 하다

12

정답 (d)

포인트 next Saturday ○ 미래진행 시제 정답

해석 로라와 휴는 두 번째 데이트를 위해 고급 초밥 레스토랑에 자리를 예약하고 싶어 한다. 아쉽게도, 로라는 다음 주 토요일에 갈 수 없는데, 주말 내내 논문을 쓸 것이기 때문이다.

해설 빈칸 뒤에 시점 표현 all weekend가 쓰여 있는데, 이는 빈칸 앞에 제시된 미래 시점 표현 next Saturday에 해당된다. 따라서 의미상 '주말 내내 논문을 쓸 것이기 때문에 다음 주 토요일에 갈 수 없다'와 같이 특정 미래 시점에 일시적으로 진행될 일을 나타내야 알맞으므로 미래진행 시제인 (d) will be writing이 정답이다.

어휘 make a reservation 예약하다 upscale 고급의, 상위의 unfortunately 아쉽게도, 안타깝게도, 유감스럽게도 thesis paper 논문

13

정답 (c)

포인트 for + 기간 ○ 현재완료진행 시제 정답

해석 스틴슨 퍼니처 스토어는 폐업 정리 세일 행사를 광고하는 안내 표지를 게시했다. 그곳은 지금까지 뉴욕에서 50년 동안 가구를 판매해 오고 있었지만, 매출 감소로 인해 곧 문을 닫아야 한다.

해설 빈칸 뒤에 '지금까지 50년 동안'을 뜻하는 기간 표현 for 50 years now가 쓰여 있는 것으로 볼 때 의미상 '지금까지 50년 동안 가구를 판매해 오고 있었다'와 같이 과거에

서부터 현재까지 지속되어 오고 있는 일을 나타내야 알맞다. 이러한 의미는 현재완료진행 시제로 표현하므로 (c) have been selling이 정답이다.

어휘 put up ~을 게시하다 sign 표지(판) going-out-of-business sale 폐업 정리 세일 행사 due to ~로 인해 decline in ~의 감소 sales 매출, 영업, 판매(량)

14

정답 (a)

포인트 dread + 동명사

해석 크리스토퍼는 신용카드 부채의 일부를 갚기 위해 자신의 퇴직 연금 계좌에서 돈을 차용해야 했다. 이러한 조기 인출은 엄청난 불이익이 뒤따르기 때문에 그는 올해 납세 신고하는 것을 두려워하고 있다.

해설 빈칸 앞에 동사 is dreading이 쓰여 있어 빈칸이 동사 자리가 아니라는 것을 알 수 있으므로 준동사 중의 하나를 골라야 한다. 동사 dread는 동명사를 목적어로 취하므로 (a) filing이 정답이다. 문장의 동사보다 이전 시점의 일을 나타내는 완료 동명사는 의미상 맞지 않으므로 (c) having filed는 오답이다.

어휘 borrow from ~에서 돈을 차용하다, 빌리다 retirement account 퇴직 연금 계좌 pay off ~을 갚다 debt 부채, 빚 withdrawal 인출 come with ~가 뒤따르다, ~가 딸려 있다 steep (가격, 요구 등이) 엄청난, 터무니 없는 penalty 불이익, 벌금, 처벌 dread -ing ~하는 것을 두려워하다 file one's taxes 납세 신고를 하다

15

정답 (a)

포인트 장소 명사 + where + 완전한 절

해석 팀과 코라는 신혼여행으로 어디를 가야 할지 결정하려 하고 있었다. 가장 먼저, 각자 마음에 드는 장소를 목록으로 만들었다. 팀은 함께 아름다운 경치를 즐길 수 있는 여행지라면 어디든 좋다고 말했다.

해설 빈칸 앞에 위치한 vacation spot이 장소 명사이므로 장소 명사를 수식할 수 있는 관계부사 where 또는 관계대명사 which가 이끄는 절 중에서 하나를 골라야 한다. where는 구성이 완전한 절을, which는 주어 또는 목적어가 빠진 불완전한 절을 이끌어야 하므로 'where + 완전한 절'의 구조인 (a) where they could enjoy beautiful scenery가 정답이다.

어휘 try to do ~하려 하다 go on one's honeymoon 신혼여행을 떠나다 vacation spot 여행지, 휴가지 be fine with A A에게 좋다, 괜찮다 scenery 경치, 풍경

16

정답 (c)

포인트 admit + 동명사

해석 저스틴은 자신의 방에서 두어 가지 물건이 사라진 것을 알아차렸다. 그의 남동생은 그것들을 가져간 사실을 나중에 인정하고, 자신이 한 일에 대해 정말로 미안하다고 말했다.

해설 빈칸 앞에 이미 문장의 동사 admitted가 쓰여 있으므로 빈칸은 준동사가 필요한 자리이다. 또한, 동사 admit은 동명사를 목적어로 취하여 '~한 것을 인정하다'라는 뜻을 나타내므로 (c) taking이 정답이다.

어휘 notice (that) ~임을 알아차리다, 알게 되다 missing 사라진, 없어진, 빠진 admit -ing ~한 것을 인정하다 then 그런 다음, 그 후에

17

정답 (d)

포인트 가정법 과거 완료 주절 동사 ➡ would have + p.p.

해석 더그와 마시는 일요일 오후에 영화를 관람하기 위해 차를 몰고 쇼핑몰로 갔지만, 도착했을 때 쇼핑몰이 문을 닫았다는 것을 알게 되었다. 만일 그들이 웹사이트를 먼저 확인해 봤다면, 그 쇼핑몰이 리모델링으로 인해 문을 닫았다는 사실을 알게 되었을 것이다.

해설 빈칸이 속한 문장의 시작 부분을 보면, 과거 완료 시제 동사를 구성하는 조동사 Had가 맨 앞에 위치해 있고 그 뒤로 주어 they와 과거분사 checked가 이어져 있다. 이는 가정법 과거 완료 문장의 If절에서 If가 생략되고 had와 주어가 도치된 구조에 해당된다. 따라서 주절의 동사 자리인 빈칸에 If절의 과거 완료 시제 동사와 짝을 이루는 'would/could/might have + p.p.' 형태의 동사가 쓰여야 알맞으므로 (d) would have seen이 정답이다.

어휘 drive to ~로 차를 운전해서 가다 find that ~임을 알게 되다 arrive 도착하다 due to ~로 인해, ~ 때문에 remodeling 리모델링, 개조 see that ~임을 알다

18

정답 (d)

포인트 주장/명령/요구/제안 동사 + that + 주어 + (should) + 동사원형

해석 새 소프트웨어 회사에 고용된 후, 마르코는 계약서를 살펴보고 있었다. 그는 계약서에 각 직원이 6개월마다 한 번씩 인사 교육 워크숍에 참석하도록 규정하고 있다는 것을 알게 되었다.

해설 빈칸은 동사 stipulated의 목적어 역할을 하는 that절의 동사 자리이다. stipulate과 같이 주장/명령/요구/제안 등을 나타내는 동사의 목적어 역할을 하는 that절에서는 'should + 동사원형' 또는 should를 생략하고 주어와 상관없이 동사원형만 사용하므로 (d) attend가 정답이다.

어휘 hire ~을 고용하다 review ~을 살펴보다, 검토하다 contract 계약(서) notice (that) ~임을 알아차리다 stipulate that ~라고 명시하다, 규정하다 HR 인사(부)

19

정답 (c)

포인트 과거에 대한 후회를 나타내는 should have + p.p.

해석 유명 주식 시장 투자자 라울 팰은 투자자로서 자신이 놓친 좋은 기회들과 관련해 이야기했다. 팰은 2007년 당시에 애플 사의 주식 구입을 고려하고 있었을 때 그곳에 투자했어야 했다고 말했다.

해설 앞 문장에 투자자로서 놓친 기회들에 관련해 이야기했다는 말이 쓰여 있으므로 빈칸이 속한 문장은 의미상 2007년이라는 과거 시점에 투자하지 못했다는 내용이 와야 자연스럽다. 따라서 'have + p.p.' 구조와 함께 '~했어야 했다'라는 의미로 과거의 일에 대한 후회를 나타낼 때 사용하는 조동사 (c) should가 정답이다.

어휘 stock 주식, 증권 investor 투자자 opportunity 기회 miss ~을 놓치다, 지나치다 invest in ~에 투자하다 consider -ing ~하는 것을 고려하다

20

정답 (c)

포인트 가정법 과거 주절 동사 ◎ would + 동사원형

해석 인기 TV 프로그램 〈얼론〉을 보면, 10명의 참가자들이 야생에서 생존하기 위해 경쟁을 벌인다. 최종 생존자는 50만 달러를 받는다. 한 참가자는 만일 자신이 이 상금을 받게 된다면 가족을 위해 집을 구입할 것이라고 말했다.

해설 빈칸이 속한 that절에서, 빈칸 뒤에 의미상 '~하게 된다면'이라는 뜻으로 현재 사실의 반대를 나타내는 과거 시제 동사(were)가 포함된 if절이 이어져 있다. 따라서 주절의 동사는 이와 짝을 이루는 'would/could/might + 동사원형' 형태의 동사가 쓰여야 자연스러우므로 (c) would buy가 정답이다.

어휘 popular 인기 있는 contestant 참가자, 경쟁자 compete 경쟁하다 survive 생존하다 wilderness 야생, 황야 survivor 생존자 receive ~을 받다 half a(n) + 명사 ~의 절반 win (상 등) ~을 받다, 타다 prize money 상금

21

정답 (b)

포인트 forget + to부정사

해석 제리는 기억력이 늘 좋은 것은 아니다. 지난달에 제리는 전기세를 내는 것을 잊었는데, 그 결과, 전력회사에서는 요금을 납부하지 않으면 전기를 끊겠다고 겁을 주어야 했다.

해설 빈칸 앞의 동사 forget은 to부정사 및 동명사와 모두 사용할 수 있다. to부정사와 함께 'forget to do'의 구조로 쓰이면 '~해야 할 일을 잊다'를, 동명사와 함께 'forget -ing'의 구조로 쓰이면 '(과거) ~한 것을 잊다'라는 뜻을 나타낸다. 이 문장에서는 to부정사가 함께 쓰여 '전기세를 내는 것을 잊었다'와 같은 의미가 되어야 자연스러우므로 (b) to pay가 정답이다.

어휘 memory 기억(력) forget to do ~하는 것을 잊다 electricity 전기 bill 고지서, 청구서, 계산서 as a result 그 결과, 결과적으로 threaten to do ~하겠다고 겁을 주다, 위협하다 turn A off A를 끊다, 차단하다, 끄다 make a payment (돈을) 납부하다, 지불하다, 지급하다

22

정답 (a)

포인트 by the time + 주어 + 현재 동사
◎ 미래완료진행 시제 정답

해석 올해, 옥스팸은 자선 활동을 위한 기금을 마련하기 위해 100킬로미터 거리의 트레일 걷기 행사를 주최할 것이다. 참가자들이 이 행사를 끝마칠 때쯤이면, 30시간 넘게 연속으로 걷게 될 것이다.

해설 시간 부사절 접속사인 By the time이 이끄는 절의 현재 동사 finish는 미래 시점을 나타내는데, 의미상 끝마칠 미래 시점까지 특정 기간 동안(for 30 hours straight) 진행될 행위를 나타내는 것은 미래완료진행 시제이므로 (a) will have been walking이 정답이다.

어휘 host ~을 주최하다 trail 등산로, 산길 raise money 돈을 마련하다, 모금하다 charity 자선 (단체) by the time ~할 때쯤이면 participant 참가자 more than ~가 넘는 straight 연속으로

23

정답 (a)

포인트 prepare + to부정사

해석 카르멘은 지난 몇 시간 동안 계속 긴장한 상태로 있었다. 카르멘은 자신의 최신 발명품을 시연하기 위해 준비하고 있지만, 자신이 바라는 만큼 잘 작동하지 않을까 우려하고 있다.

해설 빈칸 앞의 동사 prepare는 to부정사를 목적어로 취해 '~할 준비를 하다'라는 뜻으로 사용되므로 (a) to demonstrate가 정답이다.

어휘 nervous 긴장한, 초조해 하는 prepare to do ~할 준비를 하다 invention 발명(품) be concerned that ~할까 우려하다, 걱정하다 work 작동하다 as A as B B만큼 A하게 demonstrate ~을 시연하다, 시범 보이다

24

정답 (b)

포인트 주장/명령/요구/제안 동사 + that + 주어 + (should) + 동사원형

해석 재닛의 이웃 사람이 내일 아침 일찍 아파트에서 다른 곳으

로 이사할 예정이다. 대형 이삿짐 트럭을 이용해야 하기 때문에 그 이웃은 재닛에게 다른 주차 공간으로 자동차를 옮길 것을 정중히 요청했다.

해설 빈칸은 동사 requested의 목적어 역할을 하는 that절의 동사 자리이다. request와 같이 주장/명령/요구/제안 등을 나타내는 동사의 목적어 역할을 하는 that절에서는 'should + 동사원형' 또는 should를 생략하고 주어와 상관없이 동사원형만 사용하므로 (b) move가 정답이다.

어휘 neighbor 이웃 (사람) move out of ~에서 다른 곳으로 이사하다 since ~하기 때문에 politely 정중히, 공손하게 request 요구하다 parking spot 주차 공간

25

정답 (b)

포인트 가정법 과거 완료 주절 동사 ➲ would have + p.p.

해석 런던 최고의 광고 회사들 중 한 곳과 가진 면접 중에, 피어스는 자신이 대비하지 못한 많은 어려운 질문에 직면했다. 만일 피어스가 더 잘 대비했다면, 아마 그 일자리에 고용되었을 것이다.

해설 빈칸 앞에 위치한 If절을 보면, 의미상 '~했다면'이라는 뜻으로 과거 사실의 반대를 나타내는 과거 완료 시제 동사(had been more prepared)가 쓰여 있다. 따라서 주절의 동사 자리인 빈칸에 이 과거 완료 시제 동사와 어울리는 'would/could/might have + p.p.' 형태의 동사가 쓰여야 알맞으므로 (b) would have been hired가 정답이다.

어휘 during ~ 중에, ~ 동안 advertising 광고 (활동) firm 회사, 업체 face ~에 직면하다, ~와 마주하다 be prepared for ~에 대비하다, 준비가 되어 있다 probably 아마 hire ~을 고용하다

26

정답 (a)

포인트 right now ➲ 현재진행 시제 정답

해석 마르코와 친구들은 토요일 아침마다 서핑을 가기 위해 항상 헌팅턴 비치로 차를 몰고 간다. 오늘 아침은 기상 상태가 조금 거칠다. 지금, 마르코는 바람이 가라앉을 것인지 알아보기 위해 해변에서 기다리고 있다.

해설 빈칸 앞에 현재 시점 표현 Right now가 쓰여 있어 의미상 '지금, 해변에서 기다리는 중이다'와 같이 현재 일시적으로 진행되고 있는 일을 나타내야 알맞으므로 현재진행 시제인 (a) is waiting이 정답이다.

어휘 drive to ~로 차를 몰고 가다 condition 상태, 조건, 환경 a little 조금, 약간 rough (날씨 등이) 거친, 험한 right now 지금 (바로), 당장 see if ~인지 알아보다 calm down 가라앉다, 진정되다

실전 모의고사 08 p.96

1 (c)	2 (d)	3 (a)
4 (a)	5 (c)	6 (d)
7 (b)	8 (a)	9 (b)
10 (c)	11 (c)	12 (b)
13 (c)	14 (c)	15 (b)
16 (b)	17 (b)	18 (c)
19 (c)	20 (a)	21 (d)
22 (c)	23 (a)	24 (a)
25 (b)	26 (a)	

1

정답 (c)

포인트 give up + 동명사

해석 수년간 연기 활동 경력을 추구한 끝에, 해럴드는 데이터 분석가로서의 정규직 일자리를 받아들였다. 그는 배역을 얻기 위해 오디션을 보러 다니는 것을 포기했지만, 지금 그에겐 재정적 안정이 더 중요하다.

해설 빈칸 앞에 준동사 to give up이 쓰여 있어 빈칸이 동사 자리가 아니라는 것을 알 수 있으므로 준동사 중의 하나를 골라야 한다. give up은 동명사를 목적어로 취하므로 (c) auditioning이 정답이다.

어휘 pursue ~을 추구하다 acting 연기, 연기 활동 career 경력, 진로, 직장 생활 accept ~을 받아들이다, 수용하다 analyst 분석가 give up -ing ~하는 것을 포기하다 role 배역, 역할 financial 재정적인, 금전적인 stability 안정(감) audition 오디션을 보다

2

정답 (d)

포인트 seem + to부정사

해석 리차드의 부모님께서는 리차드의 학교 성적이 지속적으로 떨어지고 있어 우려하고 계셨다. 보아 하니, 리차드가 아르바이트를 너무 열심히 해 왔기 때문에 저녁 시간이면 공부할 에너지를 찾지 못하는 것 같았다.

해설 빈칸 앞에 위치한 동사 seem은 to부정사와 함께 사용되어 '~인 것 같다'와 같은 뜻을 나타내므로 (d) to find가 정답이다. 완료 부정사인 (b) to have found가 쓰이면 동사의 시제보다 한 시점 이전의 일을 나타내므로 의미상 어울리지 않는다.

어휘 concerned 우려하는, 걱정하는 grades 성적, 점수 steadily 지속적으로, 꾸준히 decline 떨어지다, 하락하다 apparently 보아 하니, 분명히 seem to do ~하는 것 같다

3

정답 (a)

포인트 가정법 과거 완료 주절 동사 ◐ would have + p.p.

해석 강변 지대의 많은 곳이 최근의 폭우 발생 후에 침수되었다. 신임 시장 후보는 만일 시에서 작년에 기반 시설 지출 비용을 늘렸다면, 침수를 피했을 것이라고 말하고 있다.

해설 빈칸 뒤에 위치한 주절에 가정법 과거 완료 형태에서 사용되는 would have + p.p.(would have avoided)의 구조가 있다. 따라서, if절에는 이와 어울리는 'had + p.p.'의 형태가 짝을 이뤄 쓰여야 하므로 (a) had increased가 정답이다.

어휘 riverfront 강변 flood (동) 침수되다, 물에 잠기다 (명) 침수, 홍수 recent 최근의 candidate 후보자, 지원자 mayor 시장 increase ~을 늘리다, 증가시키다 infrastructure (사회) 기반 시설 spending 지출 (비용) avoid ~을 피하다

4

정답 (a)

포인트 since + 과거 시점 ◐ 현재완료진행 시제 정답

해석 라이언 웨더스는 2020년에 최고의 신인 야구 선수들 중의 한 명이었다. 샌디에이고 파드레스에서 투구하기 시작한 이후로, 라이언은 대단히 뛰어나게 경기해 오고 있으며, 50개가 넘는 스트라이크 아웃을 기록했다.

해설 빈칸 앞에 Since 전치사구가 쓰여 있어 의미상 '파드레스에서 투구하기 시작한 이후로 대단히 뛰어나게 경기해 오고 있다'와 같이 과거의 특정 시점에서부터 현재까지 지속되어 오고 있는 일을 나타내야 알맞다. 이러한 의미는 현재완료진행 시제로 표현하므로 (a) has been playing이 정답이다.

어휘 rookie 신인 since ~한 이후로 pitch 투구하다, 공을 던지다 extremely 대단히, 매우 over ~가 넘는

5

정답 (c)

포인트 가정법 과거 주절 동사 ◐ could + 동사원형

해석 의사 선생님께서 나에게 과일을 더 많이 먹어야 한다고 말씀하셨기 때문에 난 매일 아침에 스무디를 만들려 하고 있다. 하지만 현재, 난 겨우 블루베리만 조금 갖고 있다. 만일 내가 바나나를 좀 갖고 있다면, 출근하기 전에 스무디를 만들 수 있을 것이다.

해설 빈칸 앞에 위치한 If절을 보면, 의미상 '~한다면'이라는 뜻으로 현재 사실의 반대를 나타내는 과거 시제 동사(had)가 쓰여 있다. 따라서 주절의 동사 자리인 빈칸에 이 과거 시제 동사와 어울리는 'would/could/might + 동사원형' 형태의 동사가 쓰여야 알맞으므로 (c) could make가 정답이다.

어휘 try to do ~하려 하다 though (문장 중간이나 끝에서) 하지만 go to work 출근하다

6

정답 (d)

포인트 의무를 나타내는 must

해석 켈리는 중국으로 떠나는 출장을 계획하고 있지만, 출발하기 전에 여행 비자를 받아야 한다. 켈리는 내일까지 비자 관련 서류를 제출해야 하며, 그렇지 않으면 나중의 날짜로 항공편 일정을 재조정해야 할 것이다.

해설 빈칸 뒤의 내용 '그렇지 않으면(or else) 나중으로 일정을 재조정해야 할 것이다'와 어울리려면 해당 문장은 '내일까지 서류를 제출해야 한다'와 같은 의무/당위의 내용이 되어야 자연스럽다. 따라서 '~해야 한다'라는 의미의 조동사인 (d) must가 정답이다.

어휘 plan ~을 계획하다 business trip 출장 leave 출발하다, 떠나다 submit ~을 제출하다 by (기한) ~까지 or else 그렇지 않으면 will have to do ~해야 할 것이다 reschedule ~의 일정을 재조정하다

7

정답 (b)

포인트 명사 + to부정사

해석 앨투너 동물 보호소는 최대 수용 규모에 도달한 상태로 운영되고 있어서, 더 이상 길을 잃은 개나 고양이를 받을 수 없다. 이곳은 다정한 가정에 입양될 수 있을 때까지 동물들 중의 일부를 맡아 길러줄 믿을 만한 사람들을 찾고 있다.

해설 빈칸에 들어갈 단어 foster는 의미상 '~길러줄 사람들'과 같이 앞에 있는 명사 people을 수식하는 형태가 적절한데 앞의 명사를 수식할 수 있는 것은 to부정사이므로 (b) to foster가 정답이다.

어휘 operate 운영되다, 가동되다 capacity 수용 규모, 정원 take in ~을 받아들이다 stray 길을 잃은 seek ~을 찾다, 구하다 reliable 믿을 만한, 신뢰할 수 있는 adopt ~을 입양하다, 채택하다 foster ~을 맡아 기르다

8

정답 (a)

포인트 by the time + 주어 + 현재 동사
◐ 미래완료진행 시제 정답

해석 영국의 1인 스키퍼 핍 헤어는 벤데 글로브 경주의 일환으로 전 세계 곳곳으로 항해하고 있다. 그녀가 2월 말에 결승점을 통과할 때쯤이면 90일 넘게 항해하게 될 것이다.

해설 시간 부사절 접속사인 by the time이 이끄는 절의 현재 시제 동사 crosses는 미래 시점을 나타내는데 미래 시점

까지 특정 기간 동안(for over 90 days) 진행될 행위를 나타내는 것은 미래완료진행 시제이므로 (a) will have been sailing이 정답이다.

어휘 solo 1인의, 단독의, 혼자 하는 skipper 스키퍼(요트 등의 조종 책임이 있는 사람), (작은 배의) 선장 sail 항해하다 as part of ~의 일환으로, 일부로 over ~ 넘게 by the time ~할 때쯤이면 cross the finish line 결승점(결승선)을 통과하다

9

정답 (b)

포인트 가정법 과거 주절 동사 ◎ would + 동사원형

해석 진과 루이스는 해변 근처에 있는 작은 버거 레스토랑을 하나 운영하고 있다. 이들의 웹사이트는 계속 문제가 있었지만, 손볼 시간이 없었다. 만일 이들이 그렇게 바쁘지 않다면, 웹사이트를 업데이트하고 레스토랑 간판도 새로 구입할 것이다

해설 빈칸 앞에 위치한 If절에는 '~라면'이라는 뜻으로 현재 사실의 반대를 나타내는 과거 시제 동사(were)가 쓰여 있다. 따라서 주절의 동사 자리인 빈칸에 이 과거 시제 동사와 어울리는 것으로서 'would/could/might + 동사원형' 형태의 동사가 쓰여야 알맞으므로 (b) would update가 정답이다.

어휘 near ~ 근처에 have time to do ~할 시간이 있다 get A p.p. A를 ~되게 하다 fix ~을 고치다, 바로잡다 sign 간판, 표지(판)

10

정답 (c)

포인트 currently ◎ 현재진행 시제 정답

해석 놀란은 포크 씨의 마케팅 회사에서 일자리를 얻는 것에 관해 그녀와 얘기할 수 있기를 아주 간절히 바라고 있다. 현재, 그녀는 파티에서 한 무리의 사람들과 이야기하고 있지만, 그녀가 이야기를 끝마치면, 놀란은 그녀에게 다가가 보려 할 것이다.

해설 빈칸 앞에 현재 시점 표현 Currently가 쓰여 있어 의미상 '현재 이야기하고 있는 중이다'와 같이 현재 일시적으로 진행되고 있는 일을 나타내야 알맞으므로 현재진행 시제인 (c) is talking이 정답이다.

어휘 be anxious to do ~하기를 간절히 바라다 possibly 아마, 어쩌면, 어떻게든 firm 회사, 업체 currently 현재 try to do ~하려 하다, ~하려 노력하다 approach ~에게 다가가다, 다가오다

11

정답 (c)

포인트 의무/필수 형용사 + that + 주어 + (should) + 동사원형

해석 앰뷸런스는 응급 상황에 환자를 집에서 병원으로 옮기는 데 필수적이다. 영국에서는 정부에서 앰뷸런스가 1급 응급 상황 전화에 7분 내로 대응할 필요가 있다고 발표했다.

해설 빈칸은 가주어 it 뒤에 위치하는 진주어 that절의 동사 자리이다. that 앞에 위치한 necessary와 같이 의무/필수 등을 나타내는 형용사 보어가 쓰인 'It ~ that' 가주어/진주어 문장에서 that절의 동사로 'should + 동사원형' 또는 should를 생략하고 주어와 상관없이 동사원형만 사용하므로 (c) respond가 정답이다.

어휘 essential 필수적인 patient 환자 emergency situation 응급 상황, 긴급 상황 announce that ~라고 발표하다, 알리다 it is necessary that ~할 필요가 있다 within ~ 이내로 respond (to) (~에) 대응하다, 반응하다

12

정답 (b)

포인트 가정법 과거 주절 동사 ◎ would + 동사원형

해석 아이샤는 세 명의 어린 아이들이 있어서 항상 아이들을 돌보느라 바쁘다. 아이를 낳기 전에는, 책을 읽으면서 많은 시간을 보내곤 했다. 만일 아이샤가 혼자 시간을 좀 보낼 수 있다면, 책장에 있는 책을 몇 권 읽을 것이다.

해설 빈칸 앞에 위치한 If절을 보면, 의미상 '~할 수 있다면'이라는 뜻으로 현재 사실의 반대를 나타내는 과거 시제 동사(could get)가 쓰여 있다. 따라서 주절의 동사 자리인 빈칸에는 'would/could/might + 동사원형' 형태의 동사가 쓰여야 알맞으므로 (b) would read가 정답이다.

어휘 be busy -ing ~하느라 바쁘다 take care of ~을 돌보다 used to do 전에 ~하곤 했다 spend time -ing ~하면서 시간을 보내다

13

정답 (c)

포인트 역접/대조의 접속부사 however

해석 주요 도시들 곳곳에서의 극심한 교통량 때문에 뉴욕 시에서 워싱턴 DC로 가는 가장 빠른 방법은 고속 열차를 타고 곧장 가는 것이다. 하지만 자동차를 운전해서 가면 볼티모어나 필라델피아 같은 다른 도시에 들러 방문하는 것이 가능하다.

해설 보기가 모두 접속부사이므로 빈칸 앞뒤 문장의 의미를 파악해 가장 적절한 것을 골라야 한다. 빈칸 앞에는 고속 열차를 이용하는 방법의 장점이, 빈칸 뒤에는 자동차를 운전하는 방법의 장점이 각각 쓰여 있다. 따라서 두 가지 다른 이동 수단이 지닌 장점을 언급하는 대조적인 흐름이라는 것을 알 수 있으므로 '하지만, 그러나' 등의 의미를 갖는 (c) However가 정답이다.

어휘 because of ~ 때문에 heavy traffic 극심한 교통량 way to do ~하는 방법 get from A to B A에서 B로

가다 directly 곧장, 곧바로, 직접 allow for ~을 가능하게 하다, ~하게 해 주다 similarly 마찬가지로, 유사하게 instead 대신 however 하지만, 그러나 likewise 마찬가지로

14

정답 (c)

포인트 encourage + 목적어 + to부정사

해석 시에서 가장 큰 도움이 되는 자선단체들 중의 하나는 '모두를 위한 희망'이라고 불린다. 이 단체의 구성원들은 자신들의 대의인 실직한 사람들에게 직업 교육을 제공하는 것에 도움이 될 수 있도록 다른 사람들에게 돈을 기부하도록 권한다.

해설 빈칸 앞에 이미 문장의 동사 encourage가 쓰여 있어 빈칸이 동사 자리가 아니라는 것을 알 수 있으므로 준동사 중에서 하나를 골라야 한다. 동사 encourage는 to부정사를 목적격 보어로 취하여 '~에게 …하도록 권하다, 장려하다'라는 뜻을 나타내므로 (c) to donate이 정답이다.

어휘 charity 자선단체 encourage A to do A에게 ~하도록 권하다, 장려하다 cause (사회적인) 대의, 운동 provide A to B B에게 A를 제공하다 those who ~하는 사람들 lose one's job 실직하다 donate ~을 기부하다

15

정답 (b)

포인트 사물 명사 + that + 불완전한 절

해석 다가오는 일부 시설 관리 작업에 관한 공지가 선셋 아파트의 엘리베이터에 게시되었다. 관리소에서 가장 먼저 수리할 예정인 아파트는 오래 전에 지어진 106동과 107동 건물이다.

해설 빈칸 앞에 위치한 The apartments가 사물 명사이므로 사물 명사를 수식할 수 있는 관계사 that이 이끄는 (b) that the management will be repairing first가 정답이다. (a)의 what은 선행사를 수식하는 역할을 하지 않는다.

어휘 announcement 공지, 안내, 발표 upcoming 다가오는, 곧 있을 maintenance 시설 관리, 유지 관리 put up ~을 게시하다, 부착하다 management 관리(소), 경영(진) repair ~을 수리하다

16

정답 (b)

포인트 가정법 과거 완료 주절 동사 ➲ would have + p.p.

해석 1968년에 캐나다 정부는 필수적인 서비스의 하나로서 자국민들에게 무료 의료 서비스를 제공하기 시작했다. 의료 서비스에 대한 무료 이용 혜택이 없었다면, 많은 사람들이 신체적, 금전적 어려움을 겪었을 것이다.

해설 빈칸이 속한 문장이 'If not for ~'로 시작되고 있는데, 이 표현은 '~가 없다면/없었다면, ~가 아니라면/아니었다면'이라는 뜻으로 가정법 과거와 가정법 과거 완료 구문을 모두 이끌 수 있다. 따라서, 주절에는 의미에 따라 'would/could/might + 동사원형' 혹은 'would/could/might have + p.p.'의 형태가 올 수 있는데 (a), (c), (d)는 모두 가정법에 쓰이는 동사가 아니므로 유일하게 가정법 주절에 사용 가능한 (b) would have experienced가 정답이다.

어휘 begin ~을 시작하다 provide ~을 제공하다 free 무료의 healthcare 의료 서비스 essential 필수적인, 본질적인 access to ~에 대한 이용, 접근 physical 신체적인, 육체적인 financial 금전적인, 재정적인 difficulty 어려움, 힘든 일 experience ~을 겪다, 경험하다

17

정답 (b)

포인트 adore + 동명사

해석 헤더가 가장 좋아하는 활동들 중의 하나는 봉제 동물 인형과 노는 것이다. 헤더는 그것들이 살아있는 생명체인 척하는 것을 아주 좋아하기 때문에 대화를 나눌 수 있다고 상상한다.

해설 빈칸 앞의 동사 adore는 동명사를 목적어로 취하여 '~하는 것을 아주 좋아하다'라는 뜻을 나타내므로 (b) pretending이 정답이다.

어휘 favorite 가장 좋아하는 stuffed animal 봉제 동물 인형 adore -ing ~하는 것을 아주 좋아하다 creature 생물체 imagine that ~라고 상상하다 have conversations with ~와 대화하다 pretend (that) ~인 척하다

18

정답 (c)

포인트 주어 + _______ when + 주어 + 과거 동사
➲ 과거진행 시제 정답

해석 퀸은 어제 보도에서 기둥에 부딪쳤을 때 정말로 창피했다. 그는 자신 앞에 있는 기둥에 그대로 걸어가 부딪쳤을 때 전화기를 내려다보고 있었다.

해설 빈칸 뒤에 위치한 when절에 과거 시제 동사 walked가 쓰여 있어 의미상 '걸어가 부딪쳤을 때 전화기를 내려다보는 중이었다'와 같이 특정 과거 시점에 일시적으로 진행 중이던 시제가 빈칸에 와야 알맞다. 따라서 이러한 의미를 표현할 때 사용하는 과거진행 시제 (c) was looking이 정답이다.

어휘 embarrassed 창피한, 당황한, 난처한 run into ~와 부딪치다 pole 기둥 sidewalk 보도, 통행로 straight 곧장, 똑바로 in front of ~ 앞에

19

정답 (c)

포인트 사람 명사, + who + 불완전한 절

해석 1900년대 초에는, 비행기로 먼 거리를 이동하는 것이 상대적으로 위험했다. 25세에 불과했던 찰스 린드버그가 뉴욕 시에서 파리까지 안전하게 비행기를 타고 날아간 것은 커다란 성과였다.

해설 빈칸 앞에 위치한 Charles Lindbergh가 사람 명사이므로 who 또는 that이 이끄는 절 중에서 하나를 골라야 한다. 또한 콤마와 함께 삽입되는 구조에 어울려야 하므로 who로 시작되는 (c) who was just 25 years old가 정답이다. (d)의 that은 콤마와 함께 삽입되는 구조에 쓰이지 않는다.

어휘 travel far distances 먼 거리를 이동하다 relatively 상대적으로, 비교적 major 커다란, 주요한 achievement 성과, 업적, 달성

20

정답 (a)

포인트 by the time + 주어 + 과거 동사
⊙ 과거완료진행 시제 정답

해석 남편이 어제 내 생일 기념으로 멋진 저녁 식사를 요리했지만, 난 예상했던 것보다 더 오래 사무실에 갇혀 있었다. 내가 마침내 집에 도착했을 때쯤엔 저녁 식사가 한 시간 동안 식탁에 놓여 있었다.

해설 접속사 by the time이 이끄는 절의 동사가 과거(got)로 쓰여 있어 의미상 집에 도착한 과거 시점에 '저녁 식사가 한 시간 동안(for an hour) 식탁에 놓여 있었다'와 같이 특정 과거 시점보다 더 이전에 지속되었던 일을 나타내야 알맞다. 따라서, 이러한 의미를 표현하는 데 사용하는 과거완료진행 시제 (a) had been sitting이 정답이다.

어휘 amazing 멋진, 놀라운 get stuck 갇혀 있다, 꼼짝 못하고 있다 expect 예상하다, 기대하다 by the time ~할 때쯤에 finally 마침내, 결국, 마지막으로 get home 집에 도착하다, 집에 가다 sit (사물 주어로) 놓여 있다, 그대로 있다

21

정답 (d)

포인트 주장/명령/요구/제안 동사 + that + 주어 + (should) + 동사원형

해석 캘리포니아 북부 지역의 산불은 주민들에게 전기를 공급하는 전선에 영향을 미치고 있다. 전기 수요를 지원하기 위해 주지사는 선박 엔진들이 그 지역에 예비 전력을 공급하는 데 사용되도록 지시했다.

해설 빈칸은 동사 ordered의 목적어 역할을 하는 that절의 동사 자리이다. order와 같이 주장/명령/요구/제안 등을 나타내는 동사의 목적어 역할을 하는 that절에서는 'should + 동사원형' 또는 should를 생략하고 주어와 상관없이 동사원형만 사용하므로 (d) be used가 정답이다.

어휘 affect ~에 영향을 미치다 power line 전선 supply ~을 공급하다 electricity 전기 resident 주민 in order to do ~하기 위해 needs 수요, 요구, 필요 governor 주지사 order that ~하도록 지시하다, 명령하다 backup 예비의, 대체의, 지원의

22

정답 (c)

포인트 가정법 과거 완료 주절 동사 ⊙ would have + p.p.

해석 준은 한 대학교의 일자리에 지원하려 하고 있었지만, 필수 학업 성적표를 때맞춰 찾을 수 없었다. 만일 준이 학업 성적표를 분실하지 않았다면, 마감 시한 전에 지원했을 것이다.

해설 빈칸 앞에 위치한 If절에 의미상 '~했다면'이라는 뜻으로 과거 사실의 반대를 나타내는 과거 완료 시제 동사(hadn't lost)가 쓰여 있다. 따라서 주절의 동사 자리인 빈칸에 이 과거 완료 시제 동사와 짝을 이루는 'would/could/might have + p.p.' 형태의 동사가 쓰여야 알맞으므로 (c) would have applied가 정답이다.

어휘 try to do ~하려 하다 apply for ~에 지원하다, ~을 신청하다 required 필수의, 필요한 academic records 학업 성적표(= academic transcript) in time 때에 맞춰 deadline 마감 시한

23

정답 (a)

포인트 risk + 동명사

해석 수 세기 전에 있었던 탐험의 시대에, 여러 유럽 국가의 탐험가들은 자국에서 멀리 떨어진 여러 곳으로 항해하기 위해 배를 타고 떠났다. 항해 중, 이들은 종종 폭풍우로 인해 바다에서 가라앉을 위험을 무릅썼다.

해설 빈칸 앞의 동사 risk는 동명사를 목적어로 취하여 '~하는 위험을 무릅쓰다'라는 뜻을 나타내므로 (a) being sunk가 정답이다.

어휘 exploration 탐험, 탐사 several 여럿의, 몇몇의 explorer 탐험가 set off 떠나다, 출발하다 sail 항해하다 far from ~에서 멀리 떨어진 voyage 항해 risk -ing ~하는 위험을 무릅쓰다 sink ~을 가라앉히다, 침몰시키다(sunk는 과거분사)

24

정답 (a)

포인트 미래의 예정/예상을 나타내는 will

해석 니나와 친구들은 후지산을 오르는 등산 여행을 예약해 두

었다. 이들은 12,000피트 높이의 산 정상에서 해돋이를 볼 계획이기 때문에 이들의 가이드는 새벽 3시에 정상을 향한 등산을 시작할 것이라고 말한다.

해설 빈칸이 속한 문장의 주절에 동사 plan이 현재 시제로 쓰여 있어 미래 시점의 계획을 말하고 있다는 것을 알 수 있다. 따라서 빈칸 이하 부분에 나타난 등산 시작 시간은 미래 시점의 일이 되어야 알맞으므로 '~할 것이다'라는 의미로 미래의 일을 나타낼 때 사용하는 조동사 (a) will이 정답이다.

어휘 book ~을 예약하다 trekking trip 등산 여행 climb ~을 오르다 plan to do ~할 계획이다

25

정답 (b)

포인트 양보의 전치사 despite

해석 대왕 고래는 지구상에서 가장 큰 동물로서, 몸길이가 최대 26미터까지 자란다. 그 거대한 크기에도 불구하고, 이 고래는 바다에서 가장 작은 생물체들 중의 하나인 플랑크톤을 먹는다.

해설 각 보기가 모두 전치사이므로 문장의 의미에 어울리는 것을 찾아야 한다. 빈칸이 속한 문장은 '거대한 크기에도 불구하고, 가장 작은 생물체인 플랑크톤을 먹는다'와 같은 의미가 되어야 자연스러우므로 '~에도 불구하고'를 뜻하는 (b) Despite이 정답이다.

어휘 grow 자라다 up to 최대 ~까지 massive 거대한, 엄청난 creature 생물체 because of ~ 때문에 despite ~에도 불구하고 rather than ~가 아니라, ~ 대신 as a result of ~에 따른 결과로

26

정답 (a)

포인트 주어 + __________ when + 주어 + 현재 동사
◆ 미래진행 시제 정답

해석 엘리는 전에 한 번도 해외여행을 간 적이 없었기 때문에 내일 태국에서 친구를 만나게 되어 들떠 있다. 그 친구는 그녀가 도착하면 환전소 근처에 있는 8A 출구 바깥쪽에 서 있을 것이라고 말했다.

해설 시간 부사절 접속사인 when절에 쓰인 현재 시제 동사 arrives는 미래 시점을 나타내고 있다. 따라서 의미상 미래에 도착하면 '~에 서 있을 것이다'와 같이 미래에 일시적으로 진행될 일을 나타내야 알맞으므로 미래진행 시제인 (a) will be standing이 정답이다.

어휘 abroad 해외로, 해외에 be excited to do ~해서 들뜨다, 신이 나다, 흥분하다 outside of ~ 바깥에 near ~ 근처에 money exchange shop 환전소 arrive 도착하다

실전 모의고사 09 p.102

1 (b)	2 (a)	3 (b)
4 (b)	5 (b)	6 (c)
7 (b)	8 (b)	9 (a)
10 (c)	11 (c)	12 (a)
13 (d)	14 (a)	15 (c)
16 (b)	17 (b)	18 (c)
19 (b)	20 (a)	21 (c)
22 (a)	23 (a)	24 (d)
25 (a)	26 (d)	

1

정답 (b)

포인트 양보의 부사절 접속사 even though

해석 폴라는 간호사로 일하고 있으며, 금요일 야간에 밤새도록 근무해야 했다. 토요일에는, 비록 긴 교대 근무 시간으로 인해 녹초가 되어 있기는 했지만, 그럼에도 친구의 생일 파티에 가기로 결정했다.

해설 각 보기가 모두 접속사이므로 문장의 의미에 어울리는 것을 찾아야 한다. 빈칸이 속한 문장은 의미상 '비록 녹초가 되어 있기는 했지만, 친구의 생일 파티에 가기로 결정했다'와 같은 뜻이 되어야 자연스러우므로 '비록 ~이기는 하지만'이라는 의미로 쓰이는 (b) even though가 정답이다.

어휘 still 그럼에도 불구하고, 여전히 decide to do ~하기로 결정하다 exhausted 녹초가 된, 진이 다 빠진 shift 교대 근무(조) even though 비록 ~이기는 하지만 in case (that) ~할 경우에 (대비해) unless ~하지 않는다면, ~가 아니라면

2

정답 (a)

포인트 for + 기간 ◆ 현재완료진행 시제 정답

해석 리나는 운전면허증을 갱신해야 하기 때문에 현재 지역 관공서에 와 있다. 이 사무소는 매일 제한된 시간 동안만 문을 열기 때문에 항상 사람들로 붐빈다. 리나는 1시간 동안 계속 줄을 서 있는 상태이며, 거의 조금도 가까이 이동하지 못했다.

해설 빈칸 뒤에 위치한 for the past hour와 같은 전치사구는 과거에서 현재까지 이어지는 시간을 나타낸다. 따라서 이 for 전치사구와 함께 의미상 '1시간 동안 계속 줄을 서고 있다'와 같이 과거에서 현재까지 지속되고 있는 상태를 나타내야 알맞으므로 이와 같은 의미를 나타낼 때 사용하는 현재완료진행시제 동사 (a) has been standing이 정답이다.

어휘 renew ~을 갱신하다 local 지역의, 현지의

government office 관공서 limited 제한된, 한정된 crowded 사람들로 붐비는 in line 줄지어, 줄을 서서 hardly ~ any 거의 조금도 ~ 않다 close (부) 가까이, (형) 가까운

3

정답 (b)

포인트 need + to부정사

해석 고고학자들은 정글 내에 위치한 발굴 현장에서 여름 내내 시간을 보낼 계획을 세우고 있다. 하지만 그들은 그 현장을 발굴하는 일을 시작하기에 앞서, 문화부로부터 허가증을 받아야 한다.

해설 빈칸 앞에 위치한 동사 need는 to부정사를 목적어로 취해 '~해야 하다, ~할 필요가 있다'라는 뜻을 나타내므로 (b) to be issued가 정답이다.

어휘 archaeologist 고고학자 plan to do ~할 계획이다 entire 전부의, 전체의 dig site 발굴 현장 however 하지만, 그러나 excavate ~을 발굴하다, 파내다 permit 허가증 issue 발급하다

4

정답 (b)

포인트 가정법 과거 주절 동사 ◐ would + 동사원형

해석 션은 직장에서 일정이 대단히 바쁘기 때문에 매일 저녁 집에 돌아온 후 건강에 좋은 식사를 요리하는 것이 어렵다. 쉽게 준비할 수 있는 냉동 식품이 없다면, 아마 정크 푸드를 훨씬 더 많이 먹을 것이다.

해설 빈칸이 속한 문장이 'If not for ~'로 시작되고 있는데, 이 표현은 '~가 아니라면/아니었다면, ~가 없다면/없었다면'이라는 뜻으로 가정법 과거와 가정법 과거 완료 구문을 모두 이끌 수 있다. 따라서 주절에는 의미에 따라 'would/could/might + 동사원형' 혹은 'would/could/might have + p.p.'의 형태가 올 수 있는데 (a), (c), (d)는 모두 가정법에 쓰이는 동사가 아니므로 유일하게 가정법 주절에 사용 가능한 (b) would probably eat이 정답이다.

어휘 extremely 대단히, 매우 difficult 어려운 healthy 건강에 좋은 get home 집에 도착하다 if not for ~가 아니라면/아니었다면, ~가 없다면/없었다면 frozen 냉동의 prepare ~을 준비하다 a lot (비교급 수식) 훨씬 probably 아마

5

정답 (b)

포인트 주장/명령/요구/제안 동사 + that + 주어 + (should) + 동사원형

해석 내 친구는 제의 받은 새 일자리를 수락할 것인지 말 것인지를 결정하느라 어려움을 겪고 있었다. 그 친구의 남편은 그 친구에게 결정을 내리기 전에 그 일자리의 장단점을 적어볼 것을 강력히 권했다.

해설 빈칸은 동사 urged의 목적어 역할을 하는 that절의 동사 자리이다. urge와 같이 주장/명령/요구/제안 등을 나타내는 동사의 목적어 역할을 하는 that절에서는 'should + 동사원형' 또는 should를 생략하고 주어와 상관없이 동사원형만 사용하므로 (b) write이 정답이다.

어휘 have trouble -ing ~하는 데 어려움을 겪다 try to do ~하려 하다 decide ~을 결정하다 whether or not to do ~할 것인지 아닌지 take a job 일자리를 받아들이다 offer A B A에게 B를 제안하다, 제공하다 urge that ~하도록 강력히 권하다, 촉구하다 pros and cons 장단점 make a decision 결정을 내리다

6

정답 (c)

포인트 가정법 과거 완료 주절 동사 ◐ would have + p.p.

해석 페니는 시내로 몇몇 친구들을 만나러 가는 도중에 할머니 댁을 잠깐 방문하기 위해 들렀다. 만일 페니가 할머니께 간다고 알려 드리기 위해 전화했다면, 할머니께서는 페니를 위해 점심을 준비하셨을 것이다.

해설 빈칸 앞에 위치한 If절에 의미상 '~했다면'이라는 뜻으로 과거 사실의 반대를 나타내는 과거 완료 시제 동사(had called)가 쓰여 있다. 따라서 주절의 동사 자리인 빈칸에 이 과거 완료 시제 동사와 짝을 이루는 'would/could/might have + p.p.' 형태의 동사가 쓰여야 알맞으므로 (c) would have cooked가 정답이다.

어휘 stop by ~에 들르다 quick visit 잠깐 동안의 방문 on one's way to ~로 가는 도중에 let A know (that) A에게 ~라고 알리다

7

정답 (b)

포인트 avoid + 동명사

해석 그 택시 기사는 우회 경로로 도심 지역까지 승객을 태웠다. 평소 다니던 경로에 많은 도로 공사가 진행되고 있었기 때문에 그 기사는 교통 혼잡과 맞닥뜨리는 것을 피하고 싶었다.

해설 빈칸 앞에 to부정사로 쓰인 동사 avoid는 동명사를 목적어로 취하여 '~하는 것을 피하다'라는 뜻을 나타내므로 (b) encountering이 정답이다.

어휘 take ~을 데려가다 passenger 승객 alternate route 우회 경로, 대체 경로 road construction 도로 공사 take place (일, 행사 등이) 진행되다, 발생되다, 일어나다 normal 평소의, 보통의, 일반적인 avoid -ing ~하는 것을 피하다 traffic jam 교통 혼잡 encounter ~와 맞닥뜨리다, 마주하다

8

정답 (b)

포인트 해당 문장에 정답의 단서가 되는 명확한 시간 표현이 없는 경우 해석으로 풀이

해석 클론다이크 공립 도서관은 클론다이크 밸리 지역에 거주하는 학생과 가족들에게 인기 있는 장소이다. 하지만 이곳은 현재 개조 공사로 인해 문을 닫은 상태이다. 정문에 부착된 안내 표지에는 8월 말까지 다시 재개장할 예정이라고 쓰여 있다.

해설 빈칸이 속한 문장에 앞서 현재 문을 닫은 상태임을 알리고 있다. 따라서 문을 열게 되는 시점인 by the end of August는 의미상 미래 시점임을 알 수 있으므로 미래 시점에 예정된 일을 나타낼 때 사용하는 미래진행 시제 (b) will be reopening이 정답이다.

어휘 popular 인기 있는 however 하지만, 그러나 currently 현재 renovation 개조, 보수 sign 표지(판) say (문서 등에) ~라고 쓰여 있다 by (기한) ~까지, ~ 무렵에

9

정답 (a)

포인트 determine + to부정사

해석 나는 두 달 전에 운전면허 시험을 치르러 갔지만, 제대로 공부하지 않았기 때문에 떨어졌다. 나는 다음번에 잘 준비할 것을 결심했기 때문에 가능한 한 열심히 공부했고 이틀 전에 시험에 합격했다.

해설 빈칸 앞의 동사 determine은 to부정사를 목적어로 취해 '~하기로 결심하다'라는 뜻을 나타내므로 (a) to prepare가 정답이다.

어휘 driver's license exam 운전면허 시험 fail (시험 등에) 떨어지다, 낙제하다 properly 제대로, 적절히 prepare oneself 채비를 하다, 잘 준비하다 as A as one can 가능한 한 A하게 pass ~에 합격하다, ~을 통과하다

10

정답 (c)

포인트 right now ➲ 현재진행 시제 정답

해석 체조 선수권 대회가 오늘 텍사스, 포트 워스의 디키즈 아레나에서 개최된다. 지금, 체조 선수들이 경기를 위해 여전히 몸을 풀고 있는 중이다. 오늘 첫 번째 경기는 이단 평행봉이다.

해설 빈칸이 속한 문장은 '지금 (당장), 현재' 등의 의미로 현재 시점을 나타내는 Right now와 함께 체조 선수들이 '현재 몸을 풀고 있는 중이다'와 같은 의미를 나타낼 수 있는 현재진행 시제 동사가 빈칸에 쓰여야 하므로 (c) are still warming up이 정답이다.

어휘 gymnastics 체조 take place (일, 행사 등이) 개최되다, 발생되다 gymnast 체조 선수 uneven bars 이단 평행봉 warm up 몸을 풀다, 준비 운동을 하다

11

정답 (c)

포인트 예시의 접속부사 for instance

해석 스티븐 킹은 많은 작품을 쓰는 현대 작가들 중의 한 명이며, 많은 그의 책이 인기 영화로 만들어졌다. 예를 들어, 〈쇼생크 탈출〉과 〈캐리〉는 모두 현재 상징적인 영화들로 여겨지고 있다.

해설 보기가 모두 접속부사이므로 빈칸 앞뒤 문장의 의미를 파악해 가장 적절한 것을 골라야 한다. 빈칸 앞에는 많은 책이 인기 영화로 만들어졌다는 내용이, 빈칸 뒤에는 두 가지 영화 제목이 언급되어 있다. 이는 영화로 제작된 작품의 두 가지 예시를 말하는 흐름에 해당되므로 '예를 들어'라는 의미의 (c) For instance가 정답이다.

어휘 prolific 많은 작품을 쓰는, 다작하는 turn A into B A를 B로 바꾸다, 변모시키다 popular 인기 있는 both A and B A와 B 둘 모두 be considered to be A A로 여겨지다 iconic 상징적인 although 비록 ~이기는 하지만 however 하지만, 그러나 for instance 예를 들어 similarly 마찬가지로, 유사하게

12

정답 (a)

포인트 의무/필수 형용사 + that + 주어 + (should) + 동사원형

해석 크로아티아를 방문하는 많은 관광객들은 아름다운 지중해 해안선을 따라 운전해서 오고 가기 위해 자동차를 대여하기로 결정한다. 자동차를 빌리는 것은 쉽지만, 모든 운전자들이 국제 운전면허증을 소지하는 것은 의무적이다.

해설 빈칸은 가주어 it 뒤에 위치하는 진주어 that절의 동사 자리이다. that 앞에 위치한 mandatory와 같이 의무/필수 등을 나타내는 형용사 보어가 쓰인 'It ~ that' 가주어/진주어 문장에서 that절의 동사로 'should + 동사원형' 또는 should를 생략하고 주어와 상관없이 동사원형만 사용하므로 (a) carry가 정답이다.

어휘 choose to do ~하기로 결정하다, 선택하다 rent ~을 대여하다, 빌리다 in order to do ~하기 위해 drive up and down ~을 따라 차를 운전해서 오고 가다 coastline 해안선 it is mandatory that ~하는 것이 의무적이다 carry ~을 소지하다, 휴대하다

13

정답 (d)

포인트 가정법 과거 완료 주절 동사 ➲ might have + p.p.

해석 전기 자동차 기술은 1870년대부터 존재해 왔다. 안타깝게도, 이 기술은 휘발유 차량을 생산하기 위해 좀처럼 활용되

지 않았다. 만일 전기 자동차가 널리 채택되었다면, 공기 오염으로 인한 문제들이 이렇게 전 세계적인 위기가 되지 않았을지도 모른다.

해설 빈칸 앞에 위치한 If절에 의미상 '~했다면'이라는 뜻으로 과거 사실의 반대를 나타내는 과거 완료 시제 동사(had been widely adopted)가 쓰여 있다. 따라서 주절의 동사 자리인 빈칸에 이 과거 완료 시제 동사와 짝을 이루는 'would/could/might have + p.p.' 형태의 동사가 쓰여야 알맞으므로 (d) might not have become이 정답이다.

어휘 exist 존재하다 since ~부터 unfortunately 안타깝게도, 아쉽게도 rarely 좀처럼 ~ 않다 in order to do ~하기 위해, ~할 수 있도록 produce ~을 생산하다 vehicle 차량 widely 널리, 폭넓게 adopt ~을 채택하다 pollution 오염 crisis 위기

14

정답 (a)

포인트 주어 + _______ when + 주어 + 과거 동사
○ 과거진행 시제 정답

해석 강력한 폭풍이 어제 저녁에 도시를 휩쓸고 지나가면서, 여러 지역에 정전을 초래했다. 인기 있는 갤러리아 푸드 코트의 여러 레스토랑에서 불이 꺼졌을 때는 많은 사람들이 식사하고 있는 중이었다.

해설 빈칸 뒤에 위치한 when절에 과거 시제 동사 went가 쓰여 있어 의미상 '불이 꺼졌을 때 식사하던 중이었다'와 같이 특정 과거 시점에 일시적으로 진행 중이던 시제가 빈칸에 와야 알맞다. 따라서 이러한 의미를 표현할 때 사용하는 과거진행 시제 (a) were eating이 정답이다.

어휘 sweep through ~을 휩쓸고 지나가다 cause ~을 초래하다, 야기하다 power outage 정전 several 여럿의, 몇몇의 go out (불, 전기 등이) 꺼지다, 나가다 popular 인기 있는

15

정답 (c)

포인트 사물 명사 + that + 불완전한 절

해석 자전거를 구입할 때, 한 가지 고려해야 하는 것은 타이어의 종류이다. 만일 흙길이나 산길에서 탈 계획이라면, 자전거를 타는 사람들에게 가장 많이 추천 받는 타이어는 폭이 더 넓으면서 트레드가 더 많다. 도로 주행을 위해서는 얇고 부드러운 타이어가 더 나은 선택이다.

해설 선행사 the tires가 사물 명사이므로 사물 명사를 수식할 수 있는 관계사 which 또는 that이 이끄는 절 중에서 하나를 골라야 한다. 이 둘은 모두 주어나 목적어가 빠진 불완전한 이끌어야 하므로 'that + 주어가 빠진 불완전한 절'의 구조로 된 (c) that are recommended the most by cyclists가 정답이다. (b)는 which 뒤에 완전한 절이 쓰여 있으므로 오답이다.

어휘 consider ~을 고려하다 plan on -ing ~할 계획이다 dirt 흙(길) trail 산길, 오솔길 tread (타이어 접지면을 구성하는) 트레드, 패인 모양 thin 얇은, 가느다란, 마른 smooth 부드러운 choice 선택 recommend ~을 추천하다, 권하다

16

정답 (b)

포인트 'for + 기간'과 과거보다 이전의 문맥
○ 과거완료진행 시제 정답

해석 카라와 그녀의 가족은 해변으로 떠난 여행에서 늦게 집에 돌아왔다. 카라의 두 아이들은 모두 완전히 녹초가 되어서 곧장 잠자리에 들었다. 그 아이들은 6시간 넘게 차 안에 계속 앉아 있었다.

해설 첫 문장에서는 과거 시제 동사 returned와 함께 과거 시점에 여행에서 돌아온 시점을 말하고 있다. 따라서 6시간 넘게 차 안에 앉아 있었던 일은 그보다 더 이전의 일이어야 하는데, 특정 과거 시점보다 더 이전에 지속된 일을 나타내는 것은 과거완료진행 시제이므로 (b) had been sitting이 정답이다.

어휘 return home 집에 돌아오다 both 둘, 모두 completely 완전히, 전적으로 exhausted 녹초가 된, 진이 다 빠진 go straight to bed 곧장 잠자리에 들다 over ~ 넘게

17

정답 (b)

포인트 주장/명령/요구/제안 동사 + that + 주어 + (should) + 동사원형

해석 제니는 여름 동안 읽을 몇몇 책을 찾느라 도서관에 있었다. 사서는 제니에게 킴 스탠리 로빈슨이 쓴 신간 공상 과학 시리즈를 읽어 보도록 추천해 주었다.

해설 빈칸은 동사 recommended의 목적어 역할을 하는 that절의 동사 자리이다. recommend와 같이 주장/명령/요구/제안 등을 나타내는 동사의 목적어 역할을 하는 that절에서는 'should + 동사원형' 또는 should를 생략하고 주어와 상관없이 동사원형만 사용하므로 (b) read가 정답이다.

어휘 over ~ 동안(에 걸쳐) librarian 사서 recommend that ~하도록 추천하다, 권장하다 sci-fi 공상 과학

18

정답 (c)

포인트 능력을 나타내는 can

해석 개는 야생에서의 생존을 가능케 해 주는 여러 놀라운 능력을 지니고 있다. 개는 인간보다 40배나 더 잘 냄새를 맡을 수 있는데, 이는 먹이를 찾고 포식자를 감지하는 데 도움이 된다.

해설 빈칸이 속한 문장은 '개는 인간보다 40배나 더 잘 냄새를 맡을 수 있다'와 같은 의미가 되어야 자연스럽다. 즉 개가 지닌 능력을 말하고 있으므로 '~할 수 있다'라는 뜻으로 능력을 나타낼 때 사용하는 조동사 (c) can이 정답이다.

어휘 amazing 놀라운 capability 능력 enable A to do A에게 ~할 수 있게 해주다 survive 생존하다, 살아남다 help A do A가 ~하는 데 도움을 주다 detect ~을 감지하다, 발견하다 predator 포식자

19

정답 (b)

포인트 사람 명사, whom + 불완전한 절

해석 휴는 벅스가 농구 토너먼트에서 우승을 차지한 것에 대해 기뻐서 어쩔 줄 몰라 했다. 게다가, 함께 내기를 했던 마크에게서 20달러도 받을 수 있었다. 둘은 스포츠 경기에 종종 적은 돈을 걸고 내기한다.

해설 선행사인 Mark가 사람 명사이므로 관계사 whom 또는 that이 이끄는 절 중에서 하나를 골라야 한다. 또한 Mark 뒤에 콤마와 함께 삽입되는 구조에 어울려야 하므로 콤마와 함께 삽입되는 절을 이끌 수 있는 whom으로 시작되는 (b) whom he had a bet with가 정답이다. whom은 목적격 관계대명사이므로 뒤에 전치사 with의 목적어가 없는 불완전한 절을 이끌고 있는 형태에 주목한다.

어휘 be ecstatic that ~한 것에 대해 기뻐서 어쩔 줄 모르다, 황홀해 하다 plus 게다가, 더욱이 be able to do ~할 수 있다 bet (동) ~을 걸다, (명) 내기, 내기에 거는 돈

20

정답 (a)

포인트 discontinue + 동명사

해석 이미 월 이용료를 부과하고 있는 넷플릭스는 자사의 플랫폼에 광고를 운영하기 시작할 것이라고 발표했다. 이러한 소식을 고려해볼 때, 많은 이용자가 아마 이 미디어 스트리밍 서비스에 대한 비용 지불을 중단하게 될 것이다.

해설 빈칸 앞에 동사 discontinue가 쓰여 있어 빈칸이 동사 자리가 아니라는 것을 알 수 있으므로 준동사 중의 하나를 골라야 한다. 동사 discontinue는 동명사를 목적어로 취하므로 (a) paying이 정답이다.

어휘 charge ~을 부과하다 monthly 월간의 subscription fee 이용료 run ~을 운영하다 in light of ~에 비춰볼 때, ~을 고려하여 likely 아마, ~할 것 같은 discontinue -ing ~하는 것을 중단하다 streaming (동영상, 음악 등의) 스트리밍, 재생 pay for ~에 대한 비용을 지불하다

21

정답 (c)

포인트 과거에서 본 미래를 나타내는 would

해석 나는 최근에 회사에서 정말로 바빴기 때문에 딸과 함께 많은 시간을 보낼 수 없었다. 하지만 수요일이 딸의 생일이기 때문에 집에 일찍 가서 딸을 데리고 저녁에 외식하러 가겠다고 약속했다.

해설 빈칸이 속한 문장은 '딸을 데리고 저녁에 외식하러 갈 것이라고 약속했다'의 의미로 주어의 의지를 나타내고 있는데 주절의 동사가 과거(promised)이므로 종속절인 that절의 동사 역시 과거를 사용하는 것이 원칙이므로 의지를 나타내는 조동사 will의 과거 형태인 (c) would가 정답이다.

어휘 lately 최근에 be able to do ~할 수 있다 promise that ~라고 약속하다 take A out A를 데리고 나가다

22

정답 (a)

포인트 가정법 과거 주절 동사 ◐ could + 동사원형

해석 비록 앤드류가 스페인에서 5년 넘게 살아오고 있기는 하지만, 여전히 그곳의 언어를 잘 말하지 못한다. 만일 앤드류가 스페인어로 말하는 법을 알고 있다면, 언어 장벽으로 인해 겪고 있는 많은 문제를 해결할 수 있을 것이다.

해설 빈칸 앞에 위치한 If절에 의미상 '~한다면'이라는 뜻으로 현재 사실의 반대를 나타내는 과거 시제 동사(knew)가 쓰여 있다. 따라서 주절의 동사 자리인 빈칸에 이 과거 시제 동사와 짝을 이루는 'would/could/might + 동사원형' 형태의 동사가 쓰여야 알맞으므로 (a) could solve가 정답이다.

어휘 even though 비록 ~이기는 하지만 over ~ 넘게 how to do ~하는 법 due to ~로 인해, ~ 때문에 barrier 장벽, 장애물 solve ~을 해결하다

23

정답 (a)

포인트 'by + 미래 시점'과 'for + 기간'
◐ 미래완료진행 시제 정답

해석 새로운 소프트웨어 업데이트로 인해 인기 앱 '징'이 거듭 중단되는 일이 초래되고 있다. 해당 개발팀은 그 앱이 작동을 재개할 수 있도록 문제를 바로잡기 위해 쉴 새 없이 작업하는 중이다. 내일 아침쯤이면, 그들은 거의 24시간 동안 그 앱을 바로잡기 위해 노력하는 중일 것이다.

해설 By tomorrow morning은 미래 시점을 나타내는데, 의미상 해당 미래 시점까지 특정 기간 동안(for nearly 24 hours) 지속될 행위를 나타내는 것은 미래완료진행 시제이므로 (a) will have been trying이 정답이다.

어휘 cause A to do A가 ~하도록 초래하다, 야기하다

popular 인기 있는 repeatedly 거듭, 반복적으로 crash (프로그램, 기기 등이) 작동을 멈추다, 고장 나다 development 개발, 발전 non-stop 쉼 없이 fix ~을 바로잡다, 고치다 issue 문제, 사안 so that ~할 수 있도록 resume -ing ~하는 것을 재개하다 by ~쯤이면 nearly 거의 try to do ~하기 위해 노력하다, ~하려 하다

24

정답 (d)

포인트 가정법 과거 주절 동사 ○ would + 동사원형

해석 지구에서 가장 가까운 별인 프록시마 켄타우리를 연구하는 천문학자들이 많이 있다. 하지만 이 별은 여전히 대단히 멀리 떨어져 있다. 설사 탐험가들이 빛의 속도로 이동할 수 있다 하더라도, 이 별에 도달하는 데 여전히 4년 넘게 소요될 것이다.

해설 빈칸 앞에 위치한 Even if절에 의미상 '~라면'이라는 뜻으로 현재 사실의 반대를 나타내는 과거 시제 동사(were)가 쓰여 있다. 따라서 주절의 동사 자리인 빈칸에는 이 과거 시제 동사와 짝을 이루는 'would/could/might + 동사원형' 형태의 동사가 쓰여야 알맞으므로 (d) would still take가 정답이다.

어휘 astronomer 천문학자 close 가까운 however 하지만, 그러나 extremely 대단히, 매우 far away 멀리 떨어져 있는 even if 설사 ~라 하더라도 explore 탐험가 be able to do ~할 수 있다 at the speed of light 빛의 속도로 over ~ 넘게 get to ~에 도달하다, 도착하다 take ~의 시간이 걸리다

25

정답 (a)

포인트 주어 자리에 동명사

해석 제이슨은 회사 최고의 직원들 중 한 명이 되었다. 한 가지 중요한 프로젝트에 선정된 것이 그에게 많은 자신감을 주었다. 그 후, 제이슨은 맡은 일을 훌륭하게 해내면서 여러 차례 승진했다.

해설 빈칸 뒤로 for 전치사구와 동사 gave가 이어져 있어 빈칸은 문장의 주어 역할을 할 동명사 자리임을 알 수 있으므로 보기 중 유일한 동명사 형태인 (a) Being selected가 정답이다.

어휘 confidence 자신감, 확신 afterward 그 후, 나중에 excel at ~을 훌륭하게 해내다, ~에 뛰어나다 promote ~을 승진시키다 several times 여러 차례 select ~을 선정하다, 선택하다

26

정답 (d)

포인트 가정법 과거 완료 if절 동사 ○ had + p.p.

해석 기말고사를 앞둔 주말 동안, 요리는 키코에게 함께 공부하자고 부탁했는데, 키코가 학급에서 훨씬 더 좋은 성적을 내고 있었기 때문이었다. 만일 요리가 혼자 공부했다면, 시험에서 훨씬 더 좋지 못한 성적을 냈을 것이다.

해설 빈칸 뒤에 위치한 주절에 의미상 '~했을 것이다'라는 뜻을 나타내는 'would/could/might have + p.p.' 형태의 동사(would have done)가 쓰여 있다. 따라서 If절의 동사 자리인 빈칸에 이러한 형태의 동사와 짝을 이루는 것으로서 '~했다면'이라는 의미로 과거 사실의 반대를 나타내는 과거 완료 시제 동사가 쓰여야 알맞으므로 (d) had studied가 정답이다.

어휘 final exam 기말고사 ask A to do A에게 ~하도록 부탁하다, 요청하다 since ~하기 때문에 much (비교급 수식) 훨씬 worse 더 좋지 못하게, 더 나쁘게

실전 모의고사 10

p.108

1 (c)	2 (d)	3 (d)
4 (d)	5 (c)	6 (c)
7 (c)	8 (c)	9 (d)
10 (d)	11 (c)	12 (c)
13 (b)	14 (a)	15 (c)
16 (c)	17 (c)	18 (a)
19 (d)	20 (d)	21 (b)
22 (d)	23 (c)	24 (b)
25 (c)	26 (d)	

1

정답 (c)

포인트 suggest + 동명사

해석 래리 씨가 다른 도시로 이사하기 위해 사직할 계획이라고 언급하자 사무실에 근무하는 모든 사람이 놀라워했다. 루이스 씨는 모든 사람에게 그와 작별 인사를 할 기회를 줄 수 있도록 래리 씨를 위한 송별회를 열자고 제안했다.

해설 빈칸 앞의 동사 suggest는 동명사를 목적어로 취해 '~하는 것을 제안하다, 권하다'라는 뜻을 나타내므로 (c) holding이 정답이다.

어휘 mention (that) ~라고 언급하다, 말하다 plan to do ~할 계획이다 resign 사직하다, 사임하다 so that (목적) ~할 수 있도록 suggest -ing ~하는 것을 제안하다, 권하다 going-away party 송별회, 환송회 chance to do ~할 수 있는 기회 hold (행사, 회의 등) ~을 열다, 개최하다

2

정답 (d)

포인트 가정법 과거 완료 주절 동사 ⊙ would have + p.p.

해석 트래비스가 공항에서 항공편 탑승 수속을 밟을 때, 빈 좌석이 많이 남아 있지 않았다. 아쉽게도, 트래비스는 화장실 옆에 위치한 좌석을 받았다. 만일 트래비스가 온라인에서 탑승 수속을 밟았다면, 더 좋은 좌석을 예약했을 것이다.

해설 빈칸 앞에 위치한 If절에 의미상 '~했다면'이라는 뜻으로 과거 사실의 반대를 나타내는 과거 완료 시제 동사(had checked)가 쓰여 있다. 따라서 주절의 동사 자리인 빈칸에 이 과거 완료 시제 동사와 짝을 이루는 'would/could/might have + p.p.' 형태의 동사가 쓰여야 알맞으므로 (d) would have reserved가 정답이다.

어휘 check into (공항, 호텔 등에서) ~에 대한 탑승/입실 수속을 밟다(= check in) remain 남아 있다, 계속 그대로 있다 unfortunately 아쉽게도, 안타깝게도 next to ~ 옆에 instead 대신 reserve ~을 예약하다

3

정답 (d)

포인트 since + 주어 + 과거 동사 ⊙ 현재완료진행 시제 정답

해석 호주의 한 수학자가 최근 3,700년 된 한 서판에 새겨진 응용 기하학을 발견했다. 이 발견은 문명 사회가 글을 쓰는 능력을 개발한 이후로 수학을 계속 기록해 오고 있다는 것을 우리에게 보여준다.

해설 빈칸 뒤에 과거 시제 동사 developed를 포함한 since절이 쓰여 있어 의미상 '~한 이후로'라는 뜻으로 과거의 시작점을 나타내고 있다. 따라서 이와 어울려 '과거 이후로 (지금까지 계속) ~해 오고 있다'와 같은 의미를 구성할 수 있는 현재완료진행 시제가 빈칸에 쓰여야 알맞으므로 (d) have been recording이 정답이다.

어휘 mathematician 수학자 recently 최근에 discover ~을 발견하다 applied geometry 응용 기하학 engrave A on B A를 B에 새기다 tablet 서판, 명판 discovery 발견(물) civilization 문명 (사회) mathematics 수학 since ~한 이후로 develop ~을 발전시키다, 개발하다 ability to do ~할 수 있는 능력

4

정답 (d)

포인트 사물 명사, + which + 불완전한 절

해석 전 세계의 많은 도시들이 세계에서 가장 높은 건물을 보유하기 위해 경쟁해 왔다. 쿠알라룸푸르에 있는 페트로나스 트윈 타워는 452미터의 높이로 솟아 있는 건물로서, 1998년부터 2004년까지 세계에서 가장 높은 건물이었다. 현재는, 그 타이틀을 두바이에 있는 버즈 칼리파가 지니고 있다.

해설 의미상 선행사는 빈칸 바로 앞에 위치한 Kuala Lumpur가 아니라 그 앞에 쓰여 있는 명사인 The Petronas Twin Towers이다. 따라서, 사물 명사와 함께 쓰이며 콤마와 함께 삽입되는 구조에 쓰일 수 있는 관계사 which가 이끄는 (d) which rise to a height of 452 meters가 정답이다.

어휘 compete 경쟁하다 belong to ~에 속하다, ~의 소유이다 rise 솟아 있다, 솟아오르다 height 높이

5

정답 (c)

포인트 'for + 기간'과 'before + 주어 + 과거 동사'
⊙ 과거완료진행 시제 정답

해석 뉴햄프셔 지역의 한 남성이 최근 숲속의 외딴 오두막에서 불법적으로 생활하다가 체포되었다. 81세인 이 남성은 땅 주인이 발견하기 전까지 꽤 한참 동안 그 숲에서 혼자 계속 생활했다.

해설 빈칸 뒤에 과거 시제 동사 discovered를 포함한 before절이 쓰여 있는데, before가 '~하기 전에'를 뜻하므로 빈칸이 속한 주절은 discovered가 가리키는 과거 시점보다 더 이전의 과거를 나타내야 알맞다. 과거보다 이전에 특정 기간 동안(for quite some time) 진행된 행위는 의미상 과거완료진행에 해당하므로 (c) had been living이 정답이다.

어휘 arrest ~을 체포하다 recently 최근에 illegally 불법적으로 secluded 외딴, 한적한 cabin 오두막 for quite some time 꽤 한참 동안 landowner 토지 소유주 discover ~을 발견하다

6

정답 (c)

포인트 가정법 과거 주절 동사 ⊙ would + 동사원형

해석 폴은 정말로 마음에 드는 새 집을 구입하는 것을 고려하고 있지만, 그가 원하는 가격대에서 조금 벗어나 있다. 만일 폴이 계약금으로 낼 돈이 더 있다면, 오늘 그 집에 대해 구입 제안을 할 것이다.

해설 빈칸 앞에 위치한 If절에 의미상 '~한다면'이라는 뜻으로 현재 사실의 반대를 나타내는 과거 시제 동사(had)가 쓰여 있다. 따라서 주절의 동사 자리인 빈칸에 이 과거 시제 동사와 짝을 이루는 'would/could/might + 동사원형' 형태의 동사가 쓰여야 알맞으므로 (d) would put이 정답이다.

어휘 consider -ing ~하는 것을 고려하다 a little 조금, 약간 out of (능력, 범위 등) ~에서 벗어난, ~의 밖에 있는 price range 가격대, 가격 범위 down payment 계약금, 선금 offer 제안, 제의

7

정답 (c)

포인트 주어 + ________ when + 주어 + 현재 동사
◐ 미래진행 시제 정답

해석 케빈은 오늘 집에서 끝마쳐야 하는 일이 있다. 하지만, 오직 어린 딸이 낮잠을 자는 동안에만 그 일을 할 수 있다. 케빈은 가능한 한 빠르게 작업하고 있지만, 딸이 잠에서 깨는 순간에도 여전히 작업하는 중일 것이라는 사실을 알고 있다.

해설 시간 부사절 접속사인 when절에 쓰인 현재 시제 동사 wakes up은 미래 시점을 나타내고 있다. 따라서 의미상 미래에 딸이 일어난 시점에 '그는 작업하는 중일 것이다'와 같이 미래에 일시적으로 진행될 일을 나타내야 알맞으므로 미래진행 시제인 (c) will still be working이 정답이다.

어휘 finish up ~을 끝마치다, 마무리 짓다 however 하지만, 그러나 while ~하는 동안, ~하는 중에 take a nap 낮잠 자다 as A as one can 가능한 한 A하게 wake up 잠에서 깨다, 일어나다

8

정답 (c)

포인트 가정법 과거 완료 주절 동사 ◐ would have + p.p.

해석 어젯밤에 내린 얼어붙는 비로 인해 우리 집 차고 진입로가 빙판길이 되어 버려서, 나는 오늘 아침 내 차가 있는 곳으로 걸어가다가 넘어졌다. 만일 내가 차고 진입로에 소금을 좀 뿌려 놓았다면, 미끄러지지 않았을 것이다.

해설 빈칸 앞에 위치한 If절에 의미상 '~했다면'이라는 뜻으로 과거 사실의 반대를 나타내는 과거 완료 시제 동사(had put)가 쓰여 있다. 따라서 주절의 동사 자리인 빈칸에 이 과거 완료 시제 동사와 짝을 이루는 'would/could/might have + p.p.' 형태의 동사가 쓰여야 알맞으므로 (c) would not have slipped가 정답이다.

어휘 freezing rain 얼어붙는 비 make A + 형용사 A를 ~한 상태로 만들다 driveway 차고 진입로 icy 빙판 같은, 얼음에 뒤덮인 fall down 넘어지다 put A on B A를 B에 놓다, 두다 slip 미끄러지다

9

정답 (d)

포인트 now ◐ 현재진행 시제 정답

해석 행크스 백화점의 가전기기 코너에서 한 고객이 최근에 구입한 냉장고에 발생된 문제와 관련해 불만을 제기하고 있다. 그 매장 점원은 문제를 해결할 방법을 알지 못하고 있기 때문에 책임자를 불러 그 고객과 이야기하도록 하기 위해 지금 전화하는 중이다.

해설 현재 시점 표현 now와 함께 의미상 '지금 전화하는 중이다'와 같은 뜻을 나타낼 수 있는 현재진행 시제가 필요하므로 (d) is now calling이 정답이다.

어휘 appliance 가전기기 section (매장 등의) 코너, 구역, 부분 complain about ~와 관련해 불만을 제기하다, 불평하다 recently 최근에 purchase ~을 구입하다 refrigerator 냉장고 clerk 점원 how to do ~하는 방법 solve ~을 해결하다

10

정답 (d)

포인트 consider + 동명사

해석 머튼 씨 가족은 내년 중에 아프리카로 떠나는 휴가를 계획 중이다. 하지만 어느 나라들을 방문해야 할지 확실하지 않은 상태이다. 머튼 씨는 이집트에 가고 싶어 하는 반면, 머튼 씨의 아내는 사파리 여행을 떠나기 위해 케냐를 방문하는 것을 고려하고 있다.

해설 빈칸 앞의 동사 consider는 동명사를 목적어로 취해 '~하는 것을 고려하다'라는 의미를 나타내므로 (d) visiting이 정답이다.

어휘 plan ~을 계획하다 though (문장 끝이나 중간에 쓰여) 하지만 would like to do ~하고 싶다, ~하고자 하다 while ~하는 반면, ~이지만 consider -ing ~하는 것을 고려하다 go on a safari 사파리 여행을 떠나다

11

정답 (c)

포인트 과거의 능력을 나타내는 could

해석 로마에서 여행하던 중에, 빈센트는 그 도시에 있는 오래된 건물들이 지닌 고대 건축 양식에 관해 배우는 시간을 가졌다. 빈센트는 로마인들이 거의 2,000년 전에 그렇게 정교한 건축물들을 지을 수 있었다는 사실에 정말로 깊은 인상을 받았다.

해설 빈칸이 속한 문장은 의미상 '거의 2,000년 전에 그렇게 정교한 건축물들을 지을 수 있었다'와 같은 뜻이 되어야 자연스럽다. 즉 로마인들의 과거 건축 능력을 나타내는 문장이 되어야 알맞으므로 '~할 수 있었다'라는 뜻으로 과거의 능력을 나타낼 때 사용하는 조동사 (c) could가 정답이다.

어휘 while ~하는 중에, ~하는 동안 take time to do ~할 시간을 갖다, 시간을 내다 ancient 고대의 architecture 건축 양식, 건축학 be impressed that ~라는 점에 깊은 인상을 받다 sophisticated 정교한, 세련된 structure 건축물, 구조(물)

12

정답 (c)

포인트 유사 의미의 접속부사 similarly

해석 '식물군'이라는 단어는 특정 장소나 시기에 속하는 모든 식물을 일컫는다. 마찬가지로, '동물군'이라는 단어는 한

장소나 시기에 속하는 모든 동물을 전체적으로 설명하기 위해 사용된다.

해설 보기가 모두 접속부사이므로 빈칸 앞뒤 문장의 의미를 파악해 가장 적절한 것을 골라야 한다. 빈칸 앞에는 flora라는 단어의 정의가, 빈칸 뒤에는 fauna라는 단어의 정의가 쓰여 있는데, 동일한 기준을 바탕으로 내린 정의 방식이 제시되어 있으므로 '마찬가지로' 등의 의미로 유사성을 나타낼 때 사용하는 (c) Similarly가 정답이다.

어휘 flora 식물군 refer to ~을 일컫다, 지칭하다, 언급하다 particular 특정한, 특별한 fauna 동물군 collectively 전체적으로, 집합적으로 describe ~을 설명하다, 묘사하다 afterwards 나중에, 그 후에 in the first place 우선, 첫째로 similarly 마찬가지로, 유사하게 for example 예를 들어

13

정답 (b)

포인트 해당 문장에 정답의 단서가 되는 명확한 시간 표현이 없는 경우 해석으로 풀이

해석 글로벌 파슬 딜리버리 사는 어제 조니의 배송 물품을 전달하려 했지만, 아무도 문을 열러 나오지 않았다. 조니는 그 전날 밤에 늦게까지 일해야 했기 때문에 그때 잠을 자고 있었다.

해설 빈칸 뒤에 위치한 시점 표현 at the time은 앞선 문장에서 과거 시제 동사 tried 및 answered와 함께 문을 열지 않았다고 말하는 과거 시점을 나타낸다. 따라서 의미상 '그때 잠을 자고 있었다'와 같이 과거 시점에 일시적으로 잠을 자던 중임을 나타내는 과거진행 시제 동사가 쓰여야 알맞으므로 (b) was sleeping이 정답이다.

어휘 try to do ~하려 하다 package 배송 물품, 소포, 꾸러미 answer the door 문을 열러 나오다 at the time 그때, 당시에

14

정답 (a)

포인트 agree + to부정사

해석 찰스는 그의 아내가 크리스마스 아침에 그들의 진입로에 새 차를 발견하고 흥분할 것이라고 생각했다. 오히려 그녀는 분노했다. "재정적으로 중요한 결정들은 함께 논의하기로 우리 합의하지 않았나요?"라고 그녀가 그에게 소리쳤다.

해설 빈칸 앞에 있는 동사 agree는 to부정사를 목적어로 취하는 동사이므로 (a) to discuss가 정답이다. 부정사는 뒤에 진행형 형태를 사용하지 않는 것이 원칙이므로 to 뒤에 be + -ing를 사용한 (d) to be discussing은 오답이다.

어휘 excited 신난, 들뜬 driveway 진입로 instead 대신에, 오히려 furious 분노한, 화난 major 중요한, 주요한 financial 재정적인, 재무의 decision 결정 together 함께

15

정답 (c)

포인트 experience + 동명사

해석 나는 새로 산 헤드폰의 음질에 놀랐다. 나는 내가 좋아하는 앨범을 최고급 오디오 장비로 들어 본 경험이 없었다. 이제 그 앨범들을 처음 듣는 것 같았다.

해설 동사 had experienced 뒤에 빈칸이 위치해 있으므로 준동사가 빈칸에 쓰여야 한다. 동사 experience는 동명사를 목적어로 취하므로 (c) listening이 정답이다.

어휘 amaze 깜짝 놀라게 하다 sound quality 음질 experience 겪다, 경험하다 favorite 가장 좋아하는 top-of-the-line 최고급의 it's like ~ 마치 ~와 같다 for the first time 처음으로

16

정답 (c)

포인트 주장/명령/요구/제안 동사 + that + 주어 + (should) + 동사원형

해석 나는 내가 시키면 앉을 수 있도록 계속 우리 개를 훈련해오고 있다. 어제는 보도에 앉아 있으라고 명령했지만, 다른 사람들로 인해 너무 주의가 산만해서 내 말을 듣지 못했다.

해설 빈칸은 동사 commanded의 목적어 역할을 하는 that절의 동사 자리이다. command와 같이 주장/명령/요구/제안 등을 나타내는 동사의 목적어 역할을 하는 that절에서는 'should + 동사원형' 또는 should를 생략하고 주어와 상관없이 동사원형만 사용하므로 (c) sit이 정답이다.

어휘 try to do ~하려 하다 train ~을 훈련시키다 tell A to do A에게 ~하라고 말하다 command that ~하라고 명령하다, 지시하다 sidewalk 보도, 인도 too A to do 너무 A해서 ~할 수 없다, ~하기엔 너무 A하다 distracted 주의가 산만해진

17

정답 (c)

포인트 가정법 과거 완료 주절 동사 ➔ would have + p.p.

해석 음식 배달 서비스에 대한 수요가 지난 한 해 동안에 걸쳐 빠르게 증가해 왔다. 만일 란체로스 타코스가 곧 나타나게 된 배달 주문량의 급증을 예상했다면, 더 많은 배달용 오토바이를 구입했을 것이다.

해설 빈칸 앞에 위치한 If절에 의미상 '~했다면'이라는 뜻으로 과거 사실의 반대를 나타내는 과거 완료 시제 동사(had anticipated)가 쓰여 있다. 따라서 주절의 동사 자리인 빈칸에 이 과거 완료 시제 동사와 짝을 이루는 'would/

could/might have + p.p.' 형태의 동사가 쓰여야 알맞으므로 (c) would have purchased가 정답이다.

어휘 demand for ~에 대한 수요 rapidly 빠르게 increase 증가하다, 늘어나다 over ~ 동안에 걸쳐 anticipate ~을 예상하다 upcoming 곧 있을, 다가오는 surge in ~의 급증, 급등 order 주문(품) purchase ~을 구입하다

18

정답 (a)

포인트 사물 명사 + that + 불완전한 절

해석 완다는 자신이 근무하는 갤러리에서 미술 전시회를 준비하는 일을 책임지고 있었다. 완다는 관람객에게서 많은 감정을 불러일으키는 미술품을 선택했다. 그 대부분이 꽤 추상적이었지만, 전시회는 온라인상에서 많은 긍정적인 평가를 받았다.

해설 선행사 artwork이 사물 명사이므로 사물 명사를 수식할 수 있는 관계사 that 또는 which가 이끄는 절 중에서 하나를 골라야 한다. 이 둘은 주어나 목적어가 빠진 불완전한 이끌어야 하므로 'that + 주어가 빠진 불완전한 절'의 구조로 된 (a) that would provoke a lot of emotion이 정답이다. (b)는 which 뒤에 완전한 절이 쓰여 있으므로 오답이다.

어휘 in charge of ~을 책임지고 있는, 맡고 있는 set up ~을 마련하다, 설치하다, 설정하다 exhibit 전시(회) choose ~을 선택하다 viewer 관람객, 시청자, 보는 사람 quite 꽤, 상당히 abstract 추상적인 positive 긍정적인 review 평가, 후기, 의견 provoke ~을 자아내게 하다, 불러일으키다 emotion 감정, 정서

19

정답 (d)

포인트 이유의 부사절 접속사 since

해석 케일라는 달리기 위해 아침 일찍 밖으로 나갔다. 강변 도로에 이르렀을 때, 이미 그곳에 많은 사람들이 있는 것을 보고 놀라워했다. 케일라는 오후에 너무 더워질 것이기 때문에 모든 사람이 아침에 운동하려 한다고 생각했다.

해설 빈칸 앞뒤에 주어와 동사가 각각 포함된 절이 하나씩 쓰여 있으므로 빈칸은 이를 연결할 접속사 자리임을 알 수 있다. 또한, '낮 시간에는 너무 더워지기 때문에 모든 사람이 아침에 운동하려 한다'와 같은 의미가 되어야 자연스러우므로 '~하기 때문에'라는 뜻으로 이유를 나타내는 접속사인 (d) since가 정답이다.

어휘 go for a run 달리다 get to ~에 이르다, 도착하다 path 도로, 보도, 이동로 be surprised to do ~해서 놀라워하다 figure (that) ~라고 생각하다, 판단하다 try to do ~하려 하다 exercise 운동하다 therefore 따라서, 그러므로 although 비록 ~이기는 하지만 since ~하기 때문에

20

정답 (d)

포인트 완전한 절 구조 + to부정사

해석 많은 항공 우주국들은 우주 비행사를 태우고 가는 것 대신 무인 우주 탐사선에 초점을 맞추고 있다. 따라서 그들은 우주 비행사들이 함께 가야 할 필요성을 피하기 위해 지구에서 조종할 수 있는 기술을 개발해 냈다.

해설 빈칸이 속한 that절에 이미 동사 can be operated가 쓰여 있으므로 빈칸은 동사가 아닌 준동사가 필요한 자리이다. 또한, 의미상 '우주 비행사들이 함께 가야 할 필요성을 피하기 위해'와 같은 '목적'의 의미가 적합하므로 '~하기 위해'라는 의미를 가진 to부정사 (d) to avoid가 정답이다.

어휘 space agency 항공 우주국 focus on ~에 초점을 맞추다, 집중하다 unmanned mission 무인 우주 탐사선 rather than ~ 대신, ~가 아니라 astronaut 우주 비행사 therefore 따라서, 그러므로 develop ~을 개발하다, 발전시키다 operate ~을 조종하다, 조작하다, 운영하다 have A do A에게 ~하게 하다 go along ~와 동행하다, ~에 따라가다 avoid ~을 피하다

21

정답 (b)

포인트 제안/권고를 나타내는 should

해석 나는 전에 한 번도 자동차 타이어를 교체해 본 적이 없었기 때문에 도움이 될 만한 동영상을 찾아보기 위해 유튜브에서 검색했다. 한 동영상에 나온 남성은, 공기압을 균일하게 유지하기 위해 별 모양의 패턴으로 바퀴의 볼트들을 풀고 조여야 한다고 말했다.

해설 빈칸이 속한 절은 의미상 in order to(~하기 위해)와 어울려 '별 모양 패턴으로 바퀴의 볼트를 풀고 조여야 한다'와 같은 뜻이 되어야 자연스럽다. 따라서 작업 방식과 관련해 주의해야 할 일을 알리는 의미이므로 '~해야 한다'라는 뜻으로 권고/충고를 나타낼 때 사용하는 조동사 (b) should가 정답이다.

어휘 search on ~에서 검색하다 look for ~을 찾아보다 helpful 도움이 되는 loosen ~을 풀다, 느슨하게 하다 tighten ~을 조이다 wheel 바퀴 in order to do ~하기 위해, ~하려면 keep A + 형용사 A를 ~한 상태로 유지하다 pressure 압력, 압박 even 균일한, 고른, 일정한

22

정답 (d)

포인트 주장/명령/요구/제안 동사 + that + 주어 + (should) + 동사원형

해석 루더는 발에 수술을 받아야 했기 때문에 일주일 내내 수업에서 빠져야 했다. 교수들은 그러한 상황을 이해하기는 했지만, 가급적이면 집에서 필수 과제들을 완료할 것을 요청했다.

해설 빈칸은 동사 asked의 목적어 역할을 하는 that절의 동사 자리이다. ask와 같이 주장/명령/요구/제안 등을 나타내는 동사의 목적어 역할을 하는 that절에서는 'should + 동사원형' 또는 should를 생략하고 주어와 상관없이 동사원형만 사용하므로 (d) complete이 정답이다.

어휘 get surgery 수술 받다 miss ~에서 빠지다, ~을 놓치다 while ~이기는 하지만, ~인 반면 situation 상황 ask that ~하도록 요청하다 necessary 필수의, 필요한 assignment 과제(물) if possible 가급적이면, 가능하면

23

정답 (c)

포인트 allow + 목적어 + to부정사

해석 베짜기 개미에게는 둥지를 짓는 특이한 방법이 있다. 베짜기 개미의 유충은 몸에서 끈적한 실을 만들어낼 수 있다. 이로 인해 성충이 된 베짜기 개미는 나무에 보금자리를 만들기 위해 그 실을 이용해 나뭇잎들을 서로 붙일 수 있다.

해설 빈칸 앞에 이미 문장의 동사 allows가 쓰여 있으므로 빈칸은 동사 자리가 아니다. 따라서 준동사 중에서 하나를 골라야 하는데, 동사 allow는 목적격 보어로 to부정사를 동반하므로 (c) to use가 정답이다.

어휘 unusual 흔치 않은, 드문, 특이한 method 방법 nest 보금자리, 둥지 larva 유충 be able to do ~할 수 있다 produce ~을 만들어내다 sticky 끈적한 silk (거미 등이 만드는) 실, 실 같은 것 allow A to do A가 ~하는 것을 가능하게 하다 combine ~을 합치다, 통합하다 one another 서로 in order to do ~하기 위해, ~할 수 있도록

24

정답 (b)

포인트 가정법 과거 주절 동사 ○ would + 동사원형

해석 1928년에, 알렉산더 플레밍이 페니실린을 발견했으며, 이는 현재 많은 의학적 질환을 치료하는 데 널리 이용되고 있다. 플레밍의 우연한 발견이 아니라면, 이 항생 물질은 전 세계의 사람들이 이용할 수 없을 것이다.

해설 빈칸이 속한 문장이 'Were it not for ~'로 시작되고 있는데, 이 표현은 가정법 과거 If it were not for~에서 If가 생략된 후 were가 주어 앞으로 도치된 형태로 '~가 아니라면, 없다면'이라는 뜻으로 현재 사실의 반대를 나타낼 때 사용한다. 따라서 빈칸에는 가정법 과거 문장의 주절에 쓰이는 'would/could/might + 동사원형' 형태의 동사가 쓰여야 알맞으므로 (b) would not be available이 정답이다.

어휘 discover ~을 발견하다 widely 널리 treat ~을 치료하다, 처치하다 medical condition 의학적 질환 were it not for ~가 아니라면, 없다면 accidental 우연한 discovery 발견(물) antibiotics 항생 물질 worldwide 전 세계에 available to A A가 이용할 수 있는, 구입할 수 있는

25

정답 (c)

포인트 'for + 기간'과 'if + 주어 + 현재 동사' ○ 미래완료진행 시제 정답

해석 프랜시스는 전 세계를 다니는 여행의 거의 절반에 이른 상태이다. 지난 6개월 동안에 걸쳐, 프랜시스는 유럽과 아시아 전역을 여행하면서, 대부분의 주요 도시를 방문했다. 프랜시스가 여행을 끝마치게 되면, 1년 넘게 계속 여행을 하게 될 것이다.

해설 조건 부사절 접속사인 If가 이끄는 절의 현재 시제 동사 completes은 미래 시점을 나타내는데 미래 시점까지 특정 기간 동안(for over a year) 진행될 행위를 나타내는 것은 미래완료진행 시제이므로 (c) will have been traveling이 정답이다.

어휘 halfway through ~의 중간에, ~을 반 정도 끝낸 over (전) ~ 동안에 걸쳐, (부) ~ 넘게 complete ~을 끝마치다, 완료하다

26

정답 (d)

포인트 now와 어울리는 가정법 주절 동사 → would + 동사원형

해석 마크는 오전 6시 30분에 잘못된 번호로 걸려온 전화를 받았고, 이것은 쉬는 날에 늦잠을 잘 기회를 망쳤다. 그 전화만 아니었더라면 그는 지금 여전히 자고 있을 것이다.

해설 빈칸이 포함된 문장 시작을 보면 과거완료 시제를 구성하는 Had가 맨 앞에 위치해 있고 그 뒤로 주어 it과 과거분사 been이 이어져 있다. 이는 가정법 과거완료 문장에서 If가 생략되어 주어와 had가 도치된 구조에 해당한다. if절의 동사가 과거완료인 경우 주절에는 'would/could/might have + p.p.'가 함께 쓰이는 것이 원칙이지만 주절에 현재를 나타내는 부사 now가 있는 경우 'would/could/might + 동사원형'이 함께 쓰여야 하므로 (d) would still be asleep가 정답이다. 이와 같이 가정법 문장에서 '(과거에) ~였다면[했다면] (지금) ~일텐데'라는 의미로 두 개의 다른 시제를 혼용하여 사용하는 경우를 '혼합 가정법'이라고 한다.

어휘 random 임의의, 무작위의 wrong number 잘못된 번호 ruin 망치다 opportunity 기회 if it had not been for ~이 없었더라면 asleep 잠이 든

공식으로 쉽게 끝내는

정재현 지텔프 문법

기초부터 실전까지 완벽 대비

실제 시험에 나올 만한 적중률 높은 문제만 담았다!

- 공무원, 경찰, 군무원 대비 필수 영어 시험
- 단 한 권으로 지텔프 문법 완벽 대비
- 지텔프 최신 유형을 완벽 반영한 실전 모의고사 10회분 수록
- 문법 기본기를 다질 수 있는 핵심 개념 정리 & 유형별 연습문제 5회분 수록
- 문제집과 해설집이 한 권으로 구성된 합본 구성
- 문제의 키워드를 단숨에 파악하는 핵심 강의 해설집 수록
- 헷갈리는 문제도 해결 가능한 고득점 내비게이터 제공

이것만은
꼭 외우자!
도우미 단어장

わたし 나	あなた 너, 당신	かれ 그	かのじょ 그녀
これ 이것	それ 그것	あれ 저것	どれ 어느 것

～の ～의 (조사)

～は ～은/는 (조사)

～へ ～으로 (조사)

～です ～입니다

～ですか ～입니까?

～さん ～씨

こちら 이쪽

なか 안, 속
中

なん 무엇
何

がくせい 학생
学生

かんこく 한국
韓国

のり 김

ほん 책
本

りゅうがくせい 유학생
留学生

せんぱい 선배
先輩

たくさん 많이

ごゆっくり 푹, 천천히

せんせい 선생님
先生

こども 아이, 어린이
子供

なんにん 몇 명
何人

ここ 여기

どこ 어디

プレゼント 선물

マンション 맨션

だいがくせい 대학생
大学生

ふたり 두 명
二人

かぞく 가족
家族

ともだち 친구
友達

にほんご 일본어
日本語

かいしゃ 회사
会社

どうりょう 동료
同僚

しょうたい 초대
招待

はじめまして 처음 뵙겠습니다

よろしく 잘

おねがいします 부탁합니다

どうぞ 아무쪼록, 자, 어서, 부디

うえ 위 上	した 아래 下
なか 안, 속 中	そと 겉, 밖 外
まえ 앞 前	うしろ 뒤 後ろ
みぎ 오른쪽 右	ひだり 왼쪽 左

	내 가족	상대방 가족
아버지	ちち 父	おとうさん お父さん
어머니	はは 母	おかあさん お母さん
형, 오빠	あに 兄	おにいさん お兄さん
누나, 언니	あね 姉	おねえさん お姉さん

～に ～에 (조사)

～が ～이/가 (조사)

～も ～도 (조사)

～で ～으로 (조사)

いもうと 여동생
妹

おとうと 남동생
弟

おじいさん 할아버지

おばあさん 할머니

ねこ 고양이
猫

いぬ 개
犬

えさ 사료, 먹이

じしょ 사전
辞書

ボールペン 볼펜

おかね 돈
お金

たな 선반

つくえ 책상
机

ベッド 침대

はこ 상자
箱

いえ/うち 집
家　家

ビル 빌딩, 건물

せんせい 선생님
先生

テーブル 테이블

いす 의자
椅子

ほん 책
本

かばん 가방

おたく 댁(상대방의 집)
お宅

かいしゃ 회사
会社

むすこ 아들
息子

むすめ 딸
娘

かれし (교제하는) 남자 친구
彼氏

おとこ 남자
男

ともだち 친구
友達

たくさん 많이

コンビニ 편의점

コーヒー 커피

しゅくだい 숙제
宿題

しけん 시험
試験

こうえん 공원
公園

にわ 정원, 뜰
庭

きょうしつ 교실
教室

はと 비둘기

あのう 저…, 저기요

재작년	작년	올해	내년	내후년
おととし 一昨年	きょねん 去年	ことし 今年	らいねん 来年	さらいねん 再来年

～まで ～까지(조사)

～で ～에서(조사)

～さん ～씨

～くん ～군

ピアニスト 피아니스트

ほん 책
本

あのひと 저 사람
あの人

ゆめ 꿈
夢

サッカー 축구

せんしゅ 선수
選手

きょねん 작년
去年

せんせい 선생님
先生

じこ 사고
事故

くまもと 구마모토
熊本

じしん 지진
地震

ここ 여기

かしゅ 가수
歌手

かいしゃいん 회사원
会社員

げいのうじん 연예인
芸能人

モデル 모델

わたし 나
私

えいご 영어
英語

はは 엄마, 어머니
母

ちち 아빠, 아버지
父

はいゆう 배우
俳優

けいさつかん 경찰
警察官

おととし 재작년
一昨年

だいがくせい 대학생
大学生

きのう 어제

せんげつ 지난달
先月

しゃちょう 사장
社長

けっこんしき 결혼식
結婚式

かじ 화재
火事

テスト 테스트, 시험

いいえ 아니요 (부정의 대답)

どうして 어째서, 왜

はい 네 (긍정의 대답)

まえ 전, 이전
前

なにか 뭔가
何か

ざんねんだ 아쉽다, 유감이다
残念だ

1	2	3	4	5
いち	に	さん	し/よ/よん	ご
6	7	8	9	10
ろく	しち/なな	はち	きゅう/く	じゅう

～から ～부터

～まで ～까지

～と ～와/과(조사)

～ひゃく ～백
百

～せん ～천
千

～まん ～만
万

この～ 이～

その～ 그～

かばん 가방

うりば 매장
売り場

これ 이것

えん 엔(일본 통화 단위)
円

ウォン 원(한국 통화 단위)

いちまん 1만
一万

なんじ 몇 시
何時

じかん 시간
時間

いま 지금
今

やすみ 휴일, 휴가, 쉬는 날
休み

きょう 오늘

えいぎょう 영업
営業

コンビニ 편의점

ぎんこう 은행
銀行

デパート 백화점

ゆうびんきょく 우체국
郵便局

いくらですか 얼마입니까?

かさ 우산
傘

とけい 시계
時計

ふく 옷
服

くつ 신발, 구두
靴

にちようび 일요일
日曜日

がっこう 학교
学校

かいしゃ 회사
会社

あのう 저…, 저기요

あした 내일

セール 세일

なんようび 무슨 요일
何曜日

なんがい 몇 층
何階

1日	2日	3日	4日	5日
ついたち	ふつか	みっか	よっか	いつか
6日	7日	8日	9日	10日
むいか	なのか	ようか	ここのか	とおか

誕生日(たんじょうび) 생일

来週(らいしゅう) 다음 주

～で ~으로 (조사)

はたち 스무 살
20歳

おじいさん 할아버지

テスト 테스트, 시험

午前(ごぜん) 오전

パーティー 파티

午後(ごご) 오후

人(ひと) 사람

先生(せんせい) 선생님

会社員(かいしゃいん) 회사원

ケータイ 휴대폰

番号(ばんごう) 번호

何番(なんばん) 몇 번

電話(でんわ) 전화

いつですか 언제입니까?

結婚式(けっこんしき) 결혼식

入学式(にゅうがくしき) 입학식

子供の日(こどものひ) 어린이날

かのじょ
彼女 여자 친구, 그녀

おいくつですか 몇 살입니까?

だんな 남편

むすめ
娘 딸

おばあさん 할머니

そぼ 할머니, 조모

あさ
朝 아침

よる
夜 저녁, 밤

きょう 오늘

あした 내일

きんようび
金曜日 금요일

どようび
土曜日 토요일

こんしゅう
今週 이번 주

らいしゅう
来週 다음 주

みせ
店 가게

もうすぐ 이제 곧, 금방

いっしょに 함께, 같이

でも 하지만

ひ
その日 그날

れんらく
連絡 연락

ください 주세요

い형용사 활용

~い ~하다(기본형)	~いです ~합니다
~かった ~했다	~かったです ~했습니다
~くない ~하지 않다	~くないです ~하지 않습니다 ~くありません
~くなかった ~하지 않았다	~くなかったです ~하지 않았습니다 ~くありませんでした

おいしい 맛있다

むずかしい 어렵다

うれしい 기쁘다

やさしい 자상하다
優しい

あたたかい 따뜻하다

たかい 비싸다, 높다
高い

さむい 춥다

やすい 싸다
安い

あつい 덥다

あまい 달다
甘い

たのしい 즐겁다

せまい 좁다

おもしろい 재미있다

きたない 더럽다

いい 좋다

ひろい 넓다
広い

まずい 맛없다

つよい 세다, 강하다
強い

ながい 길다
長い

あそこ 저기

うどんや 우동집, 우동 가게

うどん 우동

あまり 그다지, 별로

きのう 어제

天気(てんき) 날씨

試験(しけん) 시험

先生(せんせい) 선생님

ソウル 서울

映画(えいが) 영화

時計(とけい) 시계

背(せ) 키

休み(やすみ) 휴일, 휴가

店(みせ) 가게, 상점

本(ほん) 책

風(かぜ) 바람

きょう 오늘

お昼(ひる) 점심, 점심식사

そういえば 그러고 보니

日本(にほん) 일본

旅行(りょこう) 여행

とても 매우, 아주

東京(とうきょう) 도쿄

な형용사 활용

～だ ～하다 (기본형)	～です ～합니다
～だった ～했다	～かったです ～했습니다
～ではない ～하지 않다	～ではないです ～하지 않습니다 ～ではありません
～ではなかった ～하지 않았다	～ではなかったです ～ではありませんでした ～하지 않았습니다

上手(じょうず)だ 잘하다

好(す)きだ 좋아하다

不便(ふべん)だ 불편하다

きれいだ 깨끗하다

しずかだ 조용하다

ハンサムだ 잘생기다, 핸섬하다

親切(しんせつ)だ 친절하다

便利(べんり)だ 편리하다

本当(ほんとう)だ 정말이다

にぎやかだ 번화하다

料理(りょうり) 요리

掃除(そうじ) 청소

遠(とお)い 멀다

今(いま) 지금

部屋(へや) 방

図書館(としょかん) 도서관

～より ～보다 (조사)

バス 버스

地下鉄(ちかてつ) 지하철

うどん 우동

ラーメン 라면

映画(えいが) 영화

カラオケ 노래방

音楽(おんがく) 음악

ビール 맥주

彼氏(かれし) (교제하는) 남자 친구

ガイド 가이드, 안내자

所(ところ) 곳, 장소

町(まち) 동네

店(みせ) 가게

公園(こうえん) 공원

野球(やきゅう) 야구

サッカー 축구

ワイン 와인

アメリカ 미국

ヨーロッパ 유럽

肉(にく) 고기

野菜(やさい) 야채

いつも 늘, 항상

前(まえ) 전, 이전

みる 보다
見る

よむ 읽다
読む

たべる 먹다
食べる

のむ 마시다
飲む

うたう 부르다
歌う

おくる 보내다, 전송하다
送る

かく 쓰다
書く

きく 듣다
聞く

はなす 이야기하다
話す

あるく 걷다
歩く

する 하다

勉強(べんきょう)する 공부하다

時々(ときどき) 가끔, 때때로

映画(えいが) 영화

毎日(まいにち) 매일

新聞(しんぶん) 신문

ゲーム 게임

このごろ 요즘

ほとんど 거의

本(ほん) 책

チャット 채팅

ごはん 밥

テレビ 텔레비전, TV

コーヒー 커피

お酒(さけ) 술

歌(うた) 노래

メール 이메일

一人(ひとり)で 혼자서

日本語(にほんご) 일본어

日記(にっき) 일기

ドラマ 드라마

運動(うんどう) 운동

手紙(てがみ) 편지

音楽(おんがく) 음악

ポップコーン 팝콘

ケータイ 휴대폰

シャワーを あびる 샤워를 하다

最近(さいきん) 최근

インターネット 인터넷

ニュース 뉴스

では 그럼, 그러면

何(なに) 무엇

すごい 대단하다, 굉장하다

～を ～을/를 (조사)

～も ～도 (조사)

今朝(けさ) 오늘 아침

起(お)きる 일어나다

きのう 어제

寝(ね)る 자다

友達(ともだち) 친구

～に会(あ)う ～를 만나다

コーヒー 커피

～を ～을/를 (조사)

飲(の)む 마시다

電車(でんしゃ) 전철

乗(の)る (탈것에) 타다

学校(がっこう) 학교

行(い)く 가다

少(すこ)し 조금, 약간

休(やす)む 쉬다

駅(えき) 역

前(まえ) 앞

いっしょに 같이, 함께

映画(えいが) 영화

見(み)る 보다

曲(きょく) 곡, 노래

歌(うた)う 노래하다

～でも ～라도 (조사)

きのう 어제

カレー 카레

作(つく)る 만들다

せんしゅう
先週 지난주

せんげつ
先月 지난달

パソコン 컴퓨터

か
買う 사다

テレビ 텔레비전, TV

シャワーを あびる 샤워를 하다

うん どう
運動 운동

する 하다

そろそろ 이제 슬슬

かえ
帰る 돌아가다, 돌아오다

はじ
始める 시작하다

いっ ぱい
一杯 한 잔

はな
話す 이야기하다

こう えん
公園 공원

ひる
昼ごはん 점심밥

しゃ しん
写真を とる 사진을 찍다

なん じ
何時 몇 시

おそ
遅く 늦게

じつ
実は 실은

よる おそ
夜遅く 밤늦게

～まで ～까지 (조사)

レポート 리포트

か
書く 쓰다

そう 그렇게

アイスコーヒー 아이스커피

Day 14

毎朝(まいあさ) 매일 아침

起(お)きる 일어나다

行(い)く 가다

朝(あさ)ごはん 아침밥

会社(かいしゃ) 회사

書(か)く 쓰다

読(よ)む 읽다

寝(ね)る 자다

宿題(しゅくだい) 숙제

遊(あそ)ぶ 놀다

日本語(にほんご) 일본어

教(おし)える 가르치다

仕事(しごと) 일, 업무

待(ま)つ 기다리다

バス 버스

来(く)る 오다

銀行(ぎんこう) 은행

～に勤(つと)める ～에 근무하다

ニュース 뉴스

貿易会社(ぼうえきがいしゃ) 무역회사

ソウル 서울

～に住(す)む ～에 살다

家(いえ) 집

帰(かえ)る 돌아가다

友達(ともだち) 친구

～に会(あ)う ～를 만나다

学校(がっこう) 학교

終(お)わる 끝나다, 마치다

シャワーをあびる 샤워를 하다

歯(は)をみがく 이를 닦다

顔(かお)を洗(あら)う 세수를 하다

コーヒー 커피

飲(の)む 마시다

～と ～와, ～랑 (조사)

お姉(ねえ)さん 누님

妹(いもうと)さん 여동생분

アルバイト 아르바이트

息子(むすこ)さん 아드님

旅行会社(りょこうがいしゃ) 여행사

お父(とう)さん 아버님

だんなさん 남편분

郵便局(ゆうびんきょく) 우체국

～で働(はたら)く ～에서 일하다

今(いま) 지금

買(か)い物(もの) 쇼핑, 장보기

インターネット 인터넷

本(ほん) 책

音楽(おんがく) 음악

聞(き)く 듣다

～てから ～하고 나서

すごい 대단하다, 굉장하다

日本(にほん) 일본

行く(い) 가다

思う(おも) 생각하다

勉強(べんきょう) 공부

電車(でんしゃ) 전철

～に乗る(の) ～을 타다

チケット 티켓

予約する(よやく) 예약하다

家(いえ) 집

休む(やす) 쉬다, 휴식하다

今から(いま) 지금부터

出かける(で) 외출하다, 나가다

夏休み(なつやす) 여름휴가

アメリカ 미국

来年(らいねん) 내년

卒業(そつぎょう) 졸업

ケーキ 케이크

テレビ 텔레비전, TV

パスポート 여권

準備(じゅんび) 준비

～ておく ～해 두다, ～해 놓다

買う(か) 사다

少し(すこ) 조금

運転(うんてん) 운전

免許をとる(めんきょ) 면허를 따다

話す(はな) 이야기하다

- 結婚(けっこん) 결혼
- 旅行(りょこう)に行(い)く 여행 가다
- やめる 그만두다
- おいしい 맛있다
- 料理(りょうり) 요리
- アメリカーノ 아메리카노
- 飲(の)む 마시다
- 家族(かぞく) 가족
- ～に会(あ)う ～를 만나다
- ヨーロッパ 유럽
- 花(はな) 꽃
- プレゼント 선물
- 考(かんが)える 생각하다

- ホテル 호텔
- 薬(くすり)を飲(の)む 약을 먹다
- 来月(らいげつ) 다음 달
- 休(やす)み 휴가, 휴일
- では 그럼, 그러면
- 京都(きょうと) 교토
- ～と ～와/과
- 大阪(おおさか) 오사카
- これから 이제부터, 앞으로
- 飛行機(ひこうき) 비행기
- ～など ～등
- もちろん 물론

- テストを受(う)ける 시험을 보다
- 勉強(べんきょう)する 공부하다
- 読(よ)む 읽다
- 名前(なまえ) 이름
- 書(か)く 쓰다
- 遊(あそ)びに来(く)る 놀러 오다
- おもしろい 재미있다
- ぜひ 꼭
- ところ 곳
- 教(おし)える 가르치다, 알려주다
- ゆっくり 천천히
- 話(はな)す 이야기하다
- 大(おお)きい 크다
- 声(こえ) 목소리
- ちょっと 조금, 약간
- サイン 사인
- お酒(さけ) 술
- 飲(の)む 마시다
- 漢字(かんじ) 한자
- 残業(ざんぎょう)する 야근하다
- 野菜(やさい) 야채
- メール 메일, 문자
- 送(おく)る 보내다
- 料理(りょうり) 요리
- 作(つく)る 만들다
- 病院(びょういん) 병원

～に行く ～에 가다

道 길

待つ 기다리다

写真をとる 사진 찍다

いっしょに 함께

荷物 짐

持つ 들다

手伝う 돕다

ごみ 쓰레기

捨てる 버리다

これから 지금부터, 이제부터

始める 시작하다

まず 우선

紙 종이

上 위

右がわ 오른쪽

では 그럼, 그러면 (=じゃ)

一番 1번

もう少し 좀 더

よく 잘

聞こえる 들리다

もう一度 한 번 더

～から ～하니까(이유)

聞く 듣다

漢字(かんじ) 한자

読(よ)む 읽다

できる 할 수 있다

日本語(にほんご) 일본어

話(はな)す 이야기하다

料理(りょうり) 요리

作(つく)る 만들다

水泳(すいえい) 수영

運転(うんてん) 운전

中国(ちゅうごく) 중국

行(い)く 가다

中国語(ちゅうごくご) 중국어

勉強(べんきょう)する 공부하다

就職(しゅうしょく)する 취직하다

英語(えいご) 영어

アメリカ 미국

寝坊(ねぼう)をする 늦잠을 자다

書(か)く 쓰다

車(くるま) 차, 자동차

イタリア 이탈리아

習(なら)う 배우다

写真(しゃしん) 사진

万里(ばんり)の長城(ちょうじょう) 만리장성

友達(ともだち) 친구

～に会(あ)う ～를 만나다

外国(がいこく) 외국

ぎょうざ 일본식 만두

新幹線(しんかんせん) 신칸센

～に乗(の)る ～을 타다

すもう 스모

一度(いちど) 한 번

富士山(ふじさん) 후지산

登(のぼ)る 오르다, 등반하다

ケータイ 휴대폰

なくす 잃어버리다, 분실하다

納豆(なっとう) 낫토

ハワイ 하와이

わあ 와~ (놀람, 감탄)

すごい 굉장하다

上手(じょうず)だ 잘하다

あまり 별로, 그다지

ここ 여기

車(くるま) 차

とめる 세우다

話(はな)す 말하다, 이야기하다

窓(まど) 창문

開(あ)ける 열다

書(か)く 쓰다

うそをつく 거짓말을 하다

夜遅(よるおそ)く 밤늦게

電話(でんわ)する 전화하다

中(なか) 안

～では ～에서는 (조사)

スマホ 스마트폰

なくす 잃어버리다, 분실하다

事故(じこ) 사고

ある 있다

約束(やくそく) 약속

遅(おく)れる 늦다, 지각하다

忘(わす)れる 잊다, 깜빡하다

全部(ぜんぶ) 전부, 다

駐車場(ちゅうしゃじょう) 주차장

今年(ことし) 올해

結婚(けっこん)する 결혼하다

ぼうし 모자

高(たか)い 비싸다, 높다

仕事(しごと) 일, 업무

大変(たいへん)だ 힘들다

雨(あめ) 비

ひらがな 히라가나

お風呂(ふろ)に 入(はい)る 목욕하다

写真(しゃしん)をとる 사진을 찍다

タバコを吸(す)う 담배를 피우다

大(おお)きい 크다

声(こえ) 목소리

休(やす)み 휴가, 휴일

終(お)わる 끝나다

寝坊(ねぼう)をする 늦잠을 자다

午後(ごご) 오후

雪(ゆき) 눈

台風(たいふう) 태풍

夏(なつ) 여름

来年(らいねん) 내년

だめです 안 됩니다

駐車(ちゅうしゃ) 주차

禁止(きんし) 금지

できる 할 수 있다

場所(ばしょ) 장소

ない 없다

となり 옆, 이웃

ビル 빌딩

～には ～에는 (조사)

分(わ)かる 알다

Day 19

いっしょに 함께, 같이

買(か)い物(もの) 쇼핑, 장보기

ううん 아니 (부정의 대답)

ゲーム 게임

きょう 오늘

会社(かいしゃ) 회사

一生懸命(いっしょうけんめい) 열심히

勉強(べんきょう)する 공부하다

野菜(やさい) 야채

全部(ぜんぶ) 전부, 다

来週(らいしゅう) 다음 주

約束(やくそく) 약속

忘(わす)れる 잊다, 깜빡하다

一人(ひとり)で 혼자서

タバコを吸(す)う 담배를 피우다

今(いま) 지금

始(はじ)まる 시작되다

フランス語(ご) 프랑스어

まだ 아직

始(はじ)める 시작하다

起(お)きる 일어나다

授業(じゅぎょう) 수업

旅行(りょこう)に行(い)く 여행 가다

映画(えいが) 영화

昼(ひる)ごはん 점심밥, 점심식사

掃除(そうじ) 청소

手伝う(てつだう) 도와주다

英語(えいご) 영어

飛行機(ひこうき) 비행기

~に乗る(のる) ~을 타다

時間(じかん) 시간

待つ(まつ) 기다리다

遅刻(ちこく) 지각

やめる 그만두다

終わる(おわる) 끝나다

帰る(かえる) 돌아오다, 돌아가다

今度(こんど) 이번

土曜日(どようび) 토요일

ごめんなさい 미안해요, 죄송해요

週末(しゅうまつ) 주말

プロジェクト 프로젝트

いろいろ 여러 가지

忙しい(いそがしい) 바쁘다

休める(やすめる) 쉴 수 있다

~と思う(おもう) ~라고 생각하다

大変だ(たいへんだ) 힘들다

でも 하지만, 그래도

그림으로 외우는

왕초보 일본어 단어장

01 가족

MP3 W-2-01

ちち
父 [치찌]

とう
お父さん

[오또-상]

아버지

はは
母 [하하]

かあ
お母さん

[오까-상]

어머니

お ば
叔母 [오바]

お ば
叔母さん

[오바상]

숙모 · 고모

お じ
伯父 [오지]

お じ
伯父さん

[오지상]

삼촌 · 고모부

あに
兄 [아니]

にい
お兄さん

[오니-상]

형 · 오빠

あね
姉 [아네]

ねえ
お姉さん

[오네-상]

누나 · 언니

おとうと
弟 [오또-또]

おとうと
弟さん

[오또-또상]

남동생

いもうと
妹 [이모-또]

いもうと
妹さん

[이모-또상]

여동생

02 몸

MP3 W-2-02

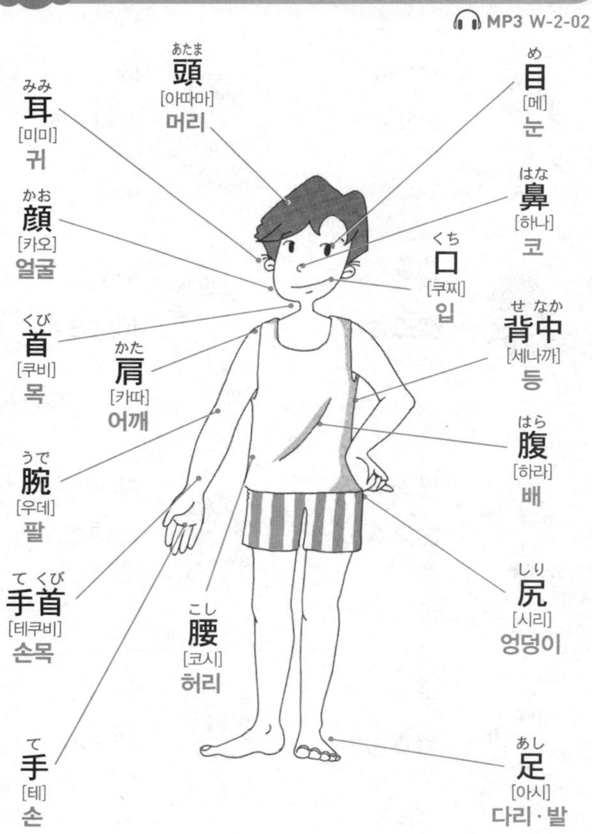

あたま
頭
[아따마]
머리
みみ
耳
[미미]
귀
かお
顔
[카오]
얼굴
くび
首
[쿠비]
목
かた
肩
[카따]
어깨
うで
腕
[우데]
팔
て くび
手首
[테쿠비]
손목
こし
腰
[코시]
허리
て
手
[테]
손
め
目
[메]
눈
はな
鼻
[하나]
코
くち
口
[쿠찌]
입
せ なか
背中
[세나까]
등
はら
腹
[하라]
배
しり
尻
[시리]
엉덩이
あし
足
[아시]
다리 · 발

03 나라 이름

MP3 W-2-03

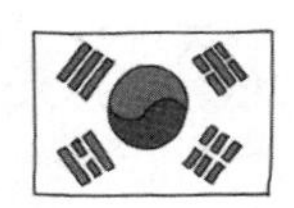

韓国(かんこく)
[캉꼬꾸]
한국

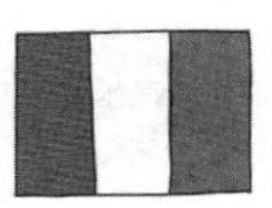

フランス
[후란스]
프랑스

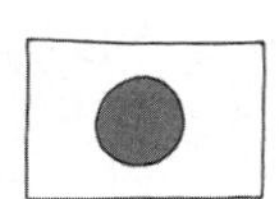

日本(にほん)
[니홍]
일본

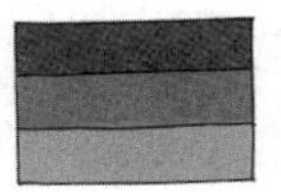

ドイツ
[도이츠]
독일

中国(ちゅうごく)
[츄-고꾸]
중국

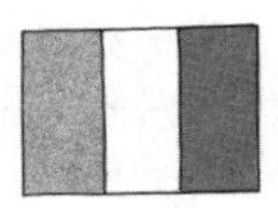

イタリア
[이타리아]
이탈리아

アメリカ
[아메리까]
미국

カナダ
[카나다]
캐나다

イギリス
[이기리스]
영국

04 옷

セーター
[세-따-]
스웨터

ズボン
[즈봉]
바지

Tシャツ
[티-샤쯔]
티셔츠

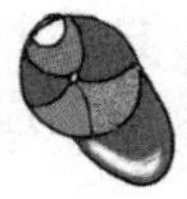

ぼうし
[보-시]
모자

ジーパン
[지-팡]
청바지

てぶくろ
手袋
[테부꾸로]
장갑

スカート
[스까-또]
스커트 · 치마

くつした
[쿠쯔시따]
양말

ワンピース
[완피-스]
원피스

05 전기제품

テレビ
[테레비]
텔레비전

アイロン
[아이롱]
다리미

れいぞうこ
冷蔵庫
[레-조-꼬]
냉장고

せんぷうき
扇風機
[셈뿌-끼]
선풍기

せんたくき
洗濯機
[센따꾸끼]
세탁기

ヘアドライヤー
[헤아도라이야-]
헤어 드라이어

そうじき
掃除機
[소-지끼]
청소기

でんきがま
電気釜
[뎅끼가마]
전기밥솥

デジタルカメラ
[데지타루카메라]
디지털카메라

06 식탁

ちゃわん
茶碗
[차왕]
밥그릇

コップ
[콥뿌]
컵

はし
箸
[하시]
젓가락

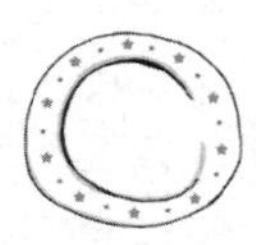

さら
皿
[사라]
접시

スプーン
[스푸-응]
스푼

やかん
[야깡]
주전자

フォーク
[호-꾸]
포크

ナイフ
[나이후]
나이프

07 교실

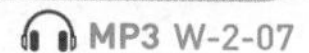

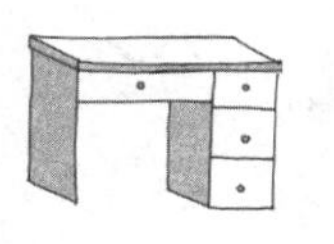

つくえ

[츠꾸에]

책상

かばん

[카방]

가방

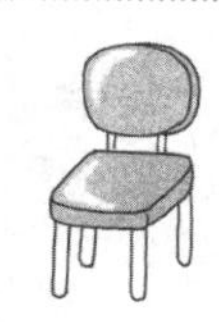

いす

[이스]

의자

えんぴつ
鉛筆

[엠삐쯔]

연필

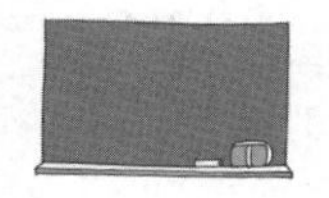

こくばん
黒板

[코꾸방]

칠판

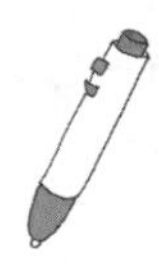

ボールペン

[보-루펭]

볼펜

ほん
本

[홍]

책

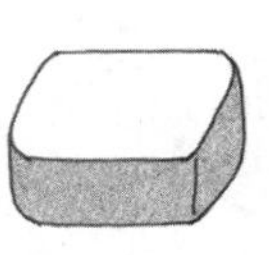

け
消しゴム

[케시고무]

지우개

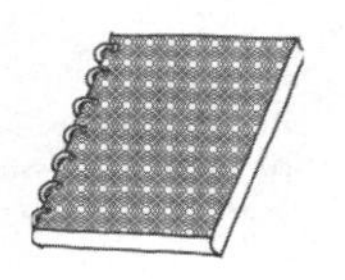

ノート

[노-또]

노트

08 음료와 음식

MP3 W-2-08

コーラ
[코-라]
콜라

パン
[팡]
빵

お茶(ちゃ)
[오챠]
차

ケーキ
[케-끼]
케이크

コーヒー
[코-히-]
커피

ピザ
[피자]
피자

牛乳(ぎゅうにゅう)
[규-뉴-]
우유

アイスクリーム
[아이스꾸리-무]
아이스크림

ビール
[비-루]
맥주

09 과일

りんご
[링고]
사과

すいか
[스이까]
수박

なし
梨
[나시]
배

もも
桃
[모모]
복숭아

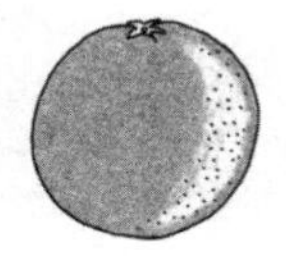

みかん
[미깡]
귤

かき
[카끼]
감

バナナ
[바나나]
바나나

ぶどう
葡萄
[부도-]
포도

10 야채

MP3 W-2-10

にんじん
[닌징]
당근

トマト
[토마또]
토마토

だいこん
[다이꽁]
무

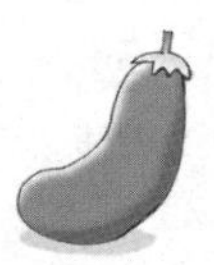

なす
[나스]
가지

にんにく
[닌니꾸]
마늘

ピーマン
[피-망]
피망

ねぎ
[네기]
파

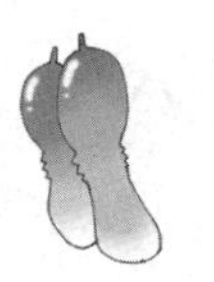

きゅうり
[큐-리]
오이

11 감정

MP3 W-2-11

嬉(うれ)しい
[우레시-]
기쁘다

悲(かな)しい
[카나시-]
슬프다

心配(しんぱい)だ
[심빠이다]
걱정되다

ほっとする
[홋또스루]
안심하다

怒(おこ)る
[오꼬루]
화내다

きらいだ
[키라이다]
싫어하다

好(す)きだ
[스끼다]
좋아하다

いらいらする
[이라이라스루]
조바심내다

12 건물

MP3 W-2-12

がっこう
学校
[각꼬-]
학교

かいしゃ
会社
[카이샤]
회사

としょかん
図書館
[토쇼깡]
도서관

こうえん
公園
[코-엥]
공원

ぎんこう
銀行
[깅꼬-]
은행

スーパー
[스-파-]
슈퍼마켓

びょういん
病院
[뵤-잉]
병원

ゆうびんきょく
郵便局
[유-빙쿄꾸]
우체국

13 교통

MP3 W-2-13

自動車(じどうしゃ)
[지도-샤]
자동차

飛行機(ひこうき)
[히꼬-끼]
비행기

自転車(じてんしゃ)
[지텐샤]
자전거

船(ふね)
[후네]
배

バス
[바스]
버스

トラック
[토락꾸]
트럭

地下鉄(ちかてつ)
[치까떼쯔]
지하철

オートバイ
[오-또바이]
오토바이

汽車(きしゃ)
[키샤]
기차

14 취미

MP3 W-2-14

つ
釣り
[츠리]
낚시

どくしょ
読書
[도꾸쇼]
독서

おんがくかんしょう
音楽鑑賞
[옹가꾸칸쇼-]
음악 감상

えいがかんしょう
映画鑑賞
[에-가칸쇼-]
영화 감상

とざん
登山
[토장]
등산

うた
歌
[우따]
노래

りょうり
料理
[료-리]
요리

ご
碁
[고]
바둑

15 스포츠

MP3 W-2-15

サッカー
[삭까-]
축구

バスケットボール
[바스껫또보-루]
농구

すいえい
水泳
[스이에-]
수영

ジョギング
[죠깅구]
조깅

テニス
[테니스]
테니스

バレーボール
[바레-보-루]
배구

ゴルフ
[고루후]
골프

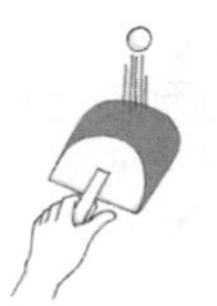

ピンポン
[핑퐁]
탁구

16 직업

MP3 W-2-16

かいしゃいん
会社員
[카이샤잉]
회사원

うんてんしゅ
運転手
[운뗀슈]
운전기사

かんごふ
看護婦
[캉고후]
간호사

うんどうせんしゅ
運動選手
[운도-센슈]
운동선수

かしゅ
歌手
[카슈]
가수

きょうし
教師
[쿄-시]
교사

がか
画家
[가까]
화가

けいさつかん
警察官
[케-사쯔깐]
경찰

17 날씨

MP3 W-2-17

かぜ ふ
風が 吹く
[카제가 후꾸]
바람이 불다

くも
雲る
[쿠모루]
흐리다

あめ ふ
雨が 降る
[아메가 후루]
비가 오다

にじ
虹
[니지]
무지개

は
晴れ
[하레]
(날씨가) 갬, 맑음

かみなり
雷
[카미나리]
천둥

たい ふう
台風
[타이후-]
태풍

つ ゆ
梅雨
[츠유]
장마

18 동물

うし
牛
[우시]
소

ねずみ
[네즈미]
쥐

とら
虎
[토라]
호랑이

いぬ
犬
[이누]
개

うま
馬
[우마]
말

うさぎ
[우사기]
토끼

さる
猿
[사루]
원숭이

へび
蛇
[헤비]
뱀

ぶた
豚
[부따]
돼지

にわとり
鶏
[니와또리]
닭

19 기본 동사

MP3 W-2-19

み
見る
[미루]
보다

た
立つ
[타쯔]
서다

き
聞く
[키꾸]
듣다

すわ
座る
[스와루]
앉다

はな
話す
[하나스]
말하다

な
泣く
[나꾸]
울다

た
食べる
[타베루]
먹다

わら
笑う
[와라우]
웃다

の
飲む
[노무]
마시다

20 나의 하루

起(お)きる
[오끼루]
일어나다

運動(うんどう)する
[운-도-스루]
운동하다

顔(かお)を 洗(あら)う
[카오오 아라우]
세수하다

宿題(しゅくだい)を する
[슈꾸다이오 스루]
숙제를 하다

歯(は)を 磨(みが)く
[하오 미가꾸]
이를 닦다

インターネットをする

[인따-넷또오 스루]
인터넷을 하다

学校(がっこう)に 行(い)く
[각꼬-니 이꾸]
학교에 가다

寝(ね)る
[네루]
자다

家(いえ)に 帰(かえ)る
[이에니 카에루]
집에 돌아가다

21 연애

MP3 W-2-21

恋愛(れんあい)する
[렌아이스루]
연애하다

ラブレター
[라브레따-]
러브레터

デートする
[데-또스루]
데이트하다

結婚(けっこん)する
[켁꼰스루]
결혼하다

キス
[키스]
키스

片想(かたおも)い
[카따오모이]
짝사랑

けんかをする
[켕까오 스루]
싸우다

失恋(しつれん)する
[시쯔렌스루]
실연하다

22 인칭대명사

MP3 W-2-22

私(わたし) 나
[와따시]

私(わたくし) 저
[와따꾸시]

私(わたし)たち 우리들
[와따시타찌]

あなた 당신
[아나따]

自分(じぶん) 자신
[지붕]

僕(ぼく) 나 (남자)
[보꾸]

僕(ぼく)たち 우리 (남자)
[보꾸타찌]

君(きみ) 자네
[키미]

君(きみ)たち 자네들
[키미타찌]

彼(かれ) 그
[카레]

彼女(かのじょ) 그녀
[카노죠]

彼(かれ)ら 그들
[카레라]

この人(ひと) 이 사람
[코노히또]

この方(かた) 이분
[코노카따]

お前(まえ) 너
[오마에]

俺(おれ) 나 (남자)
[오레]

だれ 누구
[다레]

どなた 어느 분
[도나따]

23 부사

MP3 W-2-23

あまり 그다지
[아마리]

いつも 항상
[이쯔모]

すこし 조금
[스꼬시]

ずっと 훨씬
[즛또]

ぜひ 꼭
[제히]

ぜんぜん 전혀
[젠젠]

だいたい 대개
[다이따이]

たくさん 많이
[탁상]

たぶん 아마
[타붕]

だんだん 점점
[단단]

ちょうど 딱, 마침
[쵸-도]

ちょっと 잠시, 잠깐, 좀
[춋또]

とても 매우
[도떼모]

なかなか 꽤, 매우
[나까나까]

はっきり 확실히
[핫끼리]

ほんとうに 정말
[혼또-니]

また 또
[마따]

まだ 아직
[마다]

もう 이제, 이미, 벌써
[모-]

やはり 역시
[야하리]

24 의성어・의태어

MP3 W-2-24

いらいら 초조한 모양
[이라이라]

うっかり 깜박, 무심코
[웃까리]

くすくす 낄낄, 킥킥
[쿠스쿠스]

ぐっすり 푹(깊이 잠든 모양)
[굿스리]

ごろごろ 뒹굴뒹굴, 데굴데굴
[고로고로]

どきどき 두근두근
[도끼도끼]

にこにこ 생긋생긋, 싱글벙글
[니꼬니꼬]

ばらばら 뿔뿔이
[바라바라]

ぺらぺら 술술(유창한 모양)
[뻬라뻬라]

ぺこぺこ 배가 몹시 고픔
[뻬꼬뻬꼬]

25 외래어

MP3 W-2-25

サービス 서비스
[사-비스]

ペット 애완동물
[펫또]

コピー 복사
[코피-]

ニュース 뉴스
[뉴-스]

コンピューター 컴퓨터
[콤퓨-따-]

ハンカチ 손수건
[항까치]

タクシー 택시
[타꾸시-]

ラジオ 라디오
[라지오]

アルバイト 아르바이트
[아루바이또]

ワープロ 워드프로세서
[와-뿌로]

현지에서 살아남는

일본 여행 필수 표현

01 비행기, 공항

현지에서 보이는 생존 단어

搭乗券(とうじょうけん) [토-죠-껭] 탑승권	荷物(にもつ) [니모쯔] 짐
席(せき) [세끼] 자리	シートベルト [시-토베루또] 좌석벨트
出発(しゅっぱつ) [슙빠쯔] 출발	到着(とうちゃく) [토-챠꾸] 도착
空港(くうこう) [쿠-꼬-] 공항	パスポート [파스포-또] 여권
税関(ぜいかん) [제-깡] 세관	両替(りょうがえ) [료-가에] 환전

현지에서 듣고 쓰는 생존 표현

搭乗券(とうじょうけん)をお見(み)せください。

[토-죠-껭오 오미세 쿠다사이]

탑승권을 보여주십시오.

ここに荷物(にもつ)を置(お)いてもいいですか。

[코코니 니모쯔오 오이떼모 이-데스까]

여기에 짐을 놓아도 돼요?

私(わたし)の席(せき)を探(さが)しているんですが。

[와따시노 세끼오 사가시떼 이룬데스가]

제 자리를 찾고 있는데요.

シートベルトをお締(し)めください。

[시-또베루또오 오시메 쿠다사이]

좌석벨트를 매 주십시오.

訪問(ほうもん)の目的(もくてき)は何(なん)ですか。

[호-몬노 모쿠떼끼와 난데스까]

방문 목적은 무엇입니까?

両替(りょうがえ)したいんですが。

[료-가에 시따인데스가]

환전하고 싶은데요.

02 교통

현지에서 보이는 생존 단어

みち 道 [미찌] 길	てい バス停 [바스테-] 버스 정류장
えき 駅 [에끼] 역	で ぐち 出口 [데구찌] 출구
きっ ぷ う ば 切符売り場 [킵뿌우리바] 표 사는 곳	かいさつぐち 改札口 [카이사쯔구찌] 개찰구
りょうきん 料金 [료-낑] 요금	の か 乗り換え [노리카에] 환승
の ば タクシー乗り場 [타쿠시-노리바] 택시 승강장	かたみち おう ふく 片道・往復 [카따미찌 · 오-후꾸] 편도 · 왕복

- **현지에서 듣고 쓰는 생존 표현**

道(みち)に迷(まよ)ってしまいました。
[미치니 마욛떼 시마이마시따]
길을 잃어버렸어요.

私(わたし)についてきてください。
[와따시니 츠이떼 키떼 쿠다사이]
저를 따라 오세요.

まっすぐ行(い)くとバス停(てい)があります。
[맛스구 이꾸또 바스테-가 아리마스]
쭉 가면 버스 정류장이 있습니다.

どの出口(でぐち)に出(で)ればいいですか。
[도노 데구찌니 데레바 이-데스까]
어느 출구로 나가면 되나요?

上野駅(うえのえき)で乗(の)り換(か)えてください。
[우에노 에끼데 노리카에떼 쿠다사이]
우에노 역에서 갈아타세요.

大阪行(おおさかゆ)きの往復切符(おうふくきっぷ)お願(ねが)いします。
[오-사까유끼노 오-후꾸 킵뿌 오네가이시마스]
오사카 행 왕복 티켓 부탁드립니다.

03 숙소

• 현지에서 보이는 생존 단어

チェックイン [첵꾸인] 체크인	部屋(へや) [헤야] 방
予約(よやく) [요야꾸] 예약	変更(へんこう) [헹꼬–] 변경
朝食(ちょうしょく) [쵸–쇼꾸] 조식	シート [시–또] 시트
タオル [타오루] 타월	インターネット [인타–넫또] 인터넷
お湯(ゆ) [오유] 따뜻한 물	チェックアウト [첵꾸아우또] 체크아웃

• 현지에서 듣고 쓰는 생존 표현

チェックインお願いします。

[첵꾸인 오네가이시마스]

체크인 부탁드립니다.

予約の日にちを変更したいんですが。

[요야꾸노 히니찌오 헹꼬– 시따인데스가]

예약 일정을 변경하고 싶은데요.

朝食は6時から10時までご利用いただけます。

[쵸–쇼꾸와 로꾸지까라 쥬–지마데 고리요– 이타다께마스]

조식은 6시부터 10시까지 이용하실 수 있습니다.

シートがちょっと汚いですが。

[시–또가 쵿또 키따나이데스가]

시트가 조금 더러운데요.

インターネットがつながりません。

[인타–넷또가 츠나가리마셍]

인터넷 연결이 안 돼요.

シャワーからお湯が出ません。

[샤와–까라 오유가 데마셍]

샤워기에서 따뜻한 물이 안 나와요.

04 식당

● 현지에서 보이는 생존 단어

禁煙席(きんえんせき)・喫煙席(きつえんせき) [킹엔세끼 · 키쯔엔세끼] 금연석 · 흡연석	メニュー [메뉴-] 메뉴, 메뉴판
注文(ちゅうもん) [츄-몽] 주문	おすすめ [오스스메] 추천
日替(ひが)わりランチ [히가와리 란치] (매일 바뀌는) 오늘의 런치 메뉴	飲(の)み物(もの) [노미모노] 음료
お代(か)わり [오카와리] 리필	持(も)ち帰(かえ)り [모찌카에리] 테이크아웃, 포장
お会計(かいけい) [오카이께-] 계산	レシート [레시-또] 영수증

현지에서 듣고 쓰는 생존 표현

何名様(なんめいさま)ですか。

[난메-사마데스까]

명 분이신가요?

メニューを見(み)せてください。

[메뉴-오 미세떼 쿠다사이]

메뉴 좀 보여 주세요.

ご注文(ちゅうもん)はお決(き)まりですか。

[고츄-몽와 오키마리데스까]

주문하시겠습니까?

今日(きょう)の日替(ひが)わりランチは何(なん)ですか。

[쿄-노 히가와리 란치와 난데스까]

오늘의 런치 메뉴는 뭐예요?

お持(も)ち帰(かえ)りですか。

[오모찌카에리데스까]

테이크아웃 하시겠습니까?

お会計(かいけい)お願(ねが)いします。

[오카이께- 오네가이시마스]

계산해 주세요.

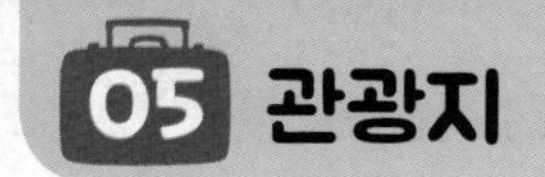

05 관광지

● 현지에서 보이는 생존 단어

ツアー [츠아–] 투어	コース [코–스] 코스
にゅうじょうりょう 入場料 [뉴–죠–료–] 입장료	かんこうあんないじょ 観光案内所 [캉꼬–안나이죠] 관광안내소
ガイド [가이도] 가이드	ちず 地図 [치즈] 지도
しゃしん 写真 [샤싱] 사진	きんし 禁止 [킨시] 금지
パンフレット [팡후렌또] 팸플릿	みやげ お土産 [오미야게] 기념품

현지에서 듣고 쓰는 생존 표현

どんなツアーがありますか。

[돈나 츠아-가 아리마스까]

어떤 투어가 있나요?

いちばんにんき　はんにち

一番人気の半日コースはいかがですか。

[이찌방 닝끼노 한니찌 코-스와 이카가데스까]

가장 인기 있는 반나절 코스는 어떠십니까?

つ　さんか

ガイド付きツアーに参加したいんですが。

[가이도쯔끼 츠아-니 상까 시따인데스가]

가이드 포함 투어에 참가하고 싶은데요.

しゃしん　と

写真を撮ってもらえますか。

[샤싱오 톧떼 모라에마스까]

사진 좀 찍어 주시겠어요?

た　もの　の　もの　も　こ　きんし

食べ物や飲み物は持ち込み禁止です。

[타베모노야 노미모노와 모찌코미 킨시데스]

음식이나 음료는 반입 금지입니다.

かんこくご

韓国語のパンフレットはありませんか。

[캉꼬꾸고노 팡후렌또와 아리마셍까]

한국어 팸플릿은 없나요?

06 쇼핑

● 현지에서 보이는 생존 단어

売り場(うば) [우리바] 매장	商品(しょうひん) [쇼–힝] 상품
売り切れ(うき) [우리키레] 품절	割引(わりびき) [와리비끼] 할인
サイズ [사이즈] 사이즈	色(いろ) [이로] 색
税込み(ぜいこ) [제–코미] 세금 포함	値段(ねだん) [네당] 가격
交換(こうかん) [코–깡] 교환	払い戻し(はらもど) [하라이모도시] 환불

MP3 W-3-06

현지에서 듣고 쓰는 생존 표현

何(なに)かお探(さが)しですか。

[나니까 오사가시데스까]

어떤 걸 찾으십니까?

こちらの商品(しょうひん)は売(う)り切(き)れです。

[코찌라노 쇼–힝와 우리키레데스]

이 상품은 품절입니다.

クーポンがありますが、割引(わりびき)できますか。

[쿠–퐁가 아리마스가 와리비끼 데끼마스까]

쿠폰이 있는데 할인 되나요?

ほかの色(いろ)もありますか。

[호까노 이로모 아리마스까]

다른 색도 있나요?

プレゼント用(よう)なので、別々(べつべつ)に包(つつ)んでください。

[프레젠또요–나노데 베쯔베쯔니 츠쯘데 쿠다사이]

선물용이라 따로따로 포장해 주세요.

領収書(りょうしゅうしょ)がなければ交換(こうかん)はできません。

[료–슈–쇼가 나께레바 코–깡와 데끼마셍]

영수증이 없으면 환불은 불가합니다.

07 긴급 상황

● 현지에서 보이는 생존 단어

さいふ 財布 [사이후] 지갑	けいさつ 警察 [케–사쯔] 경찰
こうばん 交番 [코–방] 파출소	うけつけ 受付 [우케츠께] 접수
こうつうじこ 交通事故 [코–쯔–지꼬] 교통사고	きゅうきゅうしゃ 救急車 [큐–큐–샤] 구급차
びょういん 病院 [보–잉] 병원	くすりや 薬屋 [쿠스리야] 약국
しょほう 処方せん [쇼호–셍] 처방전	かんこくたいしかん 韓国大使館 [캉꼬꾸타이시깡] 한국대사관

● 현지에서 듣고 쓰는 생존 표현

財布を失くしてしまいました。
[사이후오 나쿠시떼 시마이마시따]
지갑을 잃어버렸어요.

警察を呼んでください。
[케–사쯔오 욘데 쿠다사이]
경찰을 불러 주세요.

交番に行って受け付けてください。
[코–반니 읻떼 우케츠께떼 쿠다사이]
파출소에 가서 접수해 주세요.

交通事故にあいました。
[코–쯔–지꼬니 아이마시따]
교통사고를 당했어요.

ここがとても痛いです。
[코꼬가 토떼모 이따이데스]
여기가 너무 아파요.

処方せんはお持ちですか。
[쇼호–센와 오모찌데스까]
처방전은 가지고 계십니까?

Bonus Tip 일본의 화폐

● 지폐

いちまん　えん
10,000円
[이찌망엔]
10,000엔

ごせん　えん
5,000円
[고셍엔]
5,000엔

せん　えん
1,000円
[셍엔]
1,000엔

● 동전

ごひゃくえん
500円
[고햐꾸엔]
500엔

ひゃく えん
100円
[햐꾸엔]
100엔

ごじゅうえん
50円
[고쥬–엔]
50엔

じゅうえん
10円
[쥬–엔]
10엔

ごえん
5円
[고엔]
5엔

いちえん
1円
[이찌엔]
1엔